高等职业教育汽车类专业 岗课赛证 融通教材

# 发动机拆装与调整

主　编　张立荣　沈海燕
副主编　尹艺霏　周伟伟　赵海兰　李建明
参　编　尹万建　宋以庆　董瑞华　张　浩

电子工业出版社
Publishing House of Electronics Industry
北京·BEIJING

## 内 容 简 介

本书是依据在线精品课程的建设理念,根据"颗粒化资源、系统化设计、结构化课程"的组织建构逻辑进行编写的国家级在线精品课程"发动机拆装与调整"的配套教材,按照发动机的组成,将内容分为发动机整体认知、曲柄连杆机构拆装与调整、配气机构拆装与调整、汽油机燃料供给系统拆装与调整、柴油机燃料供给系统拆装与调整、润滑系统拆装与调整、冷却系统拆装与调整 7 个模块,使学生在掌握发动机各总成结构原理的基础上,重点掌握发动机各总成拆装与调整的操作。

本书结构清晰,内容翔实,充分利用信息技术,配套丰富的微视频、课件、教案、习题等数字化教学资源,以满足教师和学生的需求。

本书适合高职院校汽车类专业的学生使用,也可供从事汽车类相关职业的技术人员参考。

未经许可,不得以任何方式复制或抄袭本书之部分或全部内容。
版权所有,侵权必究。

**图书在版编目(CIP)数据**

发动机拆装与调整 / 张立荣,沈海燕主编. —北京:电子工业出版社,2024.4
ISBN 978-7-121-47518-4

Ⅰ. ①发… Ⅱ. ①张… ②沈… Ⅲ. ①汽车－发动机－装配(机械) Ⅳ. ①U464.06

中国国家版本馆 CIP 数据核字(2024)第 057409 号

责任编辑:张 凌
印　　刷:三河市鑫金马印装有限公司
装　　订:三河市鑫金马印装有限公司
出版发行:电子工业出版社
　　　　　北京市海淀区万寿路 173 信箱　邮编 100036
开　　本:787×1 092　1/16　印张:12.75　字数:326 千字
版　　次:2024 年 4 月第 1 版
印　　次:2024 年 4 月第 1 次印刷
定　　价:49.00 元

凡所购买电子工业出版社图书有缺损问题,请向购买书店调换。若书店售缺,请与本社发行部联系,联系及邮购电话:(010)88254888,88258888。

质量投诉请发邮件至 zlts@phei.com.cn,盗版侵权举报请发邮件至 dbqq@phei.com.cn。
本书咨询联系方式:(010)88254583,zling@phei.com.cn。

# 前言
## PREFACE

随着我国汽车工业的高速发展，汽车零部件或系统的损坏，由原先的以修理为主，变成了以换件维修为主，尤其是零部件出现异常损坏或达到其使用寿命时，一般都是换件，而很少进行零部件的维修。

发动机是汽车的心脏，为汽车提供动力，保证汽车正常行驶。发动机维修是汽车维修工作的重中之重。"发动机拆装与调整"是针对汽车维修工岗位能力培养的一门核心课程。

本书依据在线精品课程的建设理念，根据"颗粒化资源、系统化设计、结构化课程"的组织建构逻辑，依托职业标准，以整车制造、汽车维修技术服务等岗位的典型工作任务为情境进行编写。本书是国家级在线精品课程"发动机拆装与调整"的配套教材，按照发动机的组成，将内容分为发动机整体认知、曲柄连杆机构拆装与调整、配气机构拆装与调整、汽油机燃料供给系统拆装与调整、柴油机燃料供给系统拆装与调整、润滑系统拆装与调整、冷却系统拆装与调整 7 个模块，使学生在掌握发动机各总成结构原理的基础上，重点掌握发动机各总成拆装与调整的操作，实现知识要求与职业能力同步。

本书结构清晰，内容翔实，充分利用信息技术，配套丰富的微视频、课件、教案、习题等数字化教学资源，以满足教师和学生的需求。

本书将党的二十大精神和社会主义核心价值观、团队精神、工匠精神、爱国主义精神融入教材内容，引导学生树立正确的世界观、人生观、价值观，为培养德智体美劳全面发展的社会主义建设者和接班人奠定坚实基础。

本书由张立荣、沈海燕担任主编，由尹艺霏（湖南汽车工程职业技术学院）、周伟伟、赵海兰、李建明（湖北交通职业技术学院）担任副主编，尹万建、宋以庆、董瑞华、张浩参与编写，淄博职业学院郭振杰、吴磊、张少洪教授对本书进行了细致的审阅，并提出了宝贵意见，在此表示感谢。

在本书的编写过程中，编者参阅了大量国内外专家学者的研究成果及文献资料，对文献的作者表示衷心的感谢。本书的编写还得到了淄博奥维汽车销售服务有限公司董瑞华和润华汽车控股有限公司张浩等人的指导，在此一并表示感谢。

由于水平有限，虽然编者付出了很大努力，但书中难免存在疏漏和不妥之处，恳请广大读者给予批评指正。

编　者

# 目 录
## CONTENTS

**模块 1　发动机整体认知** ·········································································· 1
　　任务 1.1　汽车总体认知 ········································································ 1
　　任务 1.2　发动机总体认知 ····································································· 14
　　任务 1.3　发动机拆装与调整的常用工具 ····················································· 27
　　任务 1.4　理论测试 ············································································· 32
　　任务 1.5　汽车发动机整体拆装与调整实训 ·················································· 33

**模块 2　曲柄连杆机构拆装与调整** ·····························································34
　　任务 2.1　曲柄连杆机构认知 ··································································· 34
　　任务 2.2　机体组拆装与调整 ··································································· 35
　　任务 2.3　活塞连杆组拆装与调整 ······························································ 45
　　任务 2.4　曲轴飞轮组拆装与调整 ······························································ 55
　　任务 2.5　理论测试 ············································································· 65
　　任务 2.6　曲柄连杆机构拆装与调整实训 ····················································· 66

**模块 3　配气机构拆装与调整** ···································································· 67
　　任务 3.1　配气机构认知 ········································································ 67
　　任务 3.2　气门组拆装与调整 ··································································· 76
　　任务 3.3　气门传动组拆装与调整 ······························································ 87
　　任务 3.4　EA888 进气可变气门正时技术 ···················································· 96
　　任务 3.5　理论测试 ············································································· 99
　　任务 3.6　配气机构拆装与调整实训 ··························································· 100

**模块 4　汽油机燃料供给系统拆装与调整** ··················································· 101
　　任务 4.1　汽油机燃料供给系统认知 ··························································· 101
　　任务 4.2　燃油供给系统拆装与调整 ··························································· 107
　　任务 4.3　空气供给和废气排出系统拆装与调整 ············································ 119
　　任务 4.4　电子控制系统拆装与调整 ··························································· 135
　　任务 4.5　理论测试 ············································································· 143
　　任务 4.6　汽油机燃料供给系统拆装与调整实训 ············································ 144

**模块 5　柴油机燃料供给系统拆装与调整** ··················································· 145
　　任务 5.1　柴油机燃料供给系统认知 ··························································· 145
　　任务 5.2　柴油机燃料供给系统主要零部件拆装与调整 ···································· 151
　　任务 5.3　理论测试 ············································································· 165

任务 5.4　柴油机燃料供给系统拆装与调整实训 ·············································· 166

## 模块 6　润滑系统拆装与调整·························································· 167
任务 6.1　润滑系统认知·················································· 167
任务 6.2　润滑系统主要零部件拆装与调整 ················································ 172
任务 6.3　理论测试·················································· 182
任务 6.4　润滑系统拆装与调整实训 ·············································· 183

## 模块 7　冷却系统拆装与调整·························································· 184
任务 7.1　冷却系统认知·················································· 184
任务 7.2　冷却系统主要零部件拆装与调整 ················································ 188
任务 7.3　理论测试·················································· 196
任务 7.4　冷却系统拆装与调整实训 ·············································· 197

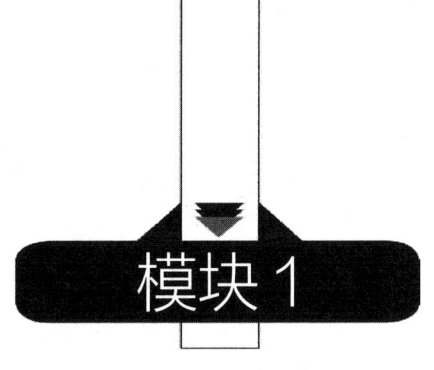

# 模块 1

# 发动机整体认知

## 任务 1.1 汽车总体认知

 **任务目标**

通过本任务的学习,掌握汽车总体构造,熟悉汽车常见类型,了解汽车工作原理,学会正确使用维修工具、量具及诊断设备。

 **任务描述**

**任务内容**

一辆迈腾轿车,行驶 10 万千米后,发动机故障灯亮,点火时间长,不易启动,用计算机读取故障代码为凸轮轴位置传感器无信号,需要进行进一步检查。

**实施条件**

1. 四套常用维修工具。
2. EA888 型轿车。
3. EA888 型轿车维修手册。

 **相关知识**

**课程思政**:通过对红旗轿车发展简史的学习,增强民族自豪感。

1958 年 2 月 13 日,毛泽东主席亲临一汽视察,说希望能坐上自己国家制造的小汽车。

1958 年 8 月 1 日,中国第一辆红旗轿车诞生,成为国家领导人和国家重大活动的国事用车。

1958 年 8 月 2 日,一汽在共青团花园举行了近两万人参加的红旗轿车命名大会。当时的吉林省委书记吴德给红旗牌高级轿车命名,并在车头上插上了"红旗"。

1961 年 9 月 22 日,刘少奇主席乘坐红旗检阅车迎接古巴总统奥斯瓦尔多·多尔蒂科斯·托拉多来华访问。

1967 年 6 月 21 日,周恩来总理乘坐红旗检阅车迎接赞比亚总统肯尼思·戴维·卡翁达来华访问。

2014 年 4 月,国内顶级豪华车 L5 在北京车展亮相,并开始接受私人订单预定。

**发动机拆装与调整**

图1-1 新红旗H9+

2019年7月12日,红旗品牌首款豪华C级SUV——红旗HS7正式上市。

对于中国人而言,红旗不仅是一个著名的汽车品牌,还是一种深深的情怀和神圣的记忆。对于一汽人而言,红旗更是一种强烈的责任和历史的使命。新红旗H9+如图1-1所示。

## 一、基本术语和定义

### 1. 完整车辆

完整车辆是指已具有设计功能,无须再进行制造作业的车辆。

### 2. 非完整车辆

非完整车辆是指至少由车架或其他承载结构、动力系统、传动系统、行驶系统、转向系统和制动系统等部分组成,但仍需要进行制造作业才能成为完整车辆的可行驶单元。

1) 二类底盘

二类底盘是指具有驾驶室,但不具有载货平台或作业设备的非完整车辆。

2) 三类底盘

三类底盘是指不具有车身、载货平台及作业设备的非完整车辆。

### 3. 汽车

汽车是指由动力驱动、具有4个或4个以上车轮的非轨道承载的车辆,包括与电力线相连的车辆(如无轨电车),主要用于:载运人员和/或货物(物品);牵引载运人员和/或货物(物品)的车辆或特殊用途的车辆;专项作业或专门用途。

本术语还包括以下由动力驱动、非轨道承载的三轮车辆:①整车整备质量超过400kg、不带驾驶室、用于载运货物的三轮车辆;②整车整备质量超过600kg、不带驾驶室、不具有载运货物结构或功能且设计和制造上最多乘坐2人(包括驾驶员)的三轮车辆;③整车整备质量超过600kg的带驾驶室的三轮车辆。

注:车辆指完整车辆。

1) 乘用车

乘用车是指设计、制造和技术特性上主要用于载运乘客及其随身行李和/或临时物品,包括驾驶员座位在内最多不超过9个座位的汽车。

注:乘用车可能装备一定的专用设备或器具,也可能牵引挂车。

2) 客车

客车是指设计、制造和技术特性上用于载运乘客及其随身行李,包括驾驶员座位在内的座位数超过9个的汽车。

注:客车可能牵引挂车。

3) 载货汽车

载货汽车是指设计、制造和技术特性上主要用于载运货物和/或牵引挂车的汽车,也包括装备一定的专用设备或器具,但以载运货物为主要目的,且不属于专项作业车、专门用途汽车的汽车。

4）专用汽车

专用汽车是指设计、制造和技术特性上用于载运特定人员、运输特殊货物（包括载货部位为特殊结构），或装备有专用装置用于工程专项（包括卫生医疗）作业或专门用途的汽车。

注：专用汽车包含专用乘用车、专用客车、专用货车、专项作业车、专门用途汽车。

（1）专项作业车。

专项作业车是指装备有专用设备或器具，设计、制造和技术特性上用于工程专项（包括卫生医疗）作业的汽车，但不包括装备有专用设备或器具且座位数（包括驾驶员座位）超过9个的汽车（消防车除外）。

注：通常包括汽车起重机、消防车、混凝土泵车、清障车、高空作业车、扫路车、吸污车、油田专用作业车、检测车、监测车、电源车、通信车、电视车、采血车、医疗车、体检医疗车等。

（2）专门用途汽车。

专门用途汽车是指装备有专用设备或器具，设计、制造和技术特性上具有专门用途，但不属于专项作业车、专用乘用车、专用客车、专用货车的其他作业类专用汽车。

示例：货车类教练车、工具车等。

注：客车、载货汽车、专项作业车、专门用途汽车统称为商用车，商用车是指设计、制造和技术特性上用于运送人员和货物的汽车（乘用车除外），可以牵引挂车。

## 4. 挂车

挂车是指设计、制造和技术特性上由汽车牵引才能正常使用的一种无动力的道路车辆，用于：①载运人员和/或货物；②特殊用途。

注：车辆指完整车辆。

## 5. 汽车列车

汽车列车是指一辆汽车与一辆或多辆挂车的组合。

## 二、乘用车的术语和定义

### 1. 按使用特性划分

1）轿车

轿车是指具有如下两项技术特性之一的乘用车，但运动型乘用车除外。

（1）车身结构为三厢式车身。

（2）车身结构为两厢式车身，且同时具有以下条件。

① 座位数不超过5个、座椅（含可折叠座椅）不超过两排且无侧向布置。

② 一半以上的发动机长度位于车辆前风窗玻璃最前点以前（纯电动汽车与燃料电池电动汽车除外），且转向盘的中心位于车辆总长的前四分之一部分之后。

③ 车长不大于4000mm，或车长大于4000mm但不大于5200mm且车辆处于整车整备质量状态下车顶外覆盖件最大离地高度不大于1580mm。

注1：一半以上的发动机长度，对于前横置发动机，为发动机曲轴中心线；对于前纵置发动机，为发动机第一缸和最后一缸缸心距的中心线。

# 发动机拆装与调整

注 2：两厢式车身指动力总成舱、客舱和行李舱在外形上形成两个空间形态的车身，乘用车的行李舱和客舱内部贯通（包括行李舱由一块可移动的隔板分割成上下两部分后，仅上半部分与乘客舱贯通的情形）；三厢式车身指动力总成舱、客舱和行李舱在外形上形成各自独立形态的车身。

注 3：车顶外覆盖件是指车身顶部外表面的结构件，不包括行李架、天线等附加在车顶上的附件。大众迈腾轿车如图 1-2 所示。

2）运动型乘用车

运动型乘用车是指同时具有如下各项技术特性的乘用车。

（1）车身结构为两厢式车身。

（2）包括驾驶员座位在内最多不超过 7 个座位。

（3）一半以上的发动机长度位于车辆前风窗玻璃最前点以前（纯电动汽车与燃料电池电动汽车除外），且转向盘的中心位于车辆总长的前四分之一部分之后。

图 1-2　大众迈腾轿车

（4）车辆处于整车整备质量和一位驾驶员状态下，单车计算爬坡度不小于 30%，并至少具有如下 6 项技术特性中的 5 项。

① 接近角不小于 16°。

② 离去角不小于 17°。

③ 纵向通过角不小于 14°。

④ 前轴离地间隙不小于 150mm。

⑤ 后轴离地间隙不小于 150mm。

⑥ 前后轴间的离地间隙不小于 140mm。

（5）车辆处于整车整备质量状态下，车顶外覆盖件最大离地高度不小于 1580mm。

注：装有高度可调悬架的乘用车，有一种悬架状态具有（1）～（5）技术特性时也视为运动型乘用车。

3）越野乘用车

越野乘用车是指具有如下各项技术特性的乘用车。

（1）至少有一个前轴和至少有一个后轴同时驱动（包括一个驱动轴可以脱开的车辆）。

（2）至少有一个差速锁止机构或至少有一个类似作用的机构。

（3）车辆处于整车整备质量和一位驾驶员状态下，单车计算爬坡度不小于 30%，并至少具有如下 6 项技术特性中的 5 项。

① 接近角不小于 25°。

② 离去角不小于 20°。

③ 纵向通过角不小于 20°。

④ 前轴离地间隙不小于 180mm。

⑤ 后轴离地间隙不小于 180mm。

⑥ 前后轴间的离地间隙不小于 200mm。

（4）车身结构为两厢式车身时，一半以上的发动机长度位于车辆前风窗玻璃最前点以前（纯电动汽车与燃料电池电动汽车除外），且转向盘的中心位于车辆总长的前四分之一部分之后。

注 1：装有高度可调悬架的乘用车，有一种悬架状态具有（1）～（4）技术特性时也视为越野乘用车。

注 2：两厢式越野乘用车属于特殊类型的运动型乘用车。

4）多用途乘用车

多用途乘用车是指具有一厢或两厢式车身，包含驾驶员座位在内的座位数不超过 9 个（含可折叠座椅），用以载运乘客及其行李或物品的乘用车。

如果这种车辆同时具有如下两个条件，则不属于乘用车而属于载货汽车。

（1）包含驾驶员座位在内的座位数不超过 7 个（只要车辆具有可使用的座椅安装点，就视为"座位"存在）。

（2）载货质量大于或等于载人质量，按如下方式判定。

① 当 $N=0$ 时，按公式 $P-M \geq 100$ 进行判定。

式中　$P$——最大设计总质量，单位为千克（kg）；

　　　$M$——整车整备质量与一位驾驶员质量之和，单位为千克（kg）；

　　　$N$——除驾驶员以外的座位数。

② 当 $0<N\leq 2$ 时，按公式 $P-(M+N\times 68)\geq 150$ 进行判定。

③ 当 $N>2$ 时，按公式 $P-(M+N\times 68)\geq N\times 68$ 进行判定。

注：一厢式车身指动力总成舱、客舱和行李舱在外形上形成一个空间形态的车身。

5）专用乘用车

专用乘用车是指专门设计的或在轿车、运动型乘用车、越野乘用车、多用途乘用车的基础上后续制造和改装形成的，主要用于载运特定人员，具有完成特定功能所需的特殊车身和/或装备的其他乘用车。

### 2. 按车身型式划分

1）普通乘用车

普通乘用车是指具有如下各项技术特性的乘用车。

（1）车身：封闭式，侧窗中柱有或无均可。

（2）车顶（顶盖）：固定式、硬顶，有的顶盖一部分可以开启。

（3）座位：4 个或 4 个以上座位，至少两排，后座椅可折叠或移动，以形成装载空间。

（4）车门：2 个或 4 个侧门，可有一个后开启门。

2）活顶乘用车

活顶乘用车是指具有如下各项技术特性的乘用车。

（1）车身：具有固定侧围框架的可开启式车身。

（2）车顶（顶盖）：车顶为硬顶或软顶，至少有两个位置。

① 封闭。

② 开启或拆除。

（3）可开启式车身可以通过使用一个或数个硬顶部件和/或合拢软顶将开启的车身关闭。

（4）座位：4 个或 4 个以上座位，至少两排。

（5）车门：2 个或 4 个侧门。

（6）车窗：4个或4个以上侧窗。

注：车窗指一个玻璃窗口，可能由一块或几块玻璃组成（如通风窗为车窗的一个组成部分）。

3）高级乘用车

高级乘用车是指具有如下各项技术特性的乘用车。

（1）车身：封闭式，前后座之间可以设有隔板。

（2）车顶（顶盖）：固定式、硬顶，有的顶盖一部分可以开启。

（3）座位：4个或4个以上座位，至少两排，后排座椅前可安装折叠式座椅。

（4）车门：4个或6个侧门，也可有一个后开启门。

（5）车窗：6个或6个以上侧窗。

4）双门小轿车

双门小轿车是指具有如下各项技术特性的乘用车。

（1）车身：封闭式，通常后部空间较小。

（2）车顶（顶盖）：固定式、硬顶，有的顶盖一部分可以开启。

（3）座位：2个或2个以上的座位，至少一排。

（4）车门：2个侧门，也可有一个后开启门。

（5）车窗：2个或2个以上侧窗。

5）敞篷车

敞篷车是指具有如下各项技术特性的乘用车。

（1）车身：可开启式。

（2）车顶（顶盖）：车顶可为软顶或硬顶，至少有两个位置。

① 第一个位置遮覆车身。

② 第二个位置车顶卷收或可拆除。

（3）座位：2个或2个以上的座位，至少一排。

（4）车门：2个或4个侧门。

（5）车窗：2个或2个以上侧窗。

6）仓背乘用车

仓背乘用车是指具有如下各项技术特性的乘用车。

（1）车身：封闭式，侧窗中柱有或无均可。

（2）车顶（顶盖）：固定式、硬顶，有的顶盖一部分可以开启。

（3）座位：4个或4个以上座位，至少两排，后排座椅可折叠或可移动，以形成一个装载空间。

（4）车门：2个或4个侧门，车身后部设置有一个垂直方向开启的仓门。

7）旅行车

旅行车是指具有如下各项技术特性的乘用车。

（1）车身：封闭式，车尾外形可提供较大的内部空间。

（2）车顶（顶盖）：固定式、硬顶，有的顶盖一部分可以开启。

（3）座位：4个或4个以上座位，至少两排，座椅的一排或多排可拆除，或装有向前翻倒的座椅靠背，以形成装载空间。

（4）车门：2个或4个侧门，并有一个后开启门。

(5) 车窗：4个或4个以上侧窗。

8) 短头乘用车

一半以上的发动机长度位于车辆前风窗玻璃最前点以后（纯电动汽车与燃料电池电动汽车除外），且转向盘的中心位于车辆总长的前四分之一部分内的乘用车。

### 3. 按等级划分

按照乘用车相关参数的差异划分成微型、小型、紧凑型、中型、中大型、大型等不同级别。

## 三、客车的术语和定义

### 1. 长途客车

长途客车是指专门为运输长途旅客设计和制造、未设置乘客站立区的客车。

### 2. 旅游客车

旅游客车是指为旅游设计和制造、未设置乘客站立区、专门用于载运游客的客车。

### 3. 团体客车

团体客车是指通常作为通勤车等使用，专门为运输特定团体乘客及其随身行李而设计和制造、未设置乘客站立区的客车。

### 4. 城间客车

城间客车是指专门为城间或城乡运输短途乘客而设计和制造、未设置乘客站立区的客车。

### 5. 城市客车

城市客车是指设有座椅及乘客站立区，并有足够的空间供频繁停站时乘客上下车走动，有固定的公交营运线路和车站，主要在城市建成区运营的客车。

注：无轨电车也属于城市客车。

1) 低地板城市客车

低地板城市客车是指车厢内（双层客车为下层车厢）从前乘客门至最后轴中心线（或超过中心线）间的中央通道区地板形成一个无踏步的单一区域，每个乘客门踏步都是一级踏步的城市客车。

2) 低入口城市客车

低入口城市客车是指车厢内（双层客车为下层车厢）从前乘客门至车辆驱动桥前的乘客门后立柱间的中央通道区地板形成一个无踏步的单一区域，此区域的每个乘客门踏步都是一级踏步的城市客车。

### 6. 专用客车

专用客车是指设计、制造和技术特性上用于载运特定人员并完成特定功能的客车（如专用校车）及装备有专用设备或器具，座位数（包括驾驶员座位）超过9个的专用汽车，也包括在客车基础上改装的但不属于专项作业车的载客类专用汽车。

发动机拆装与调整

### 7. 铰接客车

铰接客车是指由两节或三节相通的刚性车厢铰接组成，乘客可通过铰接部分在各节车厢之间自由走动的客车。

注：铰接客车的两节或三节刚性车厢永久联结，只有在工厂车间使用专用的设施才能将其拆开。

### 8. 双层客车

双层客车是指车厢分为上下两层的客车。

### 9. 轻型客车

轻型客车是指包含驾驶员座位在内的座位数不超过19个，未设置乘客站立区，车辆长度不超过7000mm的客车。

### 10. 无轨电车

无轨电车是指经架线由电力驱动的客车。

### 11. 越野客车

越野客车是指具有如下两项技术特性之一的客车。

（1）最大设计总质量不超过12000kg，所有车轮设计为同时驱动（包括一个驱动轴可以脱开的车辆）或者同时具有如下各项条件。

① 至少有一个前轴（桥）和至少有一个后轴（桥）能够同时驱动（包括一个驱动轴可以脱开的车辆）。

② 至少有一个差速锁止机构或至少有一个类似作用的机构。

③ 车辆处于最大设计总质量状态下，单车计算爬坡度至少为25%。

（2）最大设计总质量超过12000kg，所有车轮设计为同时驱动（包括一个驱动轴可以脱开的车辆）或者同时具有如下各项条件。

① 至少有半数车轮用于驱动。

② 至少有一个差速锁止机构或至少有一个类似作用的机构。

③ 车辆处于最大设计总质量状态下，单车计算爬坡度至少为25%。

④ 车辆处于最大设计总质量状态下，至少具有如下6项技术特性中的4项。

（a）接近角不小于25°。

（b）离去角不小于25°。

（c）纵向通过角不小于25°。

（d）前轴（桥）离地间隙不小于250mm。

（e）后轴（桥）离地间隙不小于250mm。

（f）前后轴（桥）间的离地间隙不小于300mm。

## 四、载货汽车的术语和定义

### 1. 普通货车

普通货车是指在敞开或封闭载货空间内载运货物的载货汽车。

1）平板式货车

平板式货车是指载货部位的地板为平板结构且无栏板的载货汽车。

2）栏板式货车

栏板式货车是指载货部位的结构为栏板（可装备随车起重装置）的载货汽车。

注：栏板式货车不包括多用途货车、自卸式货车。

3）仓栅式货车

仓栅式货车是指载货部位的结构为仓笼式或栅栏式且与驾驶室各自独立，载货部位的顶部安装有与侧面栅栏固定、不能拆卸和调整的顶棚杆的载货汽车。

4）厢式货车

厢式货车是指载货部位的结构为厢体且与驾驶室各自独立，厢体顶部（翼开式车辆除外）为封闭、不可开启的载货汽车。

5）自卸式货车

自卸式货车是指载货部位的结构为栏板且具有自动倾卸装置的载货汽车。

## 2. 侧帘式货车

侧帘式货车是指载货部位的结构为侧帘式且与驾驶室各自独立，载货部位的侧部设置可滑动的侧帘布、滑动立柱、侧帘收紧装置和挡货栏板或栏杆，顶棚由左右边梁、前后端梁、金属横梁与顶板组合而成，地板上可以设置系固点的载货汽车。

## 3. 封闭式货车

封闭式货车是指载货部位的结构为封闭厢体且与驾驶室联成一体，车身结构为一厢式或两厢式的载货汽车。

## 4. 多用途货车

多用途货车主要指皮卡车。

皮卡车是指具有长头车身和驾驶室结构、敞开式货箱（可加装货箱顶盖）、乘坐人数不大于5人（含驾驶员）、最大设计总质量不大于3500kg的汽车。

注：长头车身指一半以上的发动机长度位于车辆前风窗玻璃最前点以前（纯电动汽车与燃料电池电动汽车除外），且转向盘的中心位于车辆总长的前四分之一部分之后。

## 5. 越野货车

越野货车是指具有如下三项技术特性之一的载货汽车。

（1）最大设计总质量不超过2000kg，同时具有如下各项技术特性。

① 至少有一个前轴（桥）和至少有一个后轴（桥）能够同时驱动（包括一个驱动轴可以脱开的车辆）。

② 至少有一个差速锁止机构或至少有一个类似作用的机构。

③ 车辆处于整车整备质量和一位驾驶员状态下，单车计算爬坡度至少为25%。

④ 车辆处于整车整备质量和一位驾驶员状态下，至少具有如下6项技术特性中的5项。

(a) 接近角不小于25°。

(b) 离去角不小于20°。

(c) 纵向通过角不小于20°。

(d) 前轴（桥）离地间隙不小于180mm。

(e) 后轴（桥）离地间隙不小于180mm。

(f) 前后轴（桥）间的离地间隙不小于200mm。

(2) 最大设计总质量超过2000kg且不超过12000kg，所有车轮设计为同时驱动（包括一个驱动轴可以脱开的车辆）或者同时具有如下各项技术特性。

① 至少有一个前轴（桥）和至少有一个后轴（桥）能够同时驱动（包括一个驱动轴可以脱开的车辆）。

② 至少有一个差速锁止机构或至少有一个类似作用的机构。

③ 车辆处于最大设计总质量状态下，单车计算爬坡度至少为25%。

(3) 最大设计总质量超过12000kg，所有车轮设计为同时驱动（包括一个驱动轴可以脱开的车辆）或者同时具有如下各项技术特性。

① 至少有半数车轮用于驱动。

② 至少有一个差速锁止机构或至少有一个类似作用的机构。

③ 车辆处于最大设计总质量状态下，单车计算爬坡度至少为25%。

④ 车辆处于最大设计总质量状态下，至少具有如下6项技术特性中的4项。

(a) 接近角不小于25°。

(b) 离去角不小于25°。

(c) 纵向通过角不小于25°。

(d) 前轴（桥）离地间隙不小于250mm。

(e) 后轴（桥）离地间隙不小于250mm。

(f) 前后轴（桥）间的离地间隙不小于300mm。

### 6．半挂牵引车

半挂牵引车是指装备有特殊装置用于牵引半挂车的汽车。

### 7．牵引货车

牵引货车是指具有特殊装置主要用于牵引中置轴挂车、牵引杆挂车、刚性杆挂车的载货汽车。

### 8．专用货车

专用货车是指设计、制造和技术特性上用于运输特殊货物，或载货部位具有特殊结构的载货汽车。

## 五、挂车的术语和定义

### 1．半挂车

半挂车是指车轴置于车辆重心（当车辆均匀受载时）后面，并且装有可将水平或垂直力传递到牵引车的联结装置的挂车。

注：半挂车与牵引车的联结是通过牵引销与牵引座实现的。

1) 载货半挂车

载货半挂车是指设计、制造和技术特性上用于载运货物的半挂车。

① 平板式半挂车。

平板式半挂车是指载货部位的地板为平板结构且无栏板的半挂车。

注：平板式半挂车不包括专门用于运输不可解体大型物品的低平板专用半挂车。

② 栏板式半挂车。

栏板式半挂车是指载货部位的结构为栏板（可装备随车起重装置）的半挂车。

注：栏板式半挂车不包括自卸式半挂车。

③ 仓栅式半挂车。

仓栅式半挂车是指载货部位的结构为仓笼式或栅栏式结构，顶部安装有与侧面栅栏固定、不能拆卸和调整的顶棚杆的半挂车。

④ 厢式半挂车。

厢式半挂车是指载货部位的结构为厢体、厢体顶部（翼开式车辆除外）为封闭、不可开启的半挂车。

⑤ 自卸式半挂车。

自卸式半挂车是指载货部位的结构为栏板且具有自动倾卸装置的半挂车。

⑥ 侧帘式半挂车。

侧帘式半挂车是指载货部位的结构为侧帘式，侧部设置可滑动的侧帘布、滑动立柱、侧帘收紧装置和挡货栏板或栏杆，顶棚由左右边梁、前后端梁、金属横梁与顶板组合而成，地板上可以设置系固点的半挂车。

⑦ 专用运输半挂车。

专用运输半挂车是指具有如下两项技术特性之一的半挂车。

（1）须经特殊布置后才能载运货物。

（2）仅执行特殊物品的运输任务。

2）专用作业半挂车

专用作业半挂车是指装备有专用设备或器具，设计、制造和技术特性上用于工程专项（包含卫生医疗）作业和/或专门用途的半挂车。

3）载客半挂车

载客半挂车是指设计、制造和技术特性上用于载运乘客及其随身行李的半挂车。

4）旅居半挂车

旅居半挂车是指装备有睡具及其他必要的生活设施、用于旅行宿营的半挂车。

## 2．中置轴挂车

中置轴挂车是指牵引装置不能垂直移动（相对于挂车），只有不超过相当于挂车最大质量的 10%或 1000kg（两者取较小者）的垂直静载荷作用于牵引车，且车轴位于紧靠挂车重心（当均匀载荷时）的挂车。

## 六、汽车列车的术语和定义

### 1．乘用车列车

乘用车列车是指由一辆乘用车和一辆中置轴挂车组成的列车。

### 2．客车列车

客车列车是指一辆客车与一辆或多辆挂车组成的列车。

注：各节乘客车厢互不相通，有时可设服务走廊。

### 3．货车列车

货车列车是指由一辆牵引货车和挂车（不包括半挂车）组成的列车。

1）牵引杆挂车列车

牵引杆挂车列车是指由一辆牵引货车和牵引杆挂车组成的列车。

2）中置轴挂车列车

中置轴挂车列车是指由一辆牵引货车和中置轴挂车组成的列车。

3）刚性杆挂车列车

刚性杆挂车列车是指由一辆牵引货车和刚性杆挂车组成的列车。

### 4．铰接列车

铰接列车是指由一辆半挂牵引车与具有角向移动联结的半挂车组成的列车。

### 5．多用途货车列车

多用途货车列车主要指皮卡列车。

皮卡列车是指由一辆皮卡车和一辆挂车组成的列车。

### 6．平台列车

平台列车是指由牵引车辆和牵引杆挂车组合而成，在可角向移动的载货平台的整个长度上货物都是不可分地置于牵引车辆和挂车上，且货物和/或其支撑装置构成牵引车辆和挂车联结的列车。

注1：为了支撑货物可能使用辅助装置。

注2：列车的连接由货物和/或其支撑装置实现，因此挂车不再有转向联结。

注3：牵引车辆指半挂牵引车或牵引货车。

### 7．双挂列车

双挂列车是指由一辆铰接列车与一辆牵引杆挂车、中置轴挂车或刚性杆挂车组成的列车。

### 8．双半挂列车

双半挂列车是指由一辆铰接列车与一辆半挂车组成的列车。

注：两辆半挂车的联结是通过铰接列车后部的第二个半挂车联结装置来实现的。

## 七、不同能源类型车辆的术语和定义

### 1．汽油车

汽油车是指装备以车用汽油为单一燃料的发动机的汽车。

### 2．柴油车

柴油车是指装备以车用柴油为单一燃料的发动机的汽车。

发动机整体认知 模块 1

### 3. 气体燃料汽车

气体燃料汽车是指装备以石油气、天然气或煤气等气体为燃料的发动机的汽车。

### 4. 甲醇燃料汽车

甲醇燃料汽车是指装备甲醇燃料发动机，以 M100 车用甲醇燃料为燃料或装备柴油/甲醇双燃料发动机的汽车。

### 5. 单燃料汽车

单燃料汽车是指只有一套燃料供给系统、只能燃用一种燃料的汽车，也包括采用汽油或其他辅助燃料但仅用于车辆启动或预热的汽车。

### 6. 双燃料汽车

双燃料汽车是指具有两套燃料供给系统，且两套燃料供给系统按预定的配比向燃烧室供给燃料，在缸内混合燃烧的汽车。

示例：柴油-压缩天然气双燃料汽车、柴油-液化石油气双燃料汽车。

### 7. 两用燃料汽车

两用燃料汽车是指具有两套相互独立的燃料供给系统，且两套燃料供给系统可分别但不可同时向燃烧室供给燃料的汽车。

示例：汽油/压缩天然气两用燃料汽车、汽油/液化石油气两用燃料汽车。

### 8. 纯电动汽车

纯电动汽车是指驱动能量完全由电能提供、由电机驱动的汽车。

注：电机的驱动电能源于车载可充电储能系统或其他能量储存装置。

### 9. 混合动力电动汽车

混合动力电动汽车是指能够至少从下述两类车载储存的能量中获得动力的汽车。
（1）可消耗的燃料。
（2）可再充电能/能量储存装置。

### 10. 燃料电池电动汽车

燃料电池电动汽车是指以燃料电池系统作为单一动力源或者以燃料电池系统与可充电储能系统作为混合动力源的电动汽车。

## 八、汽车的主要结构

汽车由许多不同的装置和部件组成，其结构形式和安装位置多种多样。汽车所用的动力装置不同时，其总体构造差异很大。汽车主要由发动机、底盘、车身和电气设备组成。小轿车还装有空调和其他附属设备。燃油汽车四大组成部分如图 1-3 所示。

汽油发动机（简称汽油机）和柴油发动机（简称柴油机）是汽车的动力源，四冲程发动机的工作循环包括 4 个活塞行程：进气、压缩、做功和排气；底盘是将发动机输出的动力传给驱动车轮的装置，底盘由传动系统、行驶系统、转向系统和制动系统 4 部分组成，其作用是支承、安装汽车发动机及其各部件、总成，成形汽车的整体造型，并接受发动机的动力，使汽车产生运动，保证正常行驶；车身是驾驶员工作和装载乘客、货物

13

的场所；电气设备由电源和用电设备组成，包括发电机、蓄电池、起动系统、点火系统、以及汽车的照明、信号装置和仪表等。此外，在现代汽车上越来越多装用各种电子设备，如微处理器、中央计算机系统及各种人工智能装置，显著地提高了汽车的使用性能。

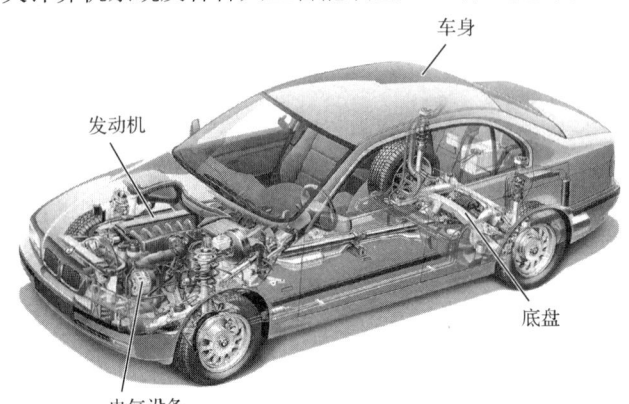

图1-3 燃油汽车四大组成部分

新能源汽车是采用非常规的车用燃料作为动力来源或使用常规的车用燃料、采用新型车载动力装置，综合车辆的动力控制和驱动方面的先进技术，形成的技术原理先进，具有新技术、新结构的汽车。它可分为发动机/电动机、底盘、车身和电气设备4部分。纯电动汽车主要组成部分如图1-4所示。

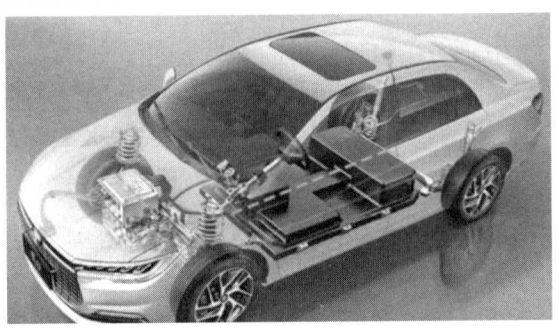

图1-4 纯电动汽车主要组成部分

## 任务1.2 发动机总体认知

 **任务目标**

通过本任务的学习，掌握发动机总体构造，熟悉发动机的4个活塞行程的特点，区分汽油机、柴油机的不同工作特点，理解发动机常见术语的含义。

 **任务描述**

**任务内容**

一辆奥迪A6轿车，保养完行驶了3000km后，出现发动机噪声加大、加速无力、动力缺失、烧机油等现象，需进一步检查确定漏气点。

发动机整体认知 **模块 1**

**实施条件**

1. 四套常用维修工具。
2. EA888 型发动机。
3. EA888 型轿车维修手册。

 **相关知识**

发动机组装动画二维码

发动机是汽车的心脏，是汽车的动力源。汽车发动机是将某一种形式的能量转换为机械能的机器。除电动汽车、太阳能汽车外，汽车都采用燃料燃烧所产生的热能转换为机械能的发动机（简称热机）。

内燃机是直接以燃料燃烧所生成的燃烧产物为工质的热机，燃料在其内部燃烧。内燃机常见的有汽油机、柴油机，不常见的有火箭发动机和飞机上装配的喷气式发动机。

## 一、发动机的分类

### 1. 按活塞运动方式分类

发动机按活塞运动方式分类，可以分为往复活塞式发动机和旋转活塞式发动机。

往复活塞式发动机的活塞在气缸内做往复直线运动，如图 1-5 所示。旋转活塞式发动机的活塞在气缸内做旋转运动，如图 1-6 所示。

发动机分类微课二维码

图 1-5 往复活塞式发动机　　图 1-6 旋转活塞式发动机

### 2. 按活塞行程数分类

发动机按活塞行程数分类，可以分为四冲程发动机和二冲程发动机。

四冲程发动机活塞在气缸内上下往复运动 4 个活塞行程，完成 1 个工作循环。二冲程发动机活塞在气缸内上下往复运动 2 个活塞行程，完成 1 个工作循环。四冲程发动机和二冲程发动机如图 1-7 所示。

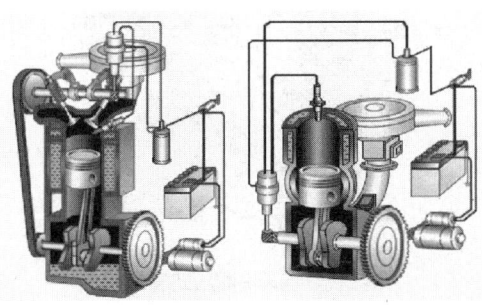

图 1-7 四冲程发动机和二冲程发动机

### 3. 按使用燃料分类

发动机按使用燃料分类，可以分为汽油机、柴油机、气体燃料发动机。

### 4. 按点火方式分类

发动机按点火方式分类，可以分为点燃式发动机（汽油机）、压燃式发动机（柴油机）。

### 5. 按冷却方式分类

发动机按冷却方式分类，可以分为水冷式发动机和风冷式发动机。

### 6. 按气缸数分类

发动机按气缸数分类，可以分为单缸发动机、双缸发动机、三缸发动机、四缸发动机、六缸发动机、八缸发动机、十二缸发动机等。

### 7. 按气缸的布置分类

发动机按气缸的布置分类，可以分为直列式发动机、V型（W型、VR型）发动机、对置式发动机，如图1-8所示。

（a）直列式发动机　　（b）V型发动机　　（c）对置式发动机

图1-8　气缸布置形式

### 8. 按进气状态分类

发动机按进气状态分类，可以分为增压式发动机和非增压式发动机。涡轮增压式发动机如图1-9所示。

图1-9　涡轮增压式发动机

## 二、发动机基本术语

### 1. 上止点
上止点是指活塞顶离曲轴回转中心最远处，即活塞最高位置。

发动机术语动画二维码

### 2. 下止点
下止点是指活塞顶离曲轴回转中心最近处，即活塞最低位置。

### 3. 活塞行程（S）
活塞行程是指活塞由一个止点运动到另一个止点的距离，也叫作冲程。单位一般是 mm。

### 4. 曲柄半径（R）
曲柄半径是指与连杆大头相连接的曲柄销的中心到曲轴回转中心的距离。曲轴每转 1 周，活塞移动 2 个活塞行程，所以 $S = 2R$。

### 5. 气缸工作容积（$V_h$）
气缸工作容积是指活塞从一个止点运动到另一个止点所接触过的空间容积。

$$V_h = \pi D \times S/(4 \times 10^6)$$

式中　$V_h$——气缸工作容积，单位为 L；
　　　$D$——气缸直径，单位为 mm；
　　　$S$——活塞行程，单位为 mm。

### 6. 发动机工作容积（$V_L$）
发动机工作容积是指发动机所有气缸工作容积总和，我们一般称其为发动机排量。发动机气缸数用 $i$ 表示。

$$V_L = V_h \times i$$

式中　$V_L$——发动机工作容积，单位为 L。

### 7. 燃烧室容积（$V_c$）
燃烧室容积是指当活塞位于上止点时，活塞顶上面的空间容积，一般用 $V_c$ 表示，单位为 L。

### 8. 气缸总容积（$V_a$）
当活塞位于下止点时，活塞顶上面的空间容积等于气缸工作容积与燃烧室容积的总和，一般用 $V_a$ 表示，单位为 L。

$$V_a = V_h + V_c$$

### 9. 压缩比（$\varepsilon$）
压缩比是气缸总容积与燃烧室容积的比值，即

$$\varepsilon = \frac{V_a}{V_c} = 1 + \frac{V_h}{V_c}$$

压缩比是用来衡量空气或混合气体被压缩的程度的指标，影响发动机的热效率。一

般汽油机的压缩比为8～11，柴油机的压缩比为16～22。

### 10．工作循环

发动机完成进气、压缩、做功和排气4个过程（活塞行程），称为一个工作循环。发动机常见术语如图1-10所示。

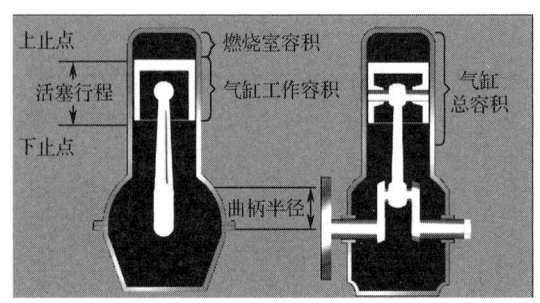

图1-10　发动机常见术语

### 11．发动机性能参数

1）发动机扭矩

扭矩是使物体发生转动的一种特殊的力矩。发动机扭矩就是发动机从曲轴端输出的力矩。在功率固定的条件下，它与发动机转速成反比，发动机转速越快，发动机扭矩越小；反之，发动机扭矩越大。它反映了汽车在一定范围内的负载能力。

2）发动机功率

发动机单位时间内所做的功称为发动机功率。与指示功、有效功相对应，称为指示功率、有效功率（输出功率），两者的差值称为机械损失功率。

## 三、发动机总体结构

### 1．汽油机的总体结构

汽油机由两大机构、五大系统组成，包括曲柄连杆机构、配气机构、燃料供给系统、起动系统、点火系统、润滑系统和冷却系统。柴油机的主要结构包括两大机构、四大系统，分别是曲柄连杆机构、配气机构、燃料供给系统、起动系统、润滑系统、冷却系统。汽油机是点燃式的，柴油机是压燃式的，柴油机相对汽油机的不同之处在于没有点火系统。

1）曲柄连杆机构

曲柄连杆机构的主要功用是将活塞的往复运动转变为曲轴的旋转运动，力的作用方式发生变化，旋转动力可以传到变速器进行合理分配。曲柄连杆机构如图1-11所示。

2）配气机构

配气机构的主要功用是根据发动机的燃烧情况，可以适当调整供给发动机的混合气量，使得发动机燃烧效率最大化，进排气系统会自动开关气门进气或者排气。配气机构如图1-12所示。

3）燃料供给系统

燃料供给系统的主要功用是为内燃机气缸内混合气的形成与燃烧提供所需的燃料。汽油机燃料供给系统如图1-13所示。

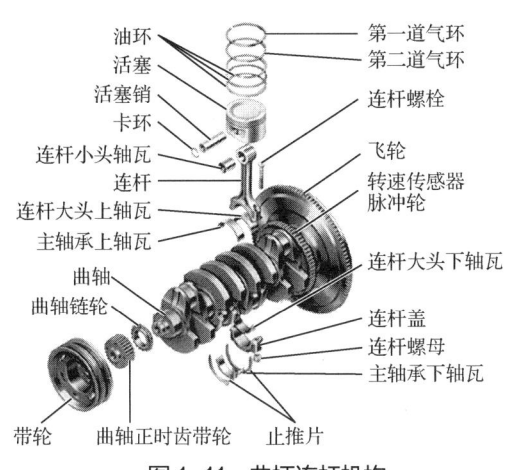

图 1-11 曲柄连杆机构

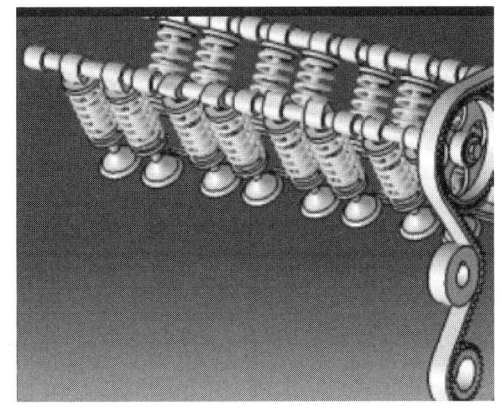

图 1-12 配气机构

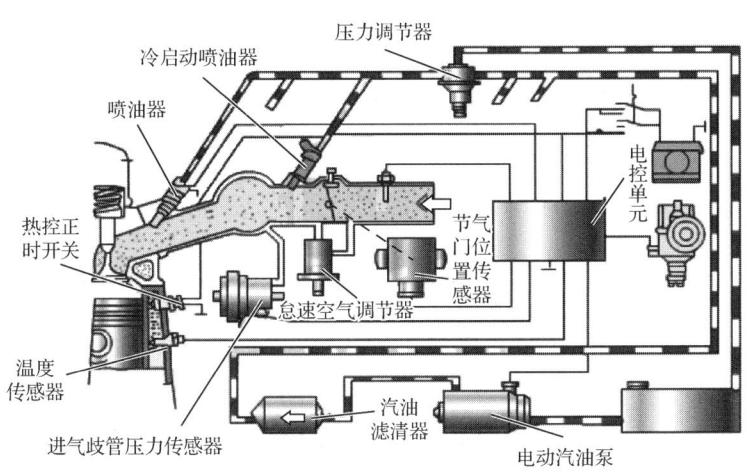

图 1-13 汽油机燃料供给系统

4）起动系统

起动系统的主要功用是在发动机启动时工作，起动机带动飞轮转动，飞轮连接曲轴联动，此时只需喷油点火就可以启动发动机。起动系统如图 1-14 所示。

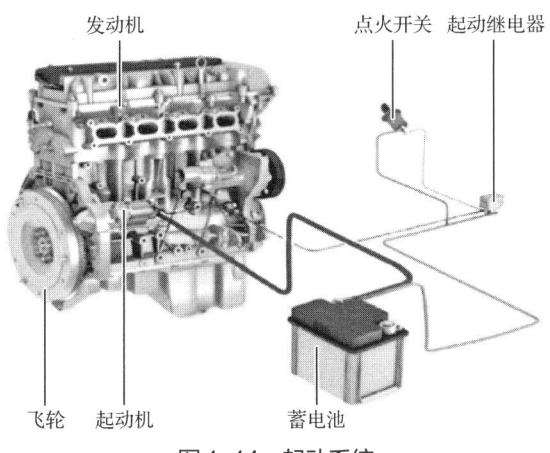

图 1-14 起动系统

5）点火系统

点火系统根据发动机的工作顺序（点火顺序），将低压直流电升压至足够的高压。通过各气缸的火花塞跳火，点燃被压缩的高温高压的可燃混合气，完成做功过程。点火系统如图 1-15 所示。

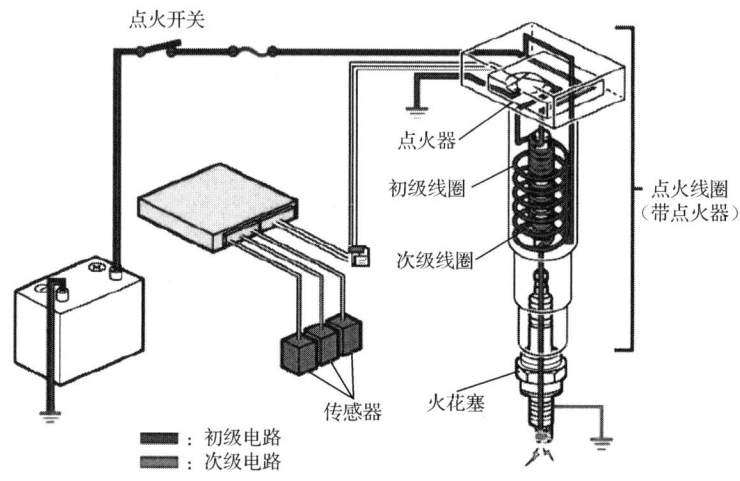

图 1-15　点火系统

6）润滑系统

润滑系统的主要功用是在发动机工作时润滑内部零件，同时传递热量，带走发动机部分热量。润滑系统如图 1-16 所示。

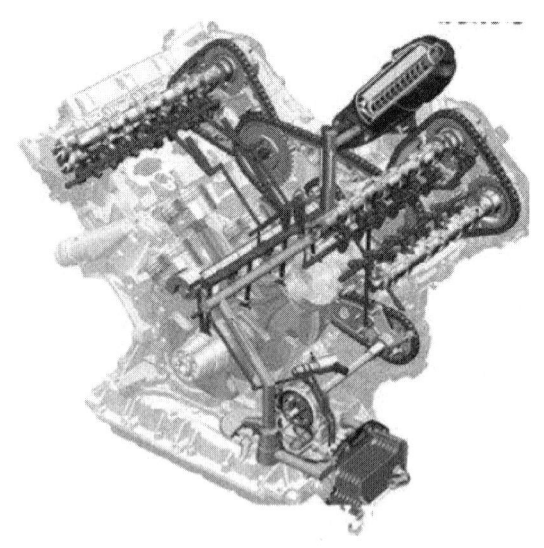

图 1-16　润滑系统

7）冷却系统

冷却系统的主要功用是负责发动机的散热，以维持发动机处于正常工作温度范围。冷却系统如图 1-17 所示。

发动机整体认知 **模块 1**

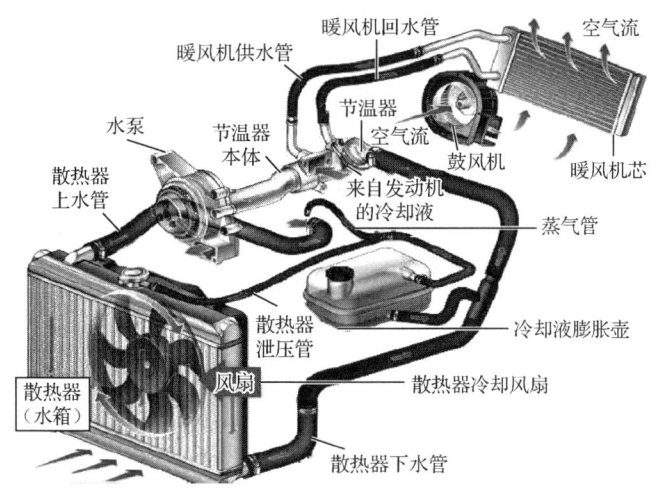

图 1-17 冷却系统

**课程思政**：通过对比我国发动机与国外发动机的性能，感知使命感。

中国航空发动机为何依然落后？对此，中国工程院院士给出了答案：中国投入巨资研制发动机，仍然落后的原因是在量产上遇到了难题。

据了解，很多发动机在实验室里获得了良好的评价，但是在生产中遇到了很大的问题，由于批量生产导致产品质量下降，中国国产发动机一直无法与进口发动机媲美。这一点在许多国产飞机上都有体现，尤其是先进的战机，如歼-20。歼-20 换装了国产的涡扇-15 发动机，成功缩小了与外国的差距。国产歼-20 战机如图 1-18 所示。

图 1-18 国产歼-20 战机

## 四、四冲程汽油机的工作原理

### 1. 进气行程

发动机工作原理微课二维码

在进气行程中，进气门开启，排气门关闭，活塞由上止点向下止点移动，活塞上方的容积增大，气缸内产生一定的真空度，可燃混合气被吸入气缸内。活塞行至下止点时，进气门关闭，进气行程结束。

由于进气道的阻力，在进气行程终了时，气缸内的气体压力稍低于大气压力，为 0.07MPa～0.09MPa。混合气进入气缸后，与气缸壁、活塞等高温机件接触，并与上一循环的高温残余废气混合，所以温度上升到 370～400K。

21

发动机拆装与调整

### 2. 压缩行程

进气行程结束后,进气门、排气门同时关闭。曲轴继续旋转,活塞由下止点向上止点移动,活塞上方的容积缩小,进入气缸中的混合气逐渐被压缩,温度、压力升高。在活塞到达上止点时,压缩行程结束。

在压缩行程终了时,混合气温度为 600~700K,压力一般为 0.6MPa~1.2MPa。混合气被压缩之后,密度增大,压力和温度迅速升高,为燃烧创造了良好条件。

### 3. 做功行程

当压缩冲程临近终了时,火花塞产生电火花,点燃可燃混合气。由于混合气迅速燃烧膨胀,在极短时间内压力可达到 3MPa~5MPa,最高温度约为 2800K。高温、高压的燃气推动活塞迅速下行,并通过连杆使曲轴旋转而对外做功。

在做功行程中,活塞自上止点移至下止点。随着活塞下移,活塞上方的容积增大,燃气温度、压力逐渐降低。在做功行程终了时,燃气温度降至 1300~1600K,压力降至 0.3kPa~0.5kPa。

### 4. 排气行程

混合气燃烧后成了废气,为了便于下一个工作循环,这些废气应及时排出气缸,所以在做功行程终了时,排气门开启,活塞向上移动,废气便排到大气中。在活塞到达上止点时,排气门关闭,完成 1 个工作循环。

由于废气受到流动阻力及燃烧室容积的影响,不可能完全排尽。所以在排气行程终了时,气缸内废气压力总是高于大气压力,为 0.105MPa~0.115MPa,温度为 900~1200K。留在气缸内的废气对下一个工作循环的进气行程有阻碍作用,因此要求排气尽可能干净。

综上所述,四冲程汽油机经过了进气、压缩、做功和排气 4 个过程,完成了 1 个工作循环。这期间活塞在上、下止点间往复移动了 4 个活塞行程,曲轴旋转了 2 周,如图 1-19 所示。

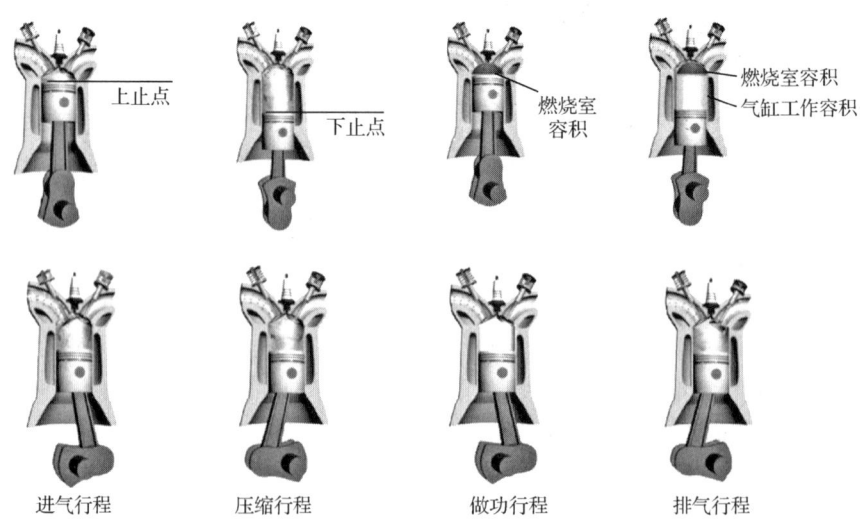

图 1-19 四冲程汽油机的 4 个活塞行程

22

## 五、四冲程柴油机的工作原理

四冲程柴油机的工作过程也由进气行程、压缩行程、做功行程和排气行程来完成，这4个活塞行程构成了一个工作循环。

### 1. 进气行程

进气行程的目的是使气缸内充满新鲜空气。当进气行程开始时，活塞位于上止点，气缸内的燃烧室中还留有一些废气。

当曲轴旋转时，连杆使活塞由上止点向下止点移动，同时利用与曲轴相连的传动机构使进气门打开。

随着活塞的向下运动，气缸内活塞上方的容积逐渐增大，造成气缸内的空气压力低于进气管内的压力，因此外面空气就不断地充入气缸。进气行程的气体压力低于大气压力，其值为0.085MPa～0.095MPa，在整个进气行程中，气缸内气体压力大致保持不变。

### 2. 压缩行程

压缩时活塞从下止点向上止点运动，这个行程可以提高空气的温度，为燃料自行燃烧做准备，同时为气体膨胀做功创造条件。在活塞上行，进气门关闭后，气缸内的空气受到压缩，随着容积的不断变小，空气的压力和温度也就不断升高，压缩终点的压力和温度与空气的压缩程度有关，即与压缩比有关，一般压缩终点的压力和温度为：$P_C$=4MPa～8MPa，$T_C$=750～950K。

柴油的自燃温度为543～563K，压缩终点的温度要比柴油的自燃温度高很多，足以保证喷入气缸的燃料自行燃烧。喷入气缸的柴油并不是立即燃烧的，而是经过物理化学变化之后才燃烧的，这段时间有0.001～0.005s，称为发火延迟期。因此，要在曲柄转至上止点前10°～35°曲柄转角时开始将雾化的燃料喷入气缸，并使曲柄在上止点后5°～10°曲柄转角时，在燃烧室内达到最高燃烧压力，迫使活塞向下运动。

### 3. 做功行程

在做功行程开始时，大部分喷入燃烧室内的燃料都燃烧了。燃烧时放出大量的热量，因此气体的压力和温度便急剧升高，活塞在高温高压气体的作用下向下运动，并通过连杆使曲轴转动，对外做功。

随着活塞的下行，气缸的容积增大，气体的压力下降，做功行程在活塞行至下止点、排气门打开时结束。

做功行程的压力和温度为：$P_Z$=6MPa～15MPa，$T_Z$=1800～2200K。

### 4. 排气行程

排气行程的功用是把膨胀后的废气排出去，以便充填新鲜空气，为下一个工作循环的进气做准备。当活塞运动到下止点附近时，排气门开启，活塞在曲轴和连杆的带动下，由下止点向上止点运动，并把废气排出气缸。由于排气系统存在阻力，所以在排气行程开始时，气缸内的气体压力比大气压力高0.025MPa～0.035MPa，其温度 $T_b$=1000～1200K。

排气行程结束后，又开始了进气行程，于是整个工作循环就依照上述过程重复进行。

由于这种柴油机的工作循环由 4 个活塞行程（曲轴旋转两周）完成，故称四冲程柴油机，如图 1-20 所示。

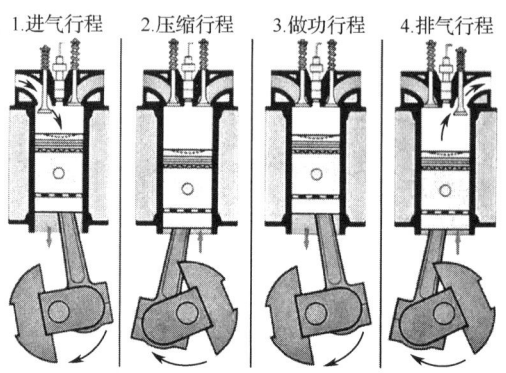

图 1-20　四冲程柴油机的 4 个活塞行程

## 六、四冲程汽油机与四冲程柴油机的异同

### 1. 四冲程汽油机与四冲程柴油机的共同点

（1）每个工作循环曲轴旋转两周（720°），每个活塞行程曲轴旋转半轴（180°），进气行程中进气门开启，排气行程中排气门开启，其余两个活塞行程中进、排气门均关闭。

（2）4 个活塞行程中，只有做功行程产生动力，其他 3 个活塞行程是为做功行程做准备工作的辅助活塞行程，虽然做功行程是主要活塞行程，但是其他 3 个活塞行程也不可缺少。

（3）发动机运转的第一个循环，必须有外力使用曲轴旋转完成进气、压缩行程，着火后，完成做功行程，依靠曲轴和飞轮储存的能量便可自行完成以后的活塞行程，以后的工作循环中，发动机无须外力就可自行完成。

### 2. 四冲程汽油机与四冲程柴油机的不同点

（1）汽油机的汽油和空气在气缸外混合，进气行程中进入气缸的是可燃混合气。而柴油机的进气行程中进入气缸的是纯空气，柴油在做功行程开始阶段被喷入气缸，在气缸内与空气混合，即混合形成方式不同。

（2）汽油机用电火花点燃混合气，柴油机用高压将柴油喷入气缸内，靠高温气体加热自行着火燃烧，即点火方式不同。所以汽油机有点火系统，而柴油机则无点火系统。

## 七、车辆识别代码

车辆识别代码（VIN）由三部分组成，如图 1-21 所示，车辆识别代码不能出现空位，其中，第一部分为世界制造厂识别代码（WMI），第二部分为车辆说明部分（VDS），第三部分为车辆指示部分（VIS）。车辆识别代码由英文字母和阿拉伯数字组成，为防止书写混淆，三个英文字母"I、Q、O"不得使用，因此共有 33 个符号供车辆识别代码使用。

### 1. 世界制造厂识别代码

车辆识别代码的前三位为世界制造厂识别代码（World Manufacturer Identifier，WMI），它由国际机构或国家统一编制。

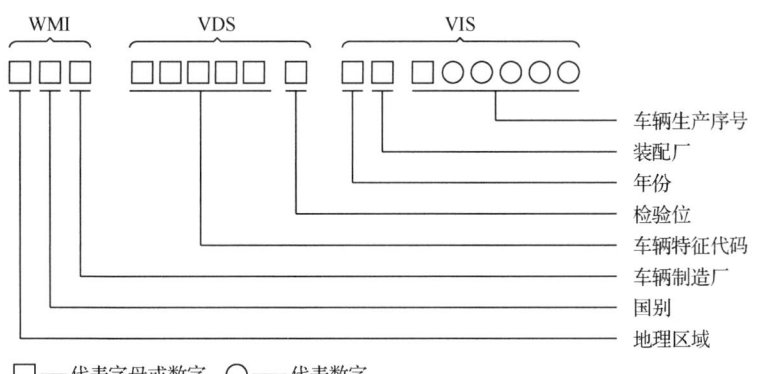

图 1-21 车辆识别代码的组成

（1）WMI 码必须经过所在国申请、批准和备案后方能使用。WMI 码是由国家机构指定的、用以标明某个特定的制造厂的一个字母或数字字码。WMI 码应通过第一位、第二位、第三位字码的组合保证制造厂识别标志的唯一性。

（2）WMI 码组合能保证制造厂（地理区域、国别、车辆制造厂）识别标志的唯一性，其中第一位、第二位分别表示汽车生产的地理区域和国别，第三位表示车辆制造厂（或公司）。常见汽车生产的国别或地区代码如表 1-1 所示，国内常见轿车厂 WMI 码如表 1-2 所示。

表 1-1 常见汽车生产的国别或地区代码

| 代 码 号 | 国别或地区 | 代 码 号 | 国别或地区 | 代 码 号 | 国别或地区 |
|---|---|---|---|---|---|
| 1 | 美国 | A～H | 非洲 | T | 瑞士 |
| 2 | 加拿大 | J | 日本 | V | 法国 |
| 3 | 墨西哥 | K | 韩国 | W | 德国 |
| 4 | 美国 | L | 中国大陆 | Y | 瑞典 |
| 6 | 澳大利亚 | R | 中国台湾 | Z | 意大利 |
| 9 | 巴西 | S | 英国 | | |

表 1-2 国内常见轿车厂 WMI 码

| 序 号 | 汽车厂简称 | WMI 码 | 序 号 | 汽车厂简称 | WMI 码 |
|---|---|---|---|---|---|
| 1 | 一汽轿车 | LFP | 12 | 长安福特 | LVS |
| 2 | 一汽丰田 | LTV | 13 | 长安汽车 | LS4 |
| 3 | 一汽大众 | LFV | 14 | 华晨宝马 | LBV |
| 4 | 一汽货车 | LFW | 15 | 华晨金杯 | LSV |
| 5 | 上汽通用 | LSG | 16 | 东风雪铁龙 | LDC |
| 6 | 上汽大众 | LSV | 17 | 东风日产 | LGB |
| 7 | 上汽通用五菱 | LZW | 18 | 起亚 | LJD |
| 8 | 上海华普 | LJU | 19 | 吉利汽车 | L6T |
| 9 | 奇瑞 | LVV | 20 | 比亚迪 | LGX |
| 10 | 北京现代 | LBE | 21 | 广汽丰田 | LVG |
| 11 | 海马汽车 | LHI | 22 | 广汽本田 | LHG |

## 2. 车辆说明部分

车辆说明部分（Vehicle Descriptor Section，VDS）位于车辆识别代码的第二部分（第4~9位）。VDS码由6位字码组成，此部分应能识别车辆的一般特性，其代号顺序由制造厂决定。

车辆一般特征包括但不限于：

（1）车辆类型，如乘用车、货车、客车、挂车、摩托车、轻便摩托车、非完整车辆等。

（2）车辆结构特征，如车身类型、驾驶室类型、货箱类型、驱动类型、轴数及布置方式等。

（3）车辆装置特征，如约束系统类型、动力系统特征、变速器类型、悬架类型等。

（4）车辆技术特性参数，如车辆质量参数、车辆尺寸参数、座位数等。

VDS码最后一位为校验位，通过一定的算法防止输入错误。如果制造厂所用字码不足6位，应在剩余位置填入制造厂选定的字母或数字，以表现车辆的一般特征，其代码及顺序由制造厂自行决定。

## 3. 车辆指示部分

车辆指示部分（Vehicle Indicator Section，VIS）位于车辆识别代码的第三部分（第10~17位），由制造厂按国际通例编制。VIS码由8位字码组成。

（1）第1位（车辆识别代码的第10位）字码指示年份（保证30年不重码）。使用的字母与数字为：A、B、C、D、E、F、G、H、J、K、L、M、N、P、R、S、T、V、W、X、Y、1、2、3、4、5、6、7、8、9共30个（缺少0、I、O、Q、U、Z）。具体年份由国际统一规定，年份代码表如表1-3所示。

表1-3  年份代码表

| 年份 | 代码 | 年份 | 代码 | 年份 | 代码 | 年份 | 代码 | 年份 | 代码 | 年份 | 代码 |
| --- | --- | --- | --- | --- | --- | --- | --- | --- | --- | --- | --- |
| 1993 | P | 2001 | 1 | 2009 | 9 | 2017 | H | 2025 | S |  |  |
| 1994 | R | 2002 | 2 | 2010 | A | 2018 | J | 2026 | T |  |  |
| 1995 | S | 2003 | 3 | 2011 | B | 2019 | K | 2027 | V |  |  |
| 1996 | T | 2004 | 4 | 2012 | C | 2020 | L | 2028 | W |  |  |
| 1997 | V | 2005 | 5 | 2013 | D | 2021 | M | 2029 | X |  |  |
| 1998 | W | 2006 | 6 | 2014 | E | 2022 | N | 2030 | Y |  |  |
| 1999 | X | 2007 | 7 | 2015 | F | 2023 | P | 2031 | 1 |  |  |
| 2000 | Y | 2008 | 8 | 2016 | G | 2024 | R | 2032 | 2 |  |  |

（2）第2位（车辆识别代码的第11位）字码指示装配（分）厂代码，可以是数字，也可以是字母。

（3）车辆识别代码的第12~17位为车辆生产序号。如果车辆制造厂生产年产量大于或等于1000辆完整车辆和/或非完整车辆，则VIS码的第3~8位字码（车辆识别代码的第12~17位）用来表示生产顺序号。如果车辆制造厂生产年产量小于1000辆完整车辆和/或非完整车辆，则VIS码的第3、4、5位字码（车辆识别代码的第12~14位）

应与第一部分的3位字码一同表示一个车辆制造厂，VIS码的第6、7、8位字码（车辆识别代码的第15～17位）用来表示生产顺序号。

## 任务1.3　发动机拆装与调整的常用工具

 **任务目标**

通过本任务的学习，学会发动机拆装与调整需要使用的主要拆装工具、量具及诊断设备的使用方法。

 **任务描述**

**任务内容**

一辆装载 EA888 Gen2 型发动机的轿车，偶尔出现发动机故障指示灯亮起，报冷却液泵故障，需要进行进一步检查。

**实施条件**

1. 四套常用维修工具、四台故障诊断仪。
2. EA888 Gen2 型发动机。
3. EA888 型轿车维修手册。

 **相关知识**

### 一、常用维修工具

汽车维修通用工具有手锤（铁锤）、螺钉旋具、钳子、扳手等。

#### 1. 手锤（铁锤）

手锤（铁锤）是用于提供大的敲击力的工具。

#### 2. 螺钉旋具

螺钉旋具（俗称起子、改锥）是用于拧紧或旋松带槽螺钉的工具，分为一字和十字两种类型。注意：螺钉旋具不能当錾子，也不能当撬棍。

#### 3. 钳子

钳子种类很多，汽车修理常用鲤鱼钳和尖嘴钳两种。

1）鲤鱼钳

鲤鱼钳用于夹持扁的或圆柱形零件，带刃口的可以切断金属。注意：不能用鲤鱼钳拧转螺栓或螺母；鲤鱼钳不能当撬棍，也不能当锤子。

2）尖嘴钳

尖嘴钳用于在狭小地方夹持零件。

## 发动机拆装与调整

### 4. 扳手

扳手用于拆装有棱角的螺栓和螺母。汽车修理常用的扳手有开口扳手、梅花扳手、套筒扳手、活动扳手、扭力扳手和特种扳手等。

1）开口扳手（呆扳手）

开口扳手的开口宽度为6～24mm，有6件、8件两种，适用于拆装一般标准规格的螺栓和螺母。

2）梅花扳手

梅花扳手适用于拆装5～27mm的螺栓或螺母。每套梅花扳手有6件和8件两种。梅花扳手两端似套筒，有12个角，工作时不易滑脱。

3）套筒扳手

每套套筒扳手有13件、17件、24件三种，适用于拆装某些螺栓和螺母由于位置所限，普通扳手不能工作的地方。拆装螺栓或螺母时，可根据需要选用不同的套筒和手柄。

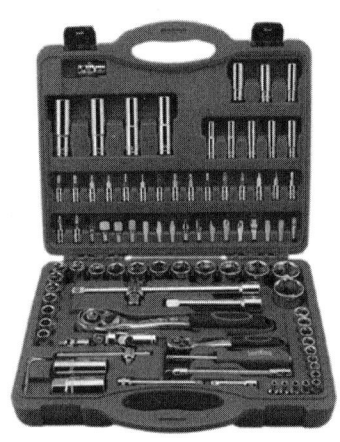

图1-22 常用维修工具

4）活动扳手

活动扳手的开度可以自由调节。

5）扭力扳手

扭力扳手配合套筒用于拧紧螺栓或螺母。在汽车修理中，扭力扳手是不可缺少的，如气缸盖螺栓、曲轴轴承螺栓等的紧固都必须使用扭力扳手。汽车修理使用的扭力扳手的扭矩为2881N·m。

6）特种扳手

特种扳手又称为棘轮扳手，应配合套筒扳手使用。特种扳手一般用于在狭窄的地方拧紧或拆卸螺栓或螺母，可以不变更扳手角度就能拆卸或装配螺栓或螺母。

使用方法：摁住顶部弹销，套上套头（套筒扳手）。

常用维修工具如图1-22所示。

### 二、发动机专用维修工具

#### 1. 火花塞套筒

火花塞套筒（见图1-23）是为安装和拆卸火花塞而设计的，内置磁铁能够牢固吸住火花塞从而使工作更轻松。

#### 2. 机滤扳手

机滤扳手（见图1-24）是发动机保养所必须使用的专用工具。由于维修站或修理店经常对车辆进行保养工作，因此机滤扳手也被作为常用工具收纳在工具车中。

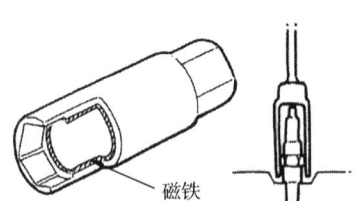

图1-23 火花塞套筒

#### 3. 油管拆卸专用扳手

油管拆卸专用扳手如图1-25所示。

发动机整体认知 **模块 1**

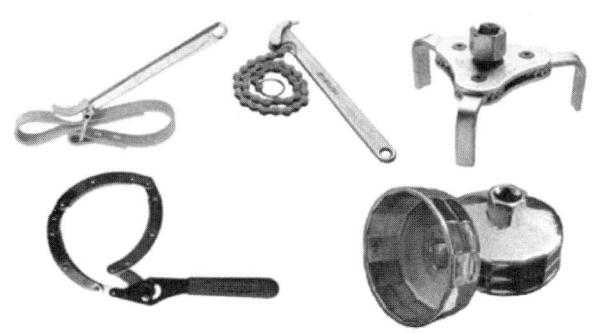

图 1-24　机滤扳手

### 4. 滑脂枪

滑脂枪（见图 1-26）又称为黄油枪，是一种专门用来加注润滑脂（黄油）的工具。

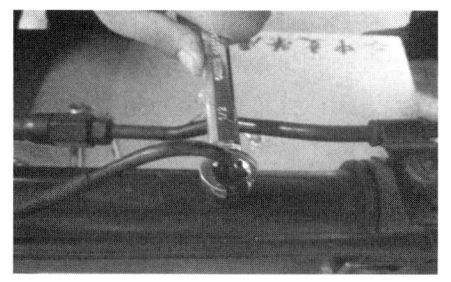 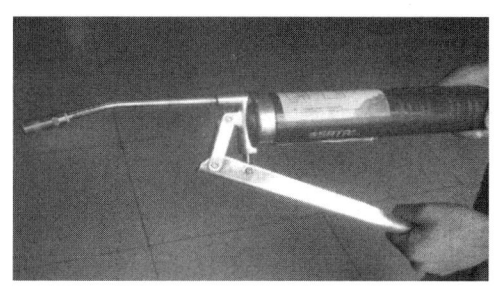

图 1-25　油管拆卸专用扳手　　　　　　图 1-26　滑脂枪

### 5. 拉拔器

拉拔器（见图 1-27）又称为拉卸器或扒马，主要用于汽车维修中的静配合和轴承部位的拆装。常见的拉拔器有两爪和三爪两种类型。

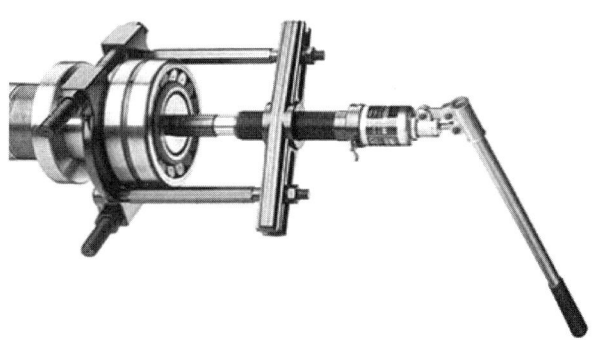

图 1-27　拉拔器

## 三、常用量具

### 1. 钢直尺

钢直尺（见图 1-28）用于测量零件的长度，其测量结果不太准确。由于钢直尺的刻线间距为 1mm，而刻线本身的宽度就有 0.1～0.2mm，所以测量时读数误差比较大，只能读出毫米数，即它的最小读数值为 1mm，比 1mm 小的数值，只能估计得出。

发动机拆装与调整

## 2. 金属卷尺

金属卷尺（见图1-29）又称为挠性尺或拉尺，主要用来测量较大的长度、圆周或弯曲表面的长度。金属卷尺常装有弹簧，能自动回卷，但也可以用锁掣暂停回卷。

图1-28 钢直尺

图1-29 金属卷尺

## 3. 厚薄规

厚薄规（见图1-30）由薄钢片制成，并由若干片不同厚度的规片（尺）组成一组。它主要用来检查两个结合面之间的缝隙，所以也称为塞尺或缝尺。在每片尺片上都标注其厚度为多少毫米。

## 4. 外径千分尺

外径千分尺（见图1-31）又称为螺旋测微仪或分厘卡，是比游标卡尺更精密的测量长度的工具，其测量精度精确到0.01mm，测量范围一般只有0～25mm。因此，为了能够测量不同长度的元件，外径千分尺又分为 0～25mm、25～50mm、50～75mm、75～100mm 等不同的长度等级。

图1-30 厚薄规

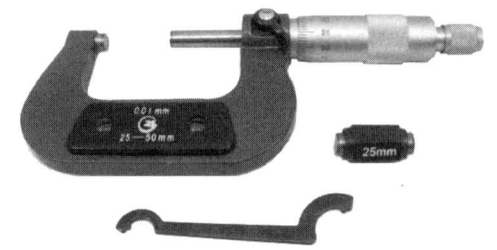

图1-31 外径千分尺

## 5. 游标卡尺

游标卡尺（见图1-32）用于测量零件的外径、内径、长度、宽度、厚度、孔的深度和孔距等。

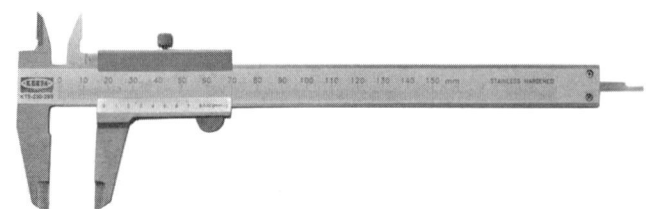

图1-32 游标卡尺

### 6. 百分表

百分表（见图1-33）利用指针和刻度将心轴移动量放大来表示测量的尺寸，主要用于测量工件的尺寸误差，以及配合间隙。

### 7. 万用表

万用表（见图1-34）是汽车维修中最常用的电路测量工具之一，其最基本的功能是测量电压、电流、电阻。

图1-33 百分表 　　　　图1-34 万用表

### 8. 量缸表

量缸表（见图1-35）是专门用来测量气缸直径的量具，主要由百分表、测量架及测量接杆组成。测量架又由锁紧旋钮、表杆、支撑架、测量头等组成。

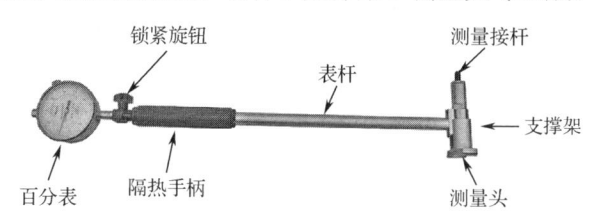

图1-35 量缸表

### 9. 机油压力表

机油压力表（见图1-36）是用来检测发动机润滑系统工作性能的专用测量和诊断工具。

### 10. 气缸压力表

气缸压力表（见图1-37）是一种专用压力表，一般由表头、导管、单向阀和接头等组成。气缸压力表接头有螺纹管接头和锥形或阶梯形橡胶接头两种。

# 发动机拆装与调整

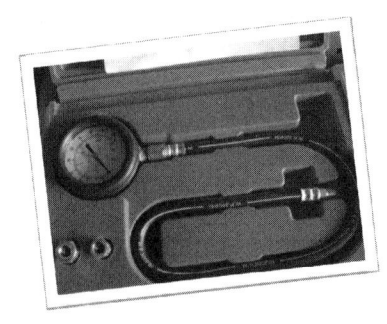

图 1-36 机油压力表

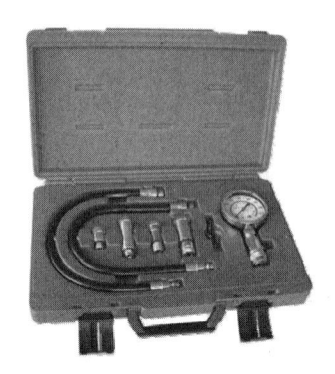

图 1-37 气缸压力表

## 四、故障诊断仪

汽车电控系统诊断仪器用于对应车型的故障诊断，也称为解码器、故障诊断仪等。不同车型采用的诊断仪器也不同。诊断仪器应能与被检测车辆的控制模块（计算机）通信。

汽车故障诊断仪（见图 1-38）是车辆故障自检终端，是用于检测汽车故障的便携式智能汽车故障自检仪，可以通过液晶显示屏显示故障信息，用户可以利用它迅速地读取汽车电控系统中的故障信息，迅速查明发生故障的部位及原因。

图 1-38 故障诊断仪

## 任务 1.4 理论测试

### 一、填空题

1. 汽车总体构造通常由_____、_____、_____及_____四大部分组成。
2. 四冲程发动机完成一个工作循环，需要经过_____、_____、_____、_____。
3. 在进气行程中，进入汽油机气缸的是_____，而进入柴油机气缸的是_____；汽油机的点火方式是_____，而柴油机的点火方式是_____。
4. 四冲程汽油机由_____机构、_____机构、_____系统、_____系统、_____系统、_____系统、_____系统组成。

### 二、判断题

1. 发动机排量是指所有气缸工作容积的总和。（　　）

2．四冲程柴油机在进气行程中，进入气缸的是可燃混合气。　　（　　）
3．汽油机的点火方式为点燃式，柴油机的点火方式为压燃式。　（　　）
4．汽油机的组成部分有点火系统，而柴油机没有点火系统。　　（　　）

### 三、名词解释

1．上止点
2．活塞行程
3．发动机排量
4．工作循环
5．压缩比

### 四、问答题

1．汽油机与柴油机的主要区别有哪些？
2．发动机常用量具有哪些？

## 任务 1.5　汽车发动机整体拆装与调整实训

### 一、实训目的与要求

1．了解汽车发动机的基本结构与工作原理。
2．学会发动机的总体拆装方法。
3．学会发动机常用拆装工具及量具的正确使用方法。

### 二、实训内容

1．发动机的基本结构与工作原理认识。
2．发动机整体拆装与调整。

# 模块 2

# 曲柄连杆机构拆装与调整

## 任务 2.1　曲柄连杆机构认知

### 任务目标

通过本任务的学习，掌握曲柄连杆机构的作用，熟悉曲柄连杆机构的组成。

### 任务描述

**任务内容**

一辆大众 CC 轿车的水箱内发出"咕噜、咕噜"的水声。在发动机冷却液温度低于 90℃时，水箱中有气泡冒出，并有大量热气从水箱口散发出来，随着发动机温度的升高，散发出来的热气增多，需要进一步检查。

**实施条件**

1. 四套常用维修工具。
2. EA888 型轿车。
3. EA888 型轿车维修手册。

### 相关知识

曲柄连杆机构的作用及
组成微课视频二维码

### 一、曲柄连杆机构的作用

曲柄连杆机构的作用是提供燃烧场所，把燃料燃烧后产生的气体作用在活塞顶上的膨胀压力转变为曲轴旋转的转矩，不断输出动力。

（1）将气体的压力转变为曲轴旋转的转矩。
（2）将活塞的往复运动转变为曲轴的旋转运动。

### 二、曲柄连杆机构的组成

曲柄连杆机构由机体组、活塞连杆组、曲轴飞轮组组成，如图 2-1 所示。

（1）机体组：包括气缸体、气缸垫、气缸盖、曲轴箱、气缸套等。
（2）活塞连杆组：包括活塞、活塞环、活塞销、连杆。
（3）曲轴飞轮组：包括曲轴、飞轮、曲轴扭转减振器、平衡轴。

图 2-1　曲柄连杆机构的组成

## 任务 2.2　机体组拆装与调整

**任务目标**

通过本任务的学习，掌握发动机机体组的作用，熟悉机体组的组成。

**任务描述**

任务内容

一辆装载 EA888 发动机的轿车功率下降，并发现有漏油现象，需要进行进一步检查。

实施条件

1. 四套常用维修工具。
2. EA888 型轿车。
3. EA888 型轿车维修手册。

**相关知识**

机体组的作用微课
视频二维码

### 一、机体组的作用及组成

机体组是构成发动机的骨架，是发动机各机构和各系统的安装基础，其内、外安装着发动机的所有主要零件和附件，承受各种载荷。因此，机体组必须有足够的强度和刚度。机体组主要由气缸体、气缸套、气缸盖和气缸垫等零件组成，如图 2-2 所示。

# 发动机拆装与调整

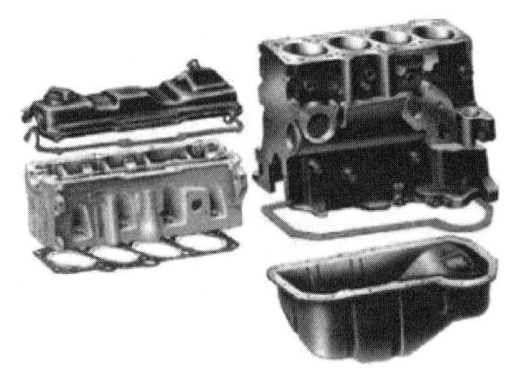

图 2-2 机体组的主要组成

## 二、机体组的类型

### 1. 按照气缸体与油底壳安装平面位置的不同

按照气缸体与油底壳安装平面位置的不同，通常把气缸体分为三种形式：一般式、龙门式、隧道式，如图 2-3 所示。

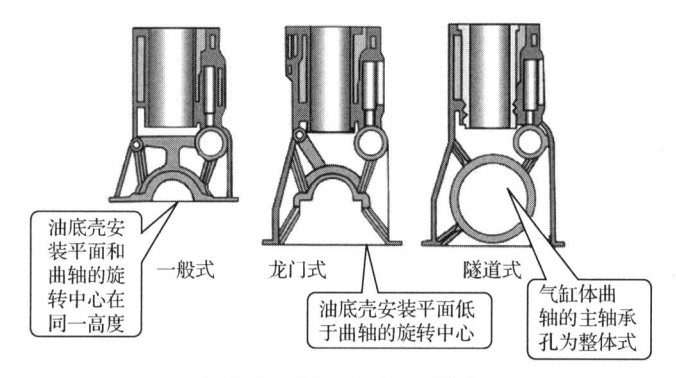

图 2-3 气缸体的三种形式

1）一般式气缸体

一般式气缸体的特点是油底壳安装平面和曲轴的旋转中心在同一高度。其优点是机体高度小，质量小，结构紧凑，便于加工，曲轴拆装方便；但其缺点是刚度和强度较低。

2）龙门式气缸体

龙门式气缸体的特点是油底壳安装平面低于曲轴的旋转中心。其优点是强度和刚度都高，能承受较大的机械负荷；但其缺点是工艺性较差，结构笨重，加工较困难。

3）隧道式气缸体

隧道式气缸体曲轴的主轴承孔为整体式，采用滚动轴承，主轴承孔较大，曲轴从气缸体后部装入。其优点是结构紧凑，刚度和强度高；但其缺点是加工精度要求高，工艺性较差，曲轴拆装不方便。

### 2. 按照冷却方式的不同

按照冷却方式的不同，通常把气缸体分为两种形式：冷却液冷却（水冷）和空气冷却（风冷）。

1）冷却液冷却（水冷）

发动机用水冷却时，气缸体周围和气缸盖中均有充入冷却液的空腔，称为水套，气缸体和气缸盖上的水套是相互连通的。冷却液在水套内不断循环，带走部分热量，对气缸体和气缸盖起冷却作用。

水冷发动机的气缸体和上曲轴箱常铸成一体，称为气缸体-曲轴箱，也可称为气缸体。气缸体一般用灰口铸铁铸成，气缸体上部的圆柱形空腔称为气缸，下部为支承曲轴的曲轴箱，其内腔为曲轴运动的空间。在气缸体内部铸有许多加强筋、冷却水套和润滑油道等。

2）空气冷却（风冷）

将发动机中高温零件的热量直接散入大气而进行冷却的装置称为风冷系统。发动机用空气冷却时，在气缸体和气缸盖外表面铸有许多散热片，以增加散热面积，保证散热充分。一般风冷发动机的气缸体与曲轴箱是分开铸造的。

水冷及风冷装置如图2-4所示。

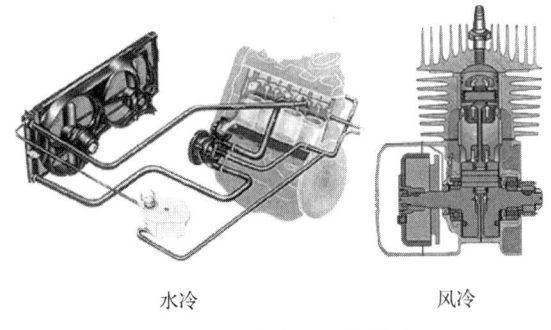

水冷　　　　风冷

图2-4　水冷及风冷装置

## 三、气缸体

气缸体是发动机的主体，它将各气缸和曲轴箱连成一体，是安装活塞、曲轴，以及其他零件和附件的支承骨架。

气缸体的工作条件十分恶劣，它要承受燃烧过程中压力和温度的急剧变化，以及活塞运动的强烈摩擦。

### 1. 气缸体的作用

（1）有足够的强度和刚度，变形小，确保各运动零件位置正确、运转正常、振动噪声小。

（2）有良好的冷却性能，在气缸筒的四周有冷却水套，以便让冷却液带走热量。

（3）耐磨，以确保气缸体有足够的使用寿命。

气缸体上部是并列的气缸筒，目前多镶有气缸套。气缸体的下部是曲轴箱，用来安装曲轴，其外部还可安装发电机支架、发动机支架等各种附件。气缸体大多用铸铁或铝合金铸造而成，铝合金气缸体成本较高，但质量小、冷却性能好，得到了越来越广泛的应用。EA888发动机气缸体如图2-5所示。

### 2. 气缸体结构

（1）气缸体上部圆柱形空腔为气缸。气缸和气缸盖、活塞一起组成燃烧室，并引导活塞做往复运动。

# 发动机拆装与调整

图 2-5 EA888 发动机气缸体

（2）气缸体内壁铸有储存和流通冷却液的空腔，称为水套，用于冷却高温工作的零件。为了延长气缸体使用寿命、便于维修，气缸体内镶入用优质耐磨材料制成的气缸套。气缸套有湿式气缸套和干式气缸套两种，其中气缸套外壁直接与冷却液接触的气缸套为湿式气缸套，多用于柴油机；气缸套外壁不与冷却液直接接触的气缸套为干式气缸套，常用于汽油机。

（3）有的发动机气缸体侧面设有挺柱，用于安装气门传动件；下部有主轴承座孔，用于安装曲轴飞轮组，气缸体内加工有机油道、冷却水道及其他各种座孔，用于安装各附件或零件。

（4）汽车多缸发动机排列形式常采用单排直列、V 形排列。前者由于结构简单，广泛用于六缸以下的发动机；后者由于可缩短长度，提高刚度，常用于八缸以上的发动机。某些大客车和轿车，为了降低发动机高度而采用平卧式。

## 四、气缸盖

气缸盖安装在气缸体的上面，从上部密封气缸并构成燃烧室。它经常与高温高压燃气相接触，因此承受很大的热负荷和机械负荷。水冷发动机的气缸盖内部制有冷却水套，气缸盖下端面的冷却水孔与气缸体的冷却水孔相通，利用循环水来冷却燃烧室等高温部分。

气缸盖上还装有进气门座、排气门座和气门导管孔，用于安装进气门、排气门，以及进气通道和排气通道等。汽油机的气缸盖上加工有安装火花塞的孔，而柴油机的气缸盖上加工有安装喷油器的孔。顶置凸轮轴式发动机的气缸盖上还加工有凸轮轴轴承孔，用于安装凸轮轴。

气缸盖一般采用灰口铸铁或合金铸铁铸成，铝合金的导热性好，有利于提高压缩比，所以近年来铝合金气缸盖被采用得越来越多。EA888 发动机气缸盖如图 2-6 所示。

气缸盖是燃烧室的组成部分，燃烧室的形状对发动机的工作影响很大，由于汽油机和柴油机的燃烧方式不同，其气缸盖上组成燃烧室的部分差别较大。汽油机的燃烧室主要在气缸盖上，而柴油机的燃烧室主要在活塞顶部的凹坑。

### 1. 汽油机燃烧室

常见的汽油机燃烧室有半球形燃烧室、楔形燃烧室和盆形燃烧室三种，如图 2-7 所示。

1) 半球形燃烧室

半球形燃烧室结构紧凑，火花塞布置在燃烧室中央，火焰行程短，故燃烧速率高，散热少，热效率高。这种燃烧室结构上允许气门双行排列，进气口直径较大，故充气效率较高，虽然使配气机构变得较复杂，但有利于排气净化，被广泛地应用于轿车发动机上。

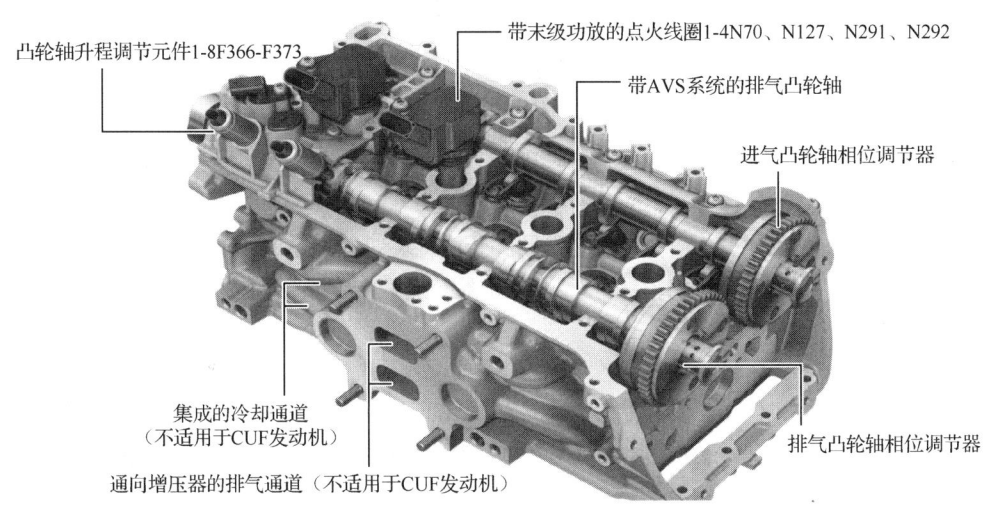

图 2-6　EA888 发动机气缸盖

2) 楔形燃烧室

楔形燃烧室结构简单、紧凑，散热面积小，热损失也小，能保证混合气在压缩行程中形成良好的涡流运动，有利于提高混合气的混合质量，进气阻力小，提高了充气效率。气门排成一列，使配气机构简单，但火花塞置于楔形燃烧室高处，火焰传播距离长些，切诺基轿车发动机采用这种形式的燃烧室。

3) 盆形燃烧室

盆形燃烧室的气缸盖工艺性好，制造成本低，但因气门直径易受限制，进气、排气效果要比半球形燃烧室差。捷达轿车发动机、奥迪轿车发动机采用盆形燃烧室。

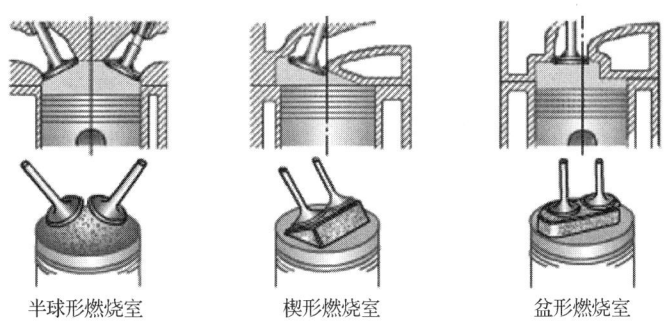

图 2-7　汽油机燃烧室

## 2. 柴油机燃烧室

常见的柴油机燃烧室有涡流室燃烧室和预燃室燃烧室两种，如图 2-8 所示。

1) 涡流室燃烧室

涡流室燃烧室的主、副燃烧室之间的连接通道与副燃烧室切向连接。

图 2-8 柴油机燃烧室

在压缩行程中，空气从主燃烧室经连接通道进入副燃烧室，在其中形成强烈的有组织的压缩涡流，因此称副燃烧室为涡流室。燃油顺气流方向喷射。

2）预燃室燃烧室

预燃室燃烧室的主、副燃烧室之间的连接通道不与副燃烧室切向连接，且截面积较小。

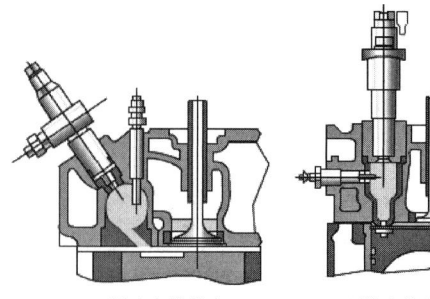

在压缩行程中，空气在副燃烧室内形成强烈的无组织的紊流。燃油逆气流方向喷射，并在副燃烧室顶部预先发火燃烧，因此称副燃烧室为预燃室。

## 五、气缸垫

### 1. 功用

气缸垫和油底壳微课视频二维码

气缸垫安装在气缸盖和气缸体之间，其功用是保证气缸盖与气缸体接触面的密封，防止漏气、漏水和漏油。

### 2. 所用材料

气缸垫的材料要有一定的弹性，能补偿结合面的不平度，以确保密封，同时要有好的耐热性和耐压性，在高温高压下不烧损、不变形。目前应用较多的是铜皮-棉结构的气缸垫，由于铜皮-棉气缸垫翻边处有三层铜皮，压紧时不易变形。有的发动机还采用在石棉中心用编织的钢丝网或有孔钢板作为骨架，两面用石棉及橡胶黏结剂压成的气缸垫。

### 3. 安装要求

安装气缸垫时，首先，要检查气缸垫的质量和完好程度，所有气缸垫上的孔要和气缸体上的孔对齐。其次，要严格按照说明书上的要求上好气缸盖螺栓。拧紧气缸盖螺栓时，必须按从中央对称地向四周扩展的顺序分 2~3 次进行，最后 1 次拧紧到规定的力矩。气缸垫如图 2-9 所示。

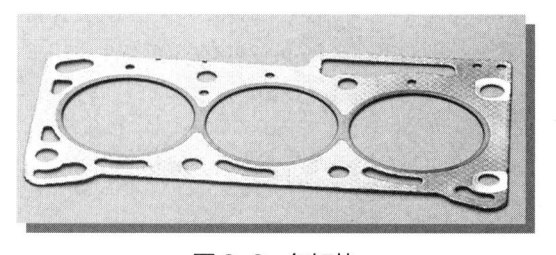

图 2-9 气缸垫

## 六、曲轴箱

气缸体下部用来安装曲轴的部位称为曲轴箱,曲轴箱分为上曲轴箱和下曲轴箱。上曲轴箱与气缸体铸成一体,下曲轴箱用来储存润滑油,并封闭上曲轴箱,故下曲轴箱又称为油底壳。

油底壳受力很小,一般采用薄钢板冲压而成,其形状取决于发动机的总体布置和机油的容量。油底壳内装有稳油挡板,以防汽车颠动时油面波动过大。油底壳底部还装有放油螺塞,通常放油螺塞上装有永久磁铁,以吸附润滑油中的金属屑,减少发动机的磨损。在上下曲轴箱接合面之间装有衬垫,以防润滑油泄漏。EA888 发动机气缸体与油底壳如图 2-10 所示。

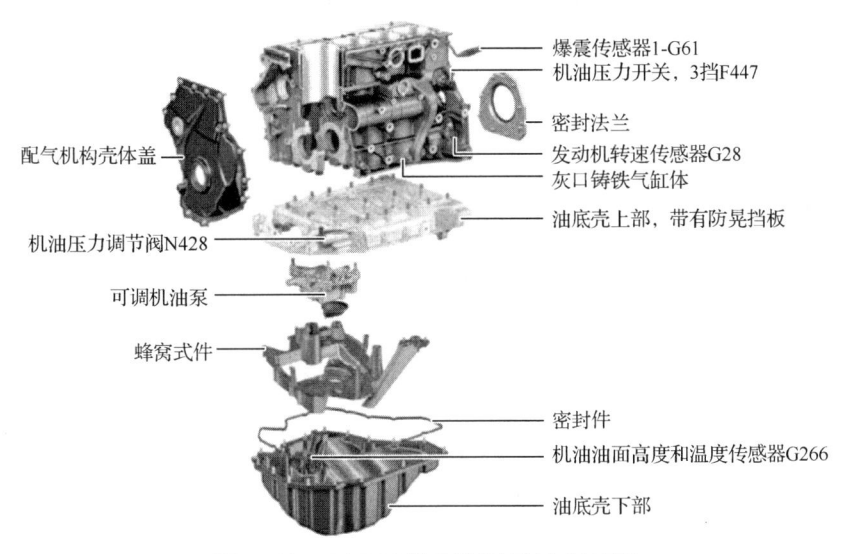

图 2-10 EA888 发动机气缸体与油底壳

油底壳上部材质为铸铝。机油泵和飞溅隔板(蜂窝式件)被拧紧固定在油底壳上部,用于机油回流过程。另外,油底壳上部还有高压机油油道和两级机油泵控制阀。

油底壳下部材质为塑料。通过材质变化使该零件减重约 1.0kg。密封方式为橡胶密封圈,同时使用钢制螺栓拧紧固定。

## 七、发动机支承

发动机通过机体和飞轮壳或变速器壳上的支承支撑在车架上。发动机支承如图 2-11 所示。

### 1. 三点支承

三点支承可布置成一前两后或两前一后。

### 2. 四点支承

四点支承为前后各有两个支承点。

发动机拆装与调整

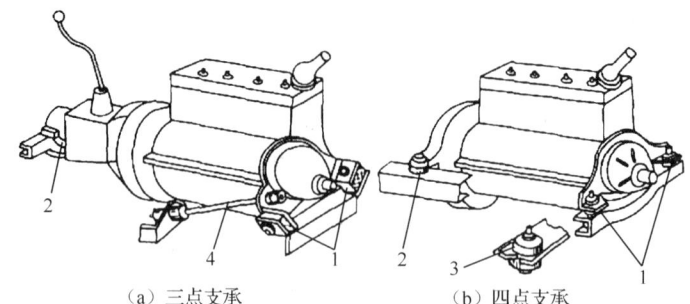

(a) 三点支承　　　　　(b) 四点支承

1—前支承；2—后支承；3—橡胶垫圈；4—纵向拉杆

图 2-11　发动机支承

**课程思政**：了解对安全操作事项的要求，培养安全责任意识。

（1）当进行车辆检修时，要拔下点火钥匙，防止他人启动车辆。

（2）检修电喷发动机的燃油系统时，必须先对油路进行泄压处理，以防汽油泄漏飞溅到漏电的高压线或高温物体上，引起燃烧。检修安全气囊时必须断开蓄电池负极，拆装安全气囊时必须轻拿轻放。对车身进行电焊作业时，应断开蓄电池负极，以防损坏车用计算机。

（3）维修运转状态的发动机时，应注意防止风扇叶片打伤人员或高温件烫伤人员。发动机水温很高时，不能用手直接打开散热器盖，以防有压力的高温液体烫伤人员。

（4）发动机启动前，应检查机油、冷却液是否符合要求；变速杆是否在空挡位置；拉紧手制动。若在室内启动，则应打开门窗，使空气畅通。发动机启动后，应立即切断油路或气路，以免发生"飞车"事故。

（5）检修汽车电路时，不可乱拉电线。对于经常烧断熔丝的故障，应当查明故障原因，不可换上大容量的熔丝或用铜丝代替熔丝。

## 八、机体组拆装与检测（以 EA888 发动机为例）

### 1. 气缸盖的拆装

（1）拆下同步带后上防护罩，拧下气阀室罩盖的螺母。

（2）取下压条、支架和气阀室罩盖，如图 2-12 所示。

（3）拔下在水温传感器上的插接器。

（4）拔下机油温度传感器的插接器。

（5）旋下同步带后护罩的螺栓，拆下后护罩。

（6）拆下霍尔传感器固定螺栓，拆下霍尔传感器。

（7）按①～⑩的顺序松开气缸盖螺栓，如图 2-13 所示。

（8）将气缸盖与气缸盖垫片一起拆下。

机体组的拆装微课二维码

气缸盖的拆卸示范视频二维码

气缸盖的装配示范视频二维码

### 2. 气缸体裂纹的检测

彻底清洗并擦干气缸盖和气缸体的配合表面。

裂纹会引起发动机漏气、漏水、漏油，影响发动机正常工作，因此必须及时检修。

气缸体和气缸盖的裂纹通常采用水压试验法检验。

首先将气缸盖和气缸衬垫装在气缸体上，将水压机出水管接头与气缸前端水泵入水口处连接好，并封闭所有水道口，然后将水压入水套，要求在 0.3MPa～0.4MPa 的压力下，保持约 5min，应没有任何渗漏现象。发动机气缸体水压试验如图 2-14 所示。

图 2-12 气缸盖的拆分

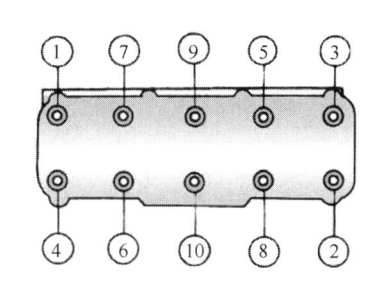

图 2-13 气缸盖螺栓松开顺序

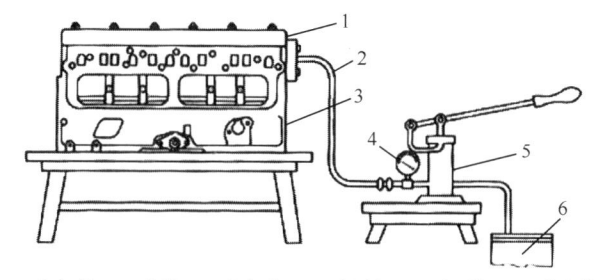

1—气缸盖；2—软管；3—气缸体；4—水压表；5—水压机；6—储水槽

图 2-14 发动机气缸体水压试验

## 3. 气缸体变形的检测

1）气缸体翘曲变形的检测

气缸体、气缸盖的翘曲变形可用平板做接触检测，或者用直尺和塞尺检测。

用直尺和塞尺检测气缸体和气缸盖平面翘曲的方法是：在长、宽和对角线方向上进行测量，求得其平面度误差，如图 2-15 所示。

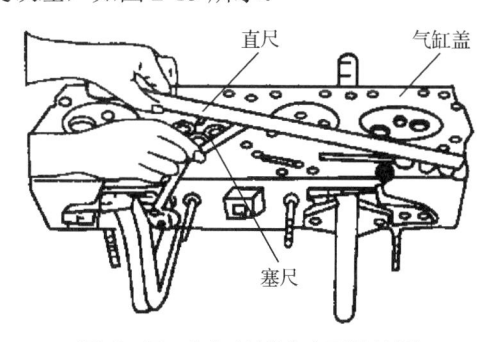

图 2-15 气缸体翘曲变形的检测

2）气缸轴线与主轴承座孔轴线的垂直度的检测

用垂直度检验仪对气缸轴线与主轴承座孔轴线的垂直度进行检测。

垂直度检验仪用定心器支承在气缸中，并用调整螺钉轴向支承定位于气缸体的上平面。

测量时，用手转动手柄，测量头便水平转动与定心轴前、后两点接触，表针在两点的示值差，即气缸轴线与主轴承座孔轴线的垂直度误差，一般不大于 0.05mm。垂直度检验仪如图 2-16 所示。

图 2-16 垂直度检验仪

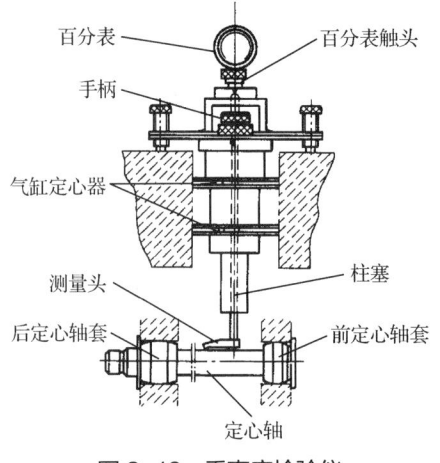

气缸平面度、气缸圆度、气缸圆柱度的检测示范视频二维码

### 4. 气缸磨损的检测

气缸的磨损程度一般用圆度和圆柱度来衡量，也可以用标准尺寸和气缸磨损后的最大尺寸之差值来衡量，如桑塔纳、捷达等汽车。

1）气缸圆度的测量

当同一截面上磨损不均匀时，用同一横截面上不同方向测得的最大直径与最小直径差值的一半作为圆度误差。

（1）根据气缸直径的尺寸，选择合适的接杆，装入量缸表的下端，并使伸缩杆有 1～2mm 的压缩量。

（2）将量缸表的测杆伸入气缸中的相应部位，微微摆动表杆，使测杆与气缸中心线垂直，量缸表指示的最小读数为正确的气缸直径。

（3）首先用量缸表在部位 A 向测量，旋转表盘使"0"刻度对准大表针，然后将测杆在此截面上旋转 90°，此时表针所指刻度与"0"刻度之差的 1/2 为该截面的圆度误差。

2）气缸圆柱度的测量

当沿气缸轴线的轴向截面上磨损不均匀时，用被测气缸表面任意方向所测得的最大直径与最小直径差值的一半作为圆柱度误差。

在进行测量时，测量部位的选择很重要，在气缸体上部距气缸上平面 10mm 处，气缸中部和气缸下部距气缸套下口 10mm 处的三个截面，按 A、B 两个方向分别测量气缸的直径。量缸表的应用如图 2-17 所示。

首先用量缸表在上部 A 向测量并找出正确的直径位置，旋转表盘使"0"刻度对准大表针，然后依次测出其他 5 个数值，取 5 个数值中最大差值的 1/2 作为该气缸的圆柱度误差。

3）气缸磨损尺寸的测量

一般发动机最大磨损尺寸在前后两个气缸的上部。测量时，用量缸表在上部 A 向测量并找出正确气缸直径位置，旋转表盘使"0"刻度对准大表针，并记住小表针所指位置。

取出量缸表，将测杆放置于外径千分尺的两个测头之间，旋转外径千分尺的活动测头，使量缸表的大指针指向"0"，且小指针指向原来的位置（在气缸中所指示的位置）。此时，外径千分尺的尺寸为气缸磨损尺寸。

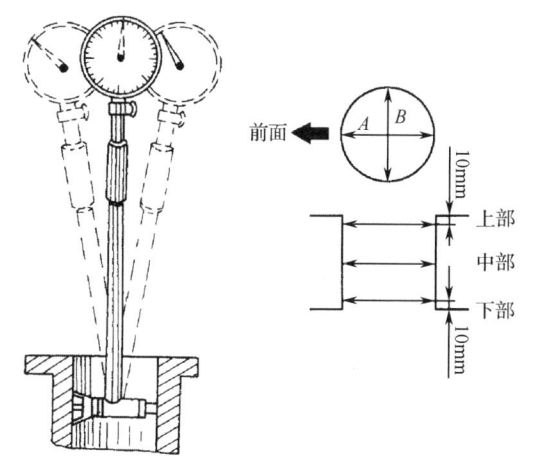

图 2-17 量缸表的应用

### 5. 气缸体变形的修理

气缸体变形后，可根据变形程度采取不同的修理方法。

平面度误差在整个平面上不大于 0.05mm 或仅有局部不平时，可用刮刀刮平。

平面度误差较大时，可采用平面磨床进行磨削加工修复，但是加工量不能过大，为 0.24～0.50mm，否则会影响压缩比。

气缸的修理过程为气缸镗缸（镗缸尺寸=气缸最大直径+镗磨余量）→气缸研磨→镶嵌气缸套，如图 2-18～图 2-20 所示。

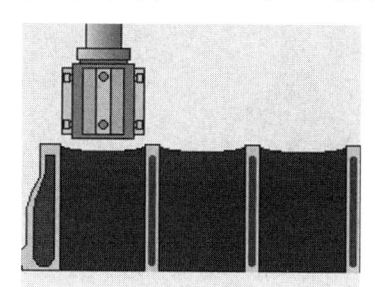

图 2-18 气缸镗缸　　图 2-19 气缸研磨　　图 2-20 镶嵌气缸套

## 任务 2.3　活塞连杆组拆装与调整

### 任务目标

通过本任务的学习，掌握发动机活塞连杆组的作用，熟悉活塞连杆组的组成及工作原理。

### 任务描述

**任务内容**

一辆速腾轿车的发动机在大负荷或急加速时出现爆震响声，需要进行维修。

**实施条件**

1. 四套常用维修工具。
2. EA888 型轿车。
3. EA888 型轿车维修手册。

**相关知识**

## 一、活塞连杆组的作用

活塞承受气缸的气体压力，并将此压力通过活塞销传给连杆，以推动曲轴旋转，使曲轴旋转并输出动力。

## 二、活塞连杆组的组成

活塞连杆组主要由活塞、活塞环、活塞销、连杆及连杆轴瓦等组成。EA888 发动机活塞连杆组的组成如图 2-21 所示。

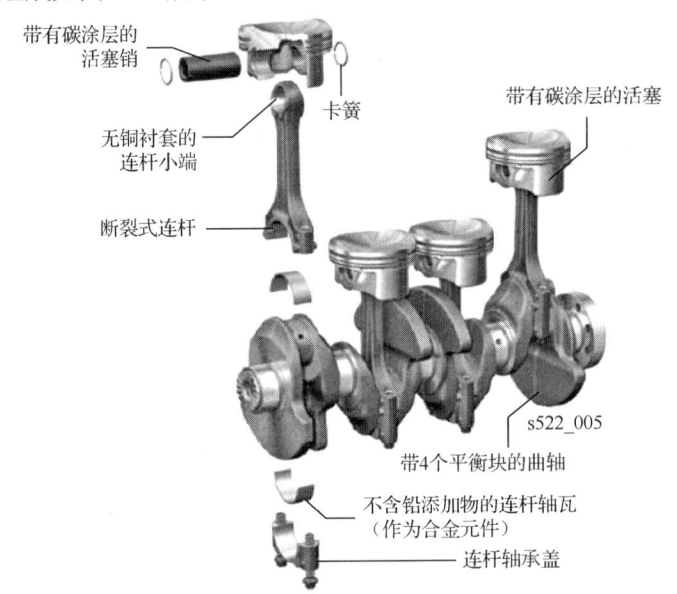

图 2-21　EA888 发动机活塞连杆组的组成

## 三、活塞

### 1. 活塞的作用

活塞承受气缸的气体压力，并将此压力通过活塞销传给连杆；活塞顶部与气缸盖、气缸壁共同组成燃烧室。

### 2. 工作环境

高温、散热及润滑条件差；活塞顶部工作温度高达 600～700K，且分布不均匀；高速，线速度达到 10m/s，承受很大的惯性力，活塞顶部承受最高可达 5MPa（汽油机）的压力，容易变形。

### 3. 要求

（1）刚度和强度应足够高，传力可靠。
（2）良好的导热性和合理的热膨胀性，以便有合理的安装间隙，耐高压、高温、磨损。
（3）质量较小，尽可能减小往复惯性力。
（4）耐热的活塞顶部及弹性的活塞裙部。
（5）活塞与气缸壁间有较小的摩擦系数。

### 4. 材料

活塞的材料大多数采用铝硅合金，极少数采用铸铁或耐热钢。

### 5. 组成

活塞主要由活塞顶部、活塞头部和活塞裙部等组成，如图 2-22 所示。

1）活塞顶部

活塞顶部的形状与选用的燃烧室有关。汽油机活塞顶部一般采用平顶，其优点是吸热面积小，制造工艺简单。有些活塞为了改变混合气形成速度而采用凹顶，凹坑的大小还可以调节发动机压缩比。

图 2-22 活塞的组成

2）活塞头部

活塞头部指活塞环槽以上部分。其作用是：承受气体压力，并传给连杆；与活塞一起实现气缸密封；将活塞顶部所吸收的热量通过活塞环传给气缸壁。活塞头部切有若干道环槽用于安装活塞环，汽油机一般有 2~3 道环槽，上面 1~2 道环槽用于安装气环，下面 1 道环槽用于安装油环。油环槽底面上钻有许多径向小孔，使被油环刮下来的多余的机油，经过小孔流回油底壳。

3）活塞裙部

活塞裙部指自油环槽下端面起至活塞底面的部分。其作用是为活塞在气缸内做往复运动导向和承受侧压力。活塞工作时，燃烧气体压力作用在活塞顶部，而活塞销反力作用在头部的销座孔处，由此产生的变形使活塞裙部直径沿活塞销座轴线方向增大（受力变形）。侧压力使活塞裙部变形；活塞销座孔附近的金属堆受热膨胀量增大，致使活塞裙部在受热变形时，活塞销座孔方向的膨胀量增大。为了保证正常工作状态下活塞裙部为圆形，活塞裙部在冷态时为椭圆形。为了保证在冷态的情况下活塞与气缸壁的紧密接触，在活塞裙部有开槽。由于活塞沿轴线受热和质量分布不均匀，所以将活塞制作成一个上小下大的近似圆锥形。

活塞销座孔也是活塞的组成部分之一，它将活塞顶部气体的作用力经活塞销传给连杆。活塞销座孔通常有散热片与活塞内壁相连，以提高其刚度。活塞销座孔内有安装弹性卡环的卡环槽，卡环用来防止活塞销在工作中发生轴向窜动。

活塞销座是用来安装活塞销的。在活塞销座孔两端有卡环槽，用于安装卡环。活塞销座向承受做功侧压力的一面偏移 1~1.5mm，减轻活塞换向时对气缸壁的敲击。活塞销座如图 2-23 所示。

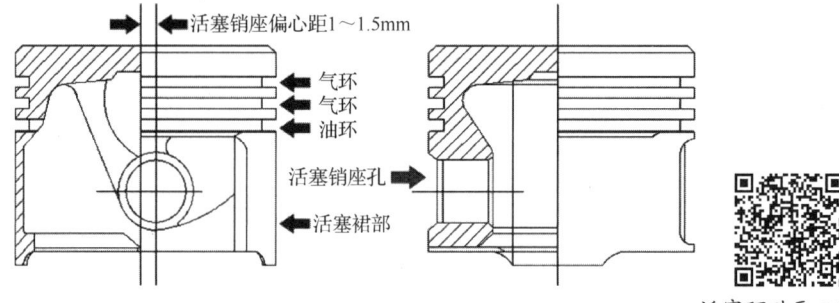

图 2-23 活塞销座

活塞环动画二维码

## 四、活塞环

活塞环包括气环和油环两种。

### 1. 气环

气环微课视频二维码

气环用于保证活塞与气缸壁间的密封，防止高温高压燃气进入曲轴箱；同时气环还将活塞顶部的大部分热量传导给气缸，再由冷却液或空气带走。

活塞环工作时受到气缸中气体的高温高压作用，温度较高，而且在气缸中高速运动，加上机油高温变质，润滑条件变坏，其磨损严重。活塞环磨损失效后，发动机会出现启动困难、功率不足、曲轴箱压力升高、机油损耗量变大、排气冒黑烟、活塞边面积炭严重等现象。

由于气缸的磨损不均匀性，气缸将有一定的锥度，横截面变成椭圆形，活塞在其中往复运动，沿径向产生一张一缩的运动，活塞环受弯曲应力而容易折断，造成发动机卡死、拉缸、不工作等故障。

活塞环一般是用合金铸铁铸造的。第一道气环的工作表面一般镀有多孔铬（多孔铬的硬度高，能储存少量的机油），其他一般镀锡或磷化，用于改善磨合性能。

活塞环上有一道切口，且在自由状态下不是圆形，其尺寸比气缸的内径大，所以它随活塞一起装入气缸后，便产生弹力而紧贴气缸壁，使燃气不能通过活塞环与气缸壁的接触面的间隙。切口宽度一般是 0.25~0.8mm。气环常见的截面形状如表 2-1 所示。

表 2-1 气环常见的截面形状

| 形 状 | 特 点 | 示 意 图 |
|---|---|---|
| 矩形环 | 结构简单、制造方便、易于生产、应用面广 | |
| 扭曲环 | 断面不对称，受力不平衡，使活塞环扭曲 | |
| 锥面环 | 减小了活塞环与气缸壁的接触面积，增大了表面接触压力，有利于磨合和密封 | |
| 梯形环 | 加工困难，精度要求高 | |
| 桶面环 | 外圆为凸圆弧形 | |

## 2. 油环

油环的主要作用是刮油、布油和辅助密封。油环用来刮除气缸壁上多余的机油，并在气缸壁上铺涂一层均匀机油膜，这样既可以防止机油窜入，又可以减少活塞与气缸的磨损，减小摩擦阻力。

油环微课视频二维码

油环分为普通油环和组合油环。普通油环一般是由铸铁制成的，其外圆中间切有一道凹槽，在凹槽的底部加工有许多排油孔。组合油环由刮油片和两个弹性衬环组合而成。轴向衬环夹装在第二、第三刮油片之间。

第三代 EA888 发动机改进了活塞环，扩大了回油孔，将活塞环的油环由单层扁平改为波浪形设计，改变了机油受力面，减少了机油在活塞环囤积的情况。此外，还改进了回油孔，因此第三代 EA888 发动机大大改善了机油消耗的情况。EA888 发动机油环如图 2-24 所示。

图 2-24　EA888 发动机油环

## 3. 活塞环的三隙

活塞环的三隙包括端隙、侧隙和背隙。

1）端隙（$\Delta_1$）

端隙又称为开口间隙，是活塞环装入气缸后开口处的间隙，一般为 0.25～0.50mm。

2）侧隙（$\Delta_2$）

侧隙又称为边隙，是环高方向上与环槽的间隙。第一道气环的侧隙为 0.04～0.10mm；其他气环的侧隙为 0.03～0.07mm。油环一般侧隙较小，为 0.025～0.07mm。

3）背隙（$\Delta_3$）

背隙是活塞环装入气缸后，活塞环背面与环槽底部的间隙，一般为 0.5～1mm。活塞环的三隙如图 2-25 所示。

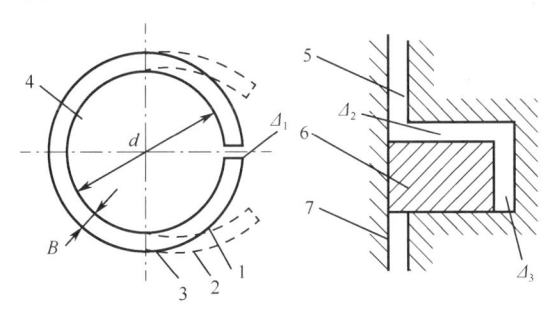

1—活塞环的工作状态；2—活塞环的自由状态；3—工作面；4—内表面；5—活塞；6—活塞环；7—气缸；
$\Delta_1$—端隙；$\Delta_2$—侧隙；$\Delta_3$—背隙；$d$—内径；$B$—宽度

图 2-25　活塞环的三隙

## 五、活塞销

### 1. 活塞销的作用

活塞销用于连接活塞与连杆小头，将活塞承受的气体的作用力传递给连杆。活塞销为中空的圆柱体，一般采用低碳钢、低碳合金钢渗碳淬火，或者采用 45 号中碳钢高频淬火。活塞销如图 2-26 所示。

## 2. 活塞销的分类

根据活塞销固定方式的不同，活塞销可分为全浮式和半浮式两种形式。

活塞销与活塞销座孔的连接配合多采用全浮式，即在发动机运转过程中，活塞销不仅可以在连杆小头衬套孔内缓慢地转动，还可以在活塞销座中缓慢地转动，以使活塞销各部分的磨损比较均匀。活塞销与活塞销座孔在冷态时为过渡配合，采用分组选配法；热装合时，将活塞放入热水或热油中加热后，迅速将活塞销装入。

半浮式活塞中部与连杆小头采用紧固螺栓连接，活塞销只能在两端销座内自由摆动。加热连杆小头后，将活塞销装入，冷态时为过盈配合。活塞销的类型如图 2-27 所示。

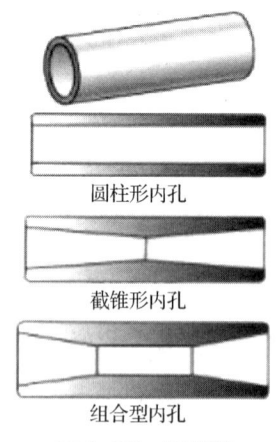

图 2-26 活塞销

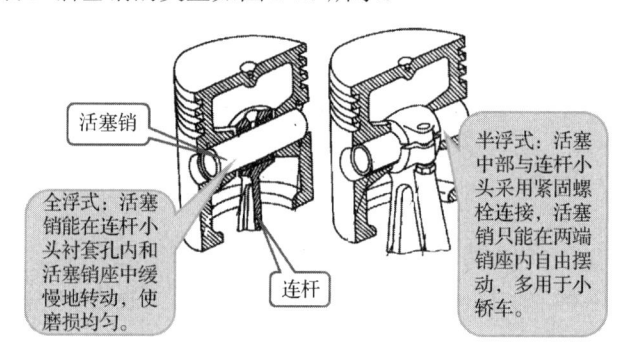

圆柱形内孔
截锥形内孔
组合型内孔

图 2-27 活塞销的类型

全浮式：活塞销能在连杆小头衬套孔内和活塞销座中缓慢地转动，使磨损均匀。

半浮式：活塞中部与连杆小头采用紧固螺栓连接，活塞销只能在两端销座内自由摆动，多用于小轿车。

## 3. 要求

要求活塞销具有足够的强度、刚度和耐磨性，且质量小。（在高温下，承受极大的周期性冲击载荷，润滑条件差。）

## 4. 材料与工艺

材料采用优质低碳钢，工艺采用表面淬火、精磨。

## 5. EA888 发动机活塞及活塞销座等的特点

EA888 发动机活塞是特殊形状的 FSI 活塞，其上有供安装上部活塞环的注入式活塞环支架。由于采用了轻质结构理念，活塞环支架、镀膜裙部和活塞本身都经久耐用，并且能在最小的摩擦损耗工况下平稳运行。活塞环支架如图 2-28 所示。

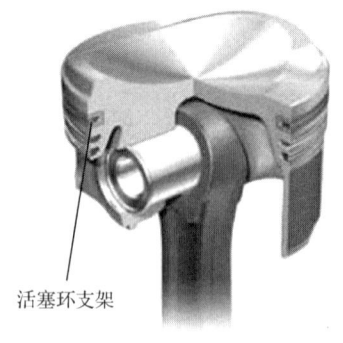

图 2-28 活塞环支架

上部活塞环是矩形的，中间活塞环是一个锥面活塞环，油环是一个带扩张器的倒角环。

31CrMoV 活塞销被放松环固定在正确位置上。

## 六、连杆

### 1. 连杆的作用

连杆的作用是连接活塞和曲轴,把活塞的往复运动转变为曲轴的旋转运动,并将活塞承受的力传给曲轴。

### 2. 连杆的组成

连杆(见图 2-29)一般由连杆小头、连杆杆身和连杆大头三部分组成。连杆一般由中碳钢或合金钢弹压而成,少数采用球墨铸铁。小型发动机的连杆用高强度铝合金制造。

1)连杆小头

连杆小头上安装活塞销,用于连接活塞。连杆工作时,连杆小头与活塞销之间有相对运动,连杆小头孔中有衬套(青铜)。在连杆小头和衬套上钻有小孔(油道),用于润滑连杆小头和活塞销。

2)连杆杆身

连杆杆身通常制作成工字形断面,以求增加其强度和刚度。在连杆杆身中间有润滑油道。

3)连杆大头

连杆大头与曲轴的曲柄销相连,连杆大头一般是剖分式的,被分开的部分称为连杆盖,通过特制的连杆螺栓紧固在连杆大头上。连杆盖与连杆大头是组合镗孔,为了防止装配错误,需要在同一侧标有配对记号。连杆大头孔表面有很高的光洁度,以便与连杆轴瓦紧密贴合。连杆大头还铣有定位坑,以及油孔。

连杆大头的剖分面可分为平切口和斜切口两种。一般汽油机连杆大头的直径小于气缸的直径,采用平切口;柴油机受力大,其连杆大头直径较大,超过气缸的直径,采用斜切口,一般与连杆轴线成 30°~60°夹角。连杆大头的剖分面如图 2-30 所示。

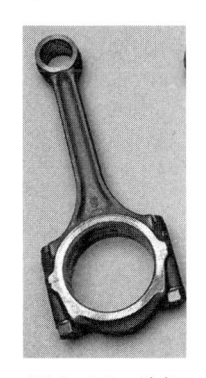

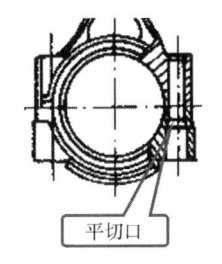

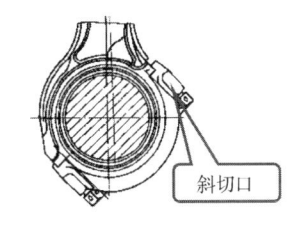

图 2-29 连杆　　　图 2-30 连杆大头的剖分面

连杆螺栓是经常受交变应力作用的重要零件,安装时,必须牢固可靠,应符合工厂规定的拧紧力矩,分 2~3 次拧紧。

### 3. V 型发动机连杆的布置形式

V 型发动机连杆的布置形式如图 2-31 所示。

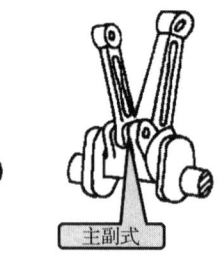

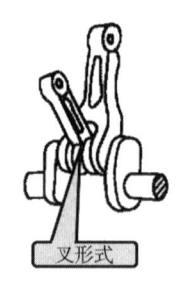

图 2-31 V型发动机连杆的布置形式

1）并列式

两根相同的连杆一前一后并列地安装在同一个连杆轴颈上，但因左右气缸要在轴向错开一段距离，致使发动机的长度增加，曲轴的长度增加，刚度降低。

2）主副式

在左右两列气缸中，一列气缸采用主连杆，其大头直接安装在连杆轴颈的全长上，另一列气缸采用副连杆，其大头与主连杆的大头（或连杆盖）上的两个凸耳用销进行铰链连接。这种连杆不增加发动机的长度，但是连杆不能互换。

3）叉形式

左右两列气缸的对应两根连杆中，一根连杆的大头做成叉形，跨于另一根连杆的厚度较小的片形大头两端。

优点：两列气缸中的活塞连杆组的运动规律相同；左右对应的两列气缸的轴心线不需要在曲轴轴向上错位。

缺点：叉形连杆大头的结构和制造较复杂，大头的刚度也不高。

## 七、连杆轴瓦

### 1. 作用

连杆轴瓦的作用是保护连杆轴颈及连杆大头孔。

连杆轴瓦由钢背和减磨层组成。钢背由 1～3mm 的低碳钢制成。减磨层为 0.3～0.7mm 的减磨合金，层质较软能保护连杆轴颈。

### 2. 定位方式

连杆轴瓦的定位方式如图 2-32 所示。

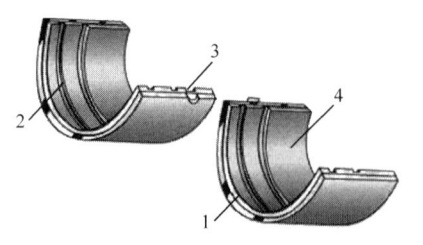

1—钢背；2—油槽；3—定位凸键；4—减磨合金

图 2-32 连杆轴瓦的定位方式

## 八、活塞连杆组拆装与检测（以 EA888 发动机为例）

### 1. 活塞连杆组的拆卸

（1）按照由上至下的顺序拆卸外围附件。

（2）拆卸气缸盖，需注意将气缸盖螺栓按照从两端向中间对称的顺序分几次旋松，以免气缸盖变形。

（3）拆卸油底壳。

（4）检查活塞顶部的装配标记，若无标记，则打上标记并标明气缸号。

（5）转动曲轴，将准备拆卸的连杆相对应的活塞转至下止点位置。

（6）拆下连杆螺母，取下连杆盖、轴承，并按次序放好。

（7）用橡胶锤或铁锤木柄推出活塞连杆组，注意不要倾斜，不要硬撬、硬敲，以免损坏气缸。

（8）取出活塞连杆组后，应将连杆盖、螺栓、螺母按原位装回，并检查连杆的装配标记。标记应朝向传动带盘，在连杆杆身和连杆大头上打上标记并标明对应气缸号。

（9）用活塞环装卸钳拆卸活塞环，如图 2-33 所示。观察活塞环上的标记，"TOP"朝向活塞顶部。

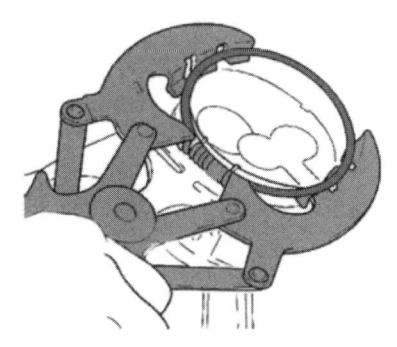

图 2-33　用活塞环装卸钳拆卸活塞环

（10）拆卸活塞，加热到 60℃后拆下活塞销。

### 2. 活塞连杆组的检测

1）活塞圆度的检测

活塞为椭圆形，其短轴在活塞销方向上。活塞圆度的检测应在圆度检验仪上进行，其圆度为 0.40mm。

2）活塞环的检测

用塞尺测量活塞环的侧隙，如图 2-34（a）所示。标准间隙为 0.02～0.05mm，使用极限为 0.15mm。

用塞尺测量活塞环的端隙，如图 2-34（b）所示。倒置活塞，用其顶部将活塞环垂直推入气缸，在离气缸顶面 15mm 处进行测量。

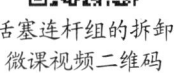

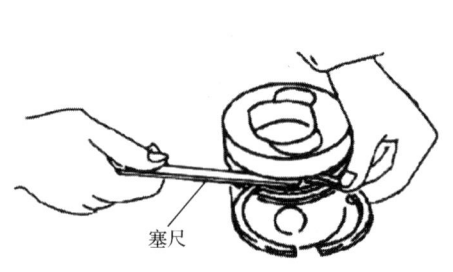

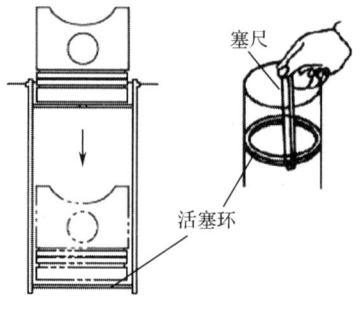

（a）活塞环侧隙的测量　　　（b）活塞环端隙的测量

图 2-34　活塞环间隙的测量

对于新环，第一道气环宽度为 0.03～0.45mm，第二道气环宽度为 0.25～0.40mm，油环宽度为 0.20～0.50mm，磨损极限值为 1.0mm。

### 3. 活塞连杆组的装配

1）安装活塞销卡环

活塞销卡环应与活塞销端面有 0.15mm 的间隙，以满足活塞销和活塞热胀冷缩的需要。

2）安装活塞环

第一道气环是矩形环，第二道气环是锥形环，油环为组合式，用活塞环装卸钳依次装好活塞环。注意，"TOP"朝向活塞顶部，三环开口错开 120°，第一环开口位置与活塞销中心错开 45°。

3）将活塞连杆组装入气缸

（1）将第一缸曲柄销转到下止点位置，安装第一缸的活塞连杆总成（不带连杆盖，上轴瓦应放在座内，将油孔对正），对各部位进行预润滑，并检查各环口是否处于规定方位。

（2）用夹具收紧各环。按活塞顶部装配标记将活塞连杆组从气缸顶部装入气缸筒，用手引导连杆使其对准曲柄销，用木槌柄将活塞轻轻推入，如图 2-35 所示。

（3）按装配标记装上第一缸连杆盖及连杆轴瓦，并按规定力矩交替拧紧连杆螺母。

拧紧力矩：M9 螺栓的拧紧力矩为 145N·m，M8 螺栓的拧紧力矩为 130N·m。

（4）按上述方法和顺序装上各气缸活塞连杆组。

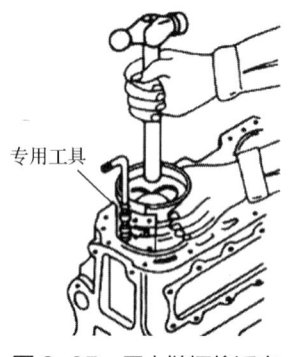

图 2-35　用木槌柄将活塞轻轻推入

4）注意事项

（1）安装活塞和连杆时，应认清标记，对正方向。

（2）装配活塞连杆组时应每拧紧一次即转动曲轴，确定转动灵活无阻滞感时再进行第二次拧紧，如此操作直至达到规定力矩。

## 任务2.4　曲轴飞轮组拆装与调整

### 任务目标

通过本任务的学习，掌握发动机曲轴飞轮组的作用，熟悉曲轴飞轮组的组成及工作原理。

### 任务描述

**任务内容**

一辆大众途观的轿车在怠速运转时有较闷的"当当"声，急加速时比较明显，高速稳定运转时响声消失，需要进行维修。

**实施条件**

1. 四套常用维修工具。
2. EA888型轿车。
3. EA888型轿车维修手册。

### 相关知识

#### 一、曲轴飞轮组的作用

曲轴将连杆传来的力变成旋转扭矩，同时驱动水泵、发电机和凸轮轴等机件工作，飞轮储存做功行程的能量，为非动力行程提供动力，并使曲轴平稳地旋转，以减小曲轴的振动。飞轮还通过其上的齿圈由起动机启动发动机。

#### 二、曲轴飞轮组的组成

曲轴飞轮组由曲轴、飞轮、曲轴皮带轮、正时齿轮、曲轴扭转减振器、曲轴主轴承等组成，如图2-36所示。

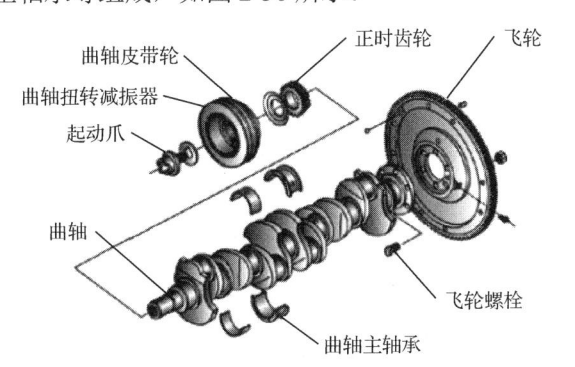

图2-36　曲轴飞轮组的组成

### 三、曲轴

#### 1. 曲轴的作用

曲轴把活塞连杆组传来的气体压力转变为扭矩并对外输出，驱动发动机的配气机构及其他各种辅助装置。

曲轴微课视频二维码

#### 2. 曲轴的组成

曲轴由主轴颈、连杆轴颈（曲柄销）、曲柄臂、平衡块、曲轴前端和曲轴后端（输出端）等组成，如图 2-37 所示。

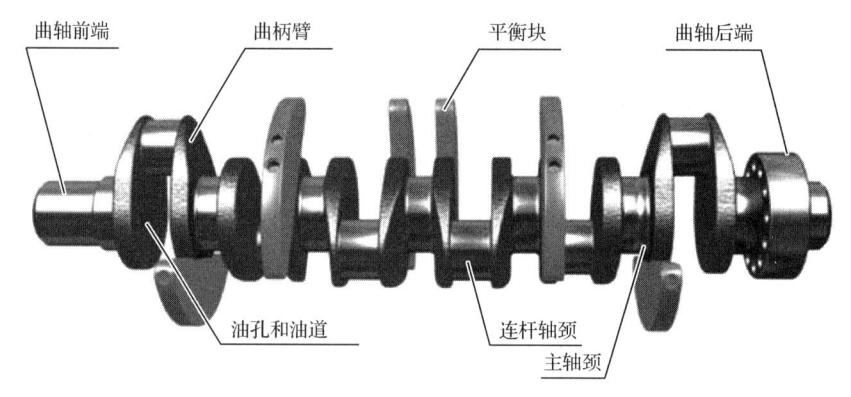

图 2-37　曲轴的组成

曲轴是发动机的主要旋转机件，可将连杆的上下（往复）运动变成旋转运动。其材料是碳素结构钢或球墨铸铁。曲轴有两个重要部位：主轴颈和连杆轴颈。主轴颈被安装在气缸体上，连杆轴颈与连杆大头孔连接，连杆小头孔与气缸活塞连接，曲轴是一个典型的曲柄滑块机构。曲轴的润滑主要指连杆大头轴瓦与连杆轴颈的润滑和两头固定点的润滑。曲轴的旋转是发动机的动力源，也是整个机械系统的动力源。

#### 3. 工作条件

曲轴工作时承受气体压力、惯性力、惯性力矩的作用，并且承受交变载荷的冲击，因此曲轴要有足够的刚度、强度，很好的润滑和耐磨性，较高的动平衡精度。

#### 4. 曲拐

曲拐由一个连杆轴颈和它两端曲柄及相邻两个主轴颈构成，如图 2-38 所示。曲轴的曲拐数取决于气缸数和气缸排列形式。

曲拐布置形式微课视频二维码

图 2-38　曲拐

直列式发动机曲轴的曲拐数等于气缸数；V型发动机曲轴的曲拐数等于气缸数的一半。

### 5. 主轴颈

主轴颈是曲轴的支承部分。按曲轴的主轴颈数，可以把曲轴分为全支承曲轴（每个连杆轴颈两边都有一个主轴颈）和非全支承曲轴两种。

全支承曲轴的主轴颈数比连杆轴颈数多一个，这种支承方式的曲轴刚度高，但曲轴长度较长。直列式发动机全支承曲轴的主轴颈数比气缸数多一个；V型发动机全支承曲轴的主轴颈数是气缸数的一半加一个。主轴颈的形式如图2-39所示。

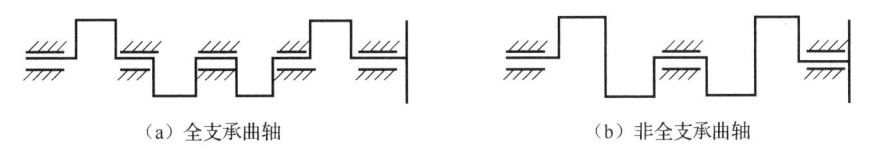

（a）全支承曲轴　　　　　　　　（b）非全支承曲轴

图2-39　主轴颈的形式

### 6. 连杆轴颈

连杆轴颈上安装连杆大头，部分中空兼作油道。

多缸发动机的连杆轴颈布置因气缸数、气缸排列形式和做功顺序而异。多缸发动机连杆轴颈布置时，应使连续做功的两个气缸尽量远，从而减少主轴颈承受连续负荷和避免两个气缸进气门同时开启的抢气现象，使各气缸做功间隔角尽量均匀。

对气缸数为$i$的发动机而言，其点火顺序为：四冲程发动机的点火间隔角为$720°/i$；二冲程发动机的点火间隔角为$360°/i$。

1）直列四缸四冲程发动机的点火顺序和曲拐布置

（1）直列四缸四冲程发动机的曲拐布置如图2-40所示。

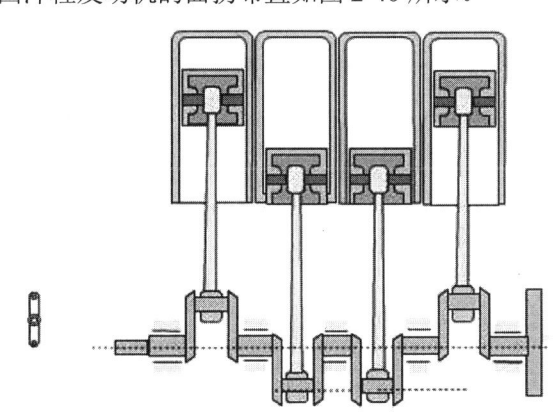

图2-40　直列四缸四冲程发动机的曲拐布置

（2）点火顺序：直列四缸四冲程发动机工作循环表如表2-2、表2-3所示。

表2-2　直列四缸四冲程发动机工作循环表（工作顺序1→3→4→2）

| 曲轴转角 | 一缸 | 二缸 | 三缸 | 四缸 |
| --- | --- | --- | --- | --- |
| 0°～180° | 做功 | 排气 | 压缩 | 进气 |
| 180°～360° | 排气 | 进气 | 做功 | 压缩 |

续表

| 曲轴转角 | 一缸 | 二缸 | 三缸 | 四缸 |
|---|---|---|---|---|
| 360°~540° | 进气 | 压缩 | 排气 | 做功 |
| 540°~720° | 压缩 | 做功 | 进气 | 排气 |

表2-3　直列四缸四冲程发动机工作循环表（工作顺序1→2→4→3）

| 曲轴转角 | 一缸 | 二缸 | 三缸 | 四缸 |
|---|---|---|---|---|
| 0°~180° | 做功 | 压缩 | 排气 | 进气 |
| 180°~360° | 排气 | 做功 | 进气 | 压缩 |
| 360°~540° | 进气 | 排气 | 压缩 | 做功 |
| 540°~720° | 压缩 | 进气 | 做功 | 排气 |

2）直列六缸四冲程发动机的点火顺序和曲拐布置

（1）直列六缸四冲程发动机的曲拐布置如图2-41所示。

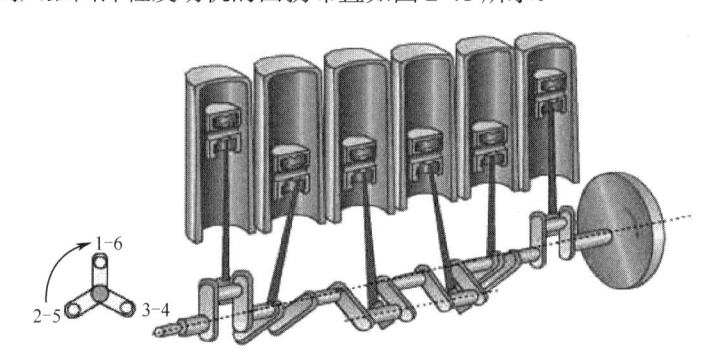

图2-41　直列六缸四冲程发动机的曲拐布置

（2）直列六缸四冲程发动机工作循环表如表2-4所示。

表2-4　直列六缸四冲程发动机工作循环表（1→5→3→6→2→4）

| 曲轴转角 | | 一缸 | 二缸 | 三缸 | 四缸 | 五缸 | 六缸 |
|---|---|---|---|---|---|---|---|
| 0°~180° | 60° | 做功 | 排气 | 压缩 | 排气 | 压缩 | 进气 |
| | 120° | | | | | | |
| | 180° | | | | | 做功 | |
| 180°~360° | 240° | 排气 | 进气 | 做功 | 进气 | | 压缩 |
| | 300° | | | | | | |
| | 360° | | | | | 排气 | |
| 360°~540° | 420° | 进气 | 压缩 | 压缩 | 做功 | | 做功 |
| | 480° | | | | | | |
| | 540° | | | 排气 | 压缩 | | |
| 540°~720° | 600° | 压缩 | 做功 | | | 进气 | 排气 |
| | 660° | | | 进气 | 做功 | | |
| | 720° | | | | | | |

3）V型八缸四冲程发动机的点火顺序和曲拐布置

曲轴有4个曲拐，其布置可以与直列四缸发动机一样，4个曲拐布置在同一平面内，也可以布置在两个相互错开90°的平面内。做功间隔角为720°/8=90°，V型发动机工作顺序随气缸序号的排列方式而定，图2-42中为1→8→4→3→6→5→7→2。

（1）V型八缸四冲程发动机的曲拐布置如图2-42所示。

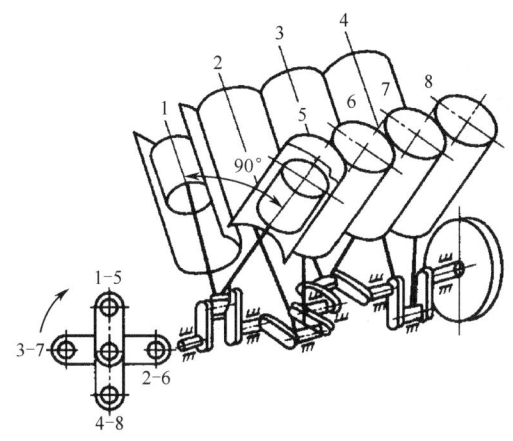

V型八缸发动机
动画二维码

图2-42 V型八缸四冲程发动机的曲拐布置

（2）V型八缸四冲程发动机工作循环表如表2-5所示。

表2-5 V型八缸四冲程发动机工作循环表（1→8→4→3→6→5→7→2）

| 曲轴转角 | | 一缸 | 二缸 | 三缸 | 四缸 | 五缸 | 六缸 | 七缸 | 八缸 |
|---|---|---|---|---|---|---|---|---|---|
| 0°～180° | 90°— | 做功 | 做功 | 进气 | 压缩 | 进气 | 进气 | 排气 | 压缩 |
| | | | 排气 | 压缩 | | 进气 | | | 做功 |
| 180°～360° | 270°— | 排气 | | | 做功 | | 压缩 | 进气 | |
| | | | 进气 | 做功 | | 压缩 | | | 排气 |
| 360°～540° | 450°— | 进气 | | | 排气 | | 做功 | 压缩 | |
| | | | 压缩 | 排气 | | 做功 | | | 进气 |
| 540°～720° | 630°— | 压缩 | | | 进气 | | 排气 | 做功 | |
| | | | 做功 | 进气 | | 排气 | | | 压缩 |

## 7. 曲柄

曲柄用于连接主轴颈和连杆轴颈。

## 8. 平衡块

平衡块可以形成平衡离心力偶，减轻或消除弯曲变形。平衡块用于平衡连杆大头、连杆轴颈和曲柄等产生的离心力及其力矩，有时还平衡部分往复惯性力，使发动机运转平稳。连杆轴颈、曲柄、平衡块如图2-43所示。

## 9. 前端轴和后端轴

1）前端轴

在前端轴上安装正时齿轮及附件（皮带盘等）。

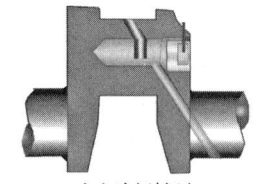

图 2-43 连杆轴颈、曲柄、平衡块

2）后端轴

在后端轴上安装飞轮。

前后端轴都设有防漏装置：挡油盘、回油螺纹、油封等。

### 10. 曲轴的轴向定位

曲轴受热膨胀时，应允许它能自由伸长，只能有一处设置轴向定位装置。

曲轴的轴向定位通常是通过在曲轴的前部、中部或后部安装止推轴承（或翻边轴瓦）来实现的。止推装置有翻边轴瓦、止推垫片、止推环等多种形式。曲轴的轴向定位如图 2-44 所示。

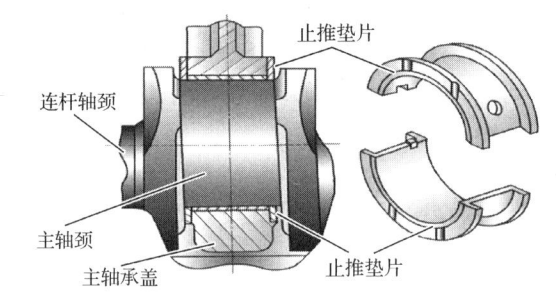

图 2-44 曲轴的轴向定位

### 11. 曲轴扭转减振器

1）作用

曲轴扭转减振器吸收曲轴扭转振动的能量，使曲轴转动平稳，可靠工作。

2）种类

曲轴扭转减振器分为三种形式：橡胶摩擦式（车用）、硅油式、摩擦片式。

3）橡胶摩擦式曲轴扭转减振器

橡胶摩擦式曲轴扭转减振器将减振圆盘用螺栓与曲轴带轮及轮毂紧固在一起，橡胶层与减振圆盘及惯性盘硫化在一起。当曲轴发生扭转振动时，力图保持等速转动的惯性盘便与橡胶层发生了内摩擦，从而消耗了扭转振动的能量，消减了扭振。橡胶摩擦式曲轴扭转减振器如图 2-45 所示。

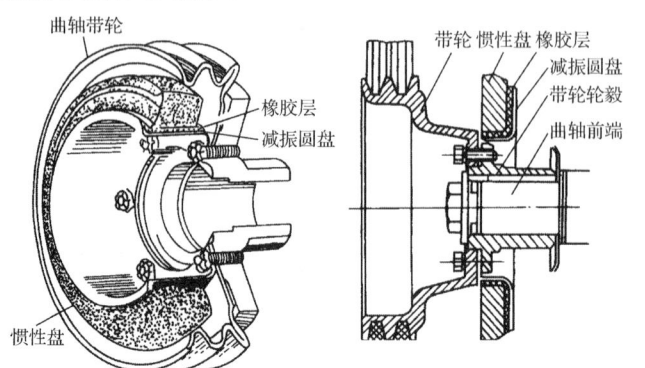

曲轴扭转减振器及飞轮微课视频二维码

图 2-45 橡胶摩擦式曲轴扭转减振器

EA888 发动机新的平衡轴的偏心设计产生的离心力，刚好和曲轴产生的离心力相反，平衡功能更精准。另外，正时链条的改进，更好地降低了故障率，质量和噪声也更小。EA888 发动机平衡轴如图 2-46 所示。

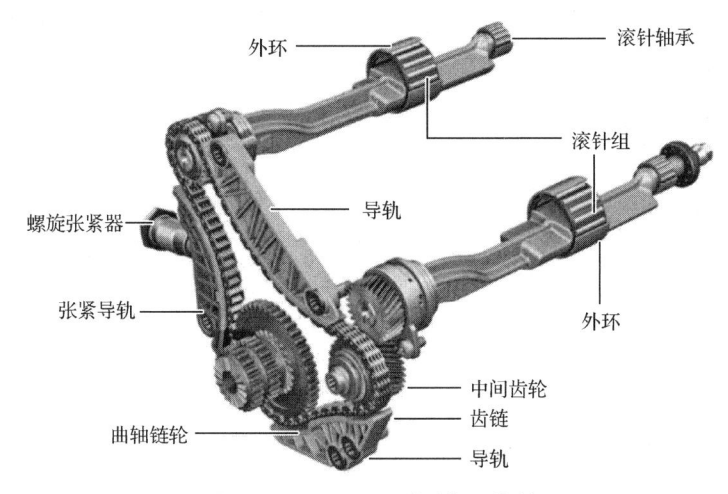

图 2-46　EA888 发动机平衡轴

## 四、飞轮

### 1. 飞轮的作用

飞轮将在做功行程中输入曲轴的功的一部分储存起来，用于在其他行程中克服阻力，带动曲柄连杆机构越过上、下止点；保证曲轴的旋转角速度和输出转矩尽可能均匀；使发动机有可能克服短时间的超载荷；同时将发动机的动力传给离合器或液力变矩器。

### 2. 主要组成

齿圈在发动机启动时与起动机齿轮啮合，带动曲轴旋转；飞轮边缘部分做得厚些，可以增大转动惯量。飞轮如图 2-47 所示。

在飞轮轮缘上标有记号（刻线或销孔），用于寻找压缩行程上止点（四缸发动机为一缸或四缸压缩行程上止点；六缸发动机为一缸或六缸压缩行程上止点）。当飞轮上的记号与外壳上的记号对正时，正好是压缩行程上止点。

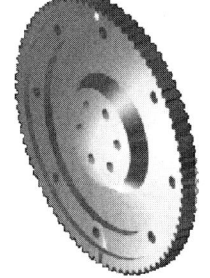

图 2-47　飞轮

## 五、曲轴飞轮组拆装与检修（以 EA888 发动机为例）

### 1. 曲轴飞轮组的拆卸

（1）用专用工具卡住或用撬棒固定住飞轮齿圈，拧下用于固定飞轮的螺栓，从曲轴上拆下飞轮。

（2）拆下曲轴前、后端油封及油封凸缘，拆卸曲轴前端油封时先将油封取出器旋进曲轴，再用油封取出器拆卸出油封。

（3）拆卸飞轮内孔中的滚针轴承。

曲轴飞轮组拆卸示范视频二维码

（4）拆下主轴承盖紧固螺栓，取下各道主轴承盖及轴承，做好标记，按顺序摆放，不能错乱。

（5）最后抬下曲轴。

## 2. 曲轴的检修

曲轴检修示范视频二维码

1）曲轴的损伤形式

曲轴的损伤形式主要有磨损、变形、裂纹、断裂等。

（1）磨损。

磨损主要发生在曲轴主轴颈和连杆轴颈的部位，且磨损是不均匀的，有一定规律性。主轴颈和连杆轴颈径向最大磨损部位相互对应，即主轴颈的最大磨损靠近连杆轴颈一侧；而连杆轴颈的最大磨损部位在主轴颈一侧。

另外，曲轴轴颈沿轴向还有锥形磨损，与连杆轴颈油道的油流相背的一侧磨损严重。各轴颈不同方向的磨损，导致主轴颈同轴度破坏，容易造成曲轴断裂。

（2）变形。

变形主要分为弯曲变形和扭曲变形，是由于使用和修理不当造成的。例如，发动机在爆震和超负荷等条件下工作，个别气缸不工作或工作不均衡，各道主轴承松紧度不一致等，都会造成曲轴承载后的弯曲变形。扭曲变形主要是因为烧瓦和个别活塞卡缸造成的。

（3）裂纹。

裂纹多发生在曲柄与轴颈之间的过渡圆角处及油孔处，多由应力集中引起。过渡圆角处为横向裂纹，危害极大，严重时造成曲轴断裂；油孔处为轴向裂纹，沿斜置油孔的锐边轴向发展，必要时也应更换曲轴。

2）曲轴磨损的检修

（1）轴颈磨损的检修。

用外径千分尺测量轴颈的直径、圆度误差和圆柱度误差。一般根据圆柱度误差确定轴颈是否需要修磨，同时可确定修理尺寸。

主轴颈和连杆轴颈磨损后，其圆度误差、圆柱度误差超出标准要求时（如桑塔纳2000型发动机曲轴主轴颈和连杆轴颈的圆度误差、圆柱度误差的磨损极限为0.02mm），应进行曲轴的光磨修理。

（2）轴颈的修磨。

在发动机小修时，对于轴颈某些较轻的表面损伤，可用油石、细锉刀或砂布加以修磨。

在发动机大修时，对于轴颈磨损已超过规定的曲轴，可用修理尺寸法对曲轴主轴颈、连杆轴颈进行光磨修理。其修理尺寸一般以每缩小0.25mm为一级。

（3）曲轴弯曲变形的检修。

检修曲轴弯曲变形时应以曲轴两端主轴颈的公共轴线为基准，检查中间主轴颈的径向圆跳动误差。

检验时，将曲轴两端主轴颈分别放置在检验平板的V形铁上，将百分表触头垂直地抵在中间主轴颈上，慢慢转动曲轴一圈。百分表指针所指示的最大读数与最小读数之差，即中间主轴颈的径向圆跳动误差。曲轴弯曲变形的检修如图2-48所示。

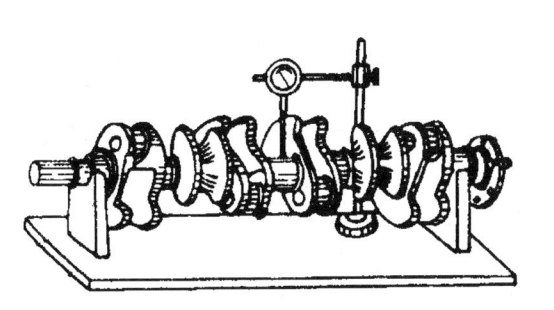

图 2-48　曲轴弯曲变形的检修

曲轴的径向圆跳动误差不得大于 0.15mm，否则应进行校正。曲轴弯曲变形的校正，一般采用冷压校正法或敲击校正法。当变形量不大时，可采用敲击校正法，即用锤子敲击曲柄边缘的非工作表面，使被敲击表面产生塑性残余变形，从而达到校正弯曲的目的。曲轴的校正如图 2-49 所示。

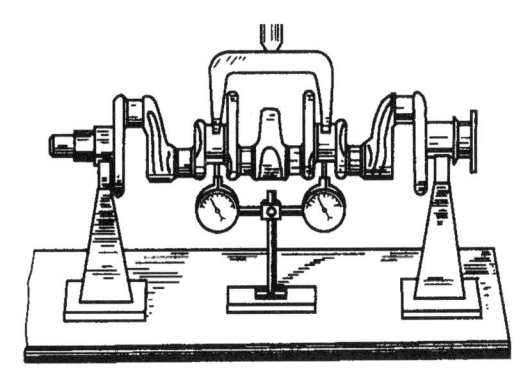

图 2-49　曲轴的校正

冷压校正法是将曲轴用 V 形铁支撑两端主轴颈，用油压机沿曲轴弯曲相反方向加压。由于钢质曲轴的弹性作用，压弯量应为曲轴弯曲量的 10～15 倍，并保持 2～4min，为减小弹性后效作用，最好采用人工时效法消除。当曲轴弯曲变形量较大时，校正必须分步、反复多次进行，直到符合要求为止。校正后的曲轴的径向圆跳动误差不得大于 0.05mm。

（4）曲轴扭曲变形的检修。

曲轴扭曲变形量一般很小，可直接在曲轴磨床上结合对连杆轴颈磨削予以修正。将曲轴两端主轴颈分别放置在检验平板的 V 形铁上，保持曲轴水平，使两端同一曲柄平面内的两个连杆轴颈位于水平位置，用百分表测量两个连杆轴颈最高点至平板的高度差 $\Delta A$，据此求得曲轴主轴线的扭曲角 $\theta$。

$$\theta = \frac{360° \cdot \Delta A}{2\pi R} = \frac{57° \cdot \Delta A}{R}$$

式中　$R$——曲柄半径，单位为 mm。

（5）曲轴裂纹的检修。

检验裂纹的方法有磁力探伤法和浸油敲击法。

磁力探伤法采用的原理是当磁力线通过被检验的零件时，零件被磁化。如果零件表面有裂纹，那么在裂纹部位的磁力线就会因裂纹不导磁而被中断，使磁力线偏散而形成

磁极。此时，在零件表面撒上磁性铁粉，铁粉便被磁化而吸附在裂纹处，从而显现出裂纹的部位和大小。

浸油敲击法是将曲轴置于煤油中浸一会儿，取出后擦净表面煤油并撒上白粉，分段用小锤轻轻敲击，如果有明显的油迹出现，即该处有裂纹。

如果曲轴出现裂纹，一般应更换曲轴。

3）曲轴轴承的选配

曲轴轴承在工作中会发生磨损、合金层疲劳剥落和黏着咬死等；轴承的径向间隙的使用限度超限后，应更换轴承。发动机总成修理时，也应更换全部轴承。

轴承的选配包括选择轴承内径，以及检验轴承的高出量、自由弹开量、定位凸点和轴承钢背表面质量等内容。

（1）选择轴承内径。

根据曲轴轴承的直径和径向间隙选择轴承内径。现代发动机曲轴轴承内径已制成一个尺寸系列。

（2）检验轴承的高出量。

轴承装入座孔内后，上、下两片的每端均应高出轴承座平面 0.03～0.05mm，以保证轴承与座孔紧密贴合，增大散热效果。

曲轴飞轮组装配示范视频二维码

（3）检验轴承的自由弹开量。

要求轴承在自由状态下曲率半径大于座孔的曲率半径，保证轴承装入座孔后，借轴承自身的弹力作用与轴承座贴合紧密。

（4）检验轴承钢背表面质量。

要求定位凸点完整，轴承钢背平整无损。

### 3. 飞轮的检修

飞轮常见的损伤形式主要是齿圈磨损、打坏、松动、端面打毛；飞轮与离合器摩擦片接触的工作平面磨损、起槽、刮痕等。

1）更换齿圈

飞轮齿圈有断齿或齿端冲击耗损，当齿圈与起动机齿轮啮合状况发生变化时，应更换齿圈或飞轮组件。齿圈与飞轮配合过盈为 0.30～0.60mm，更换时，应先将齿圈加热至 623～673K，再进行热压配合。

2）修整飞轮工作平面

飞轮工作平面有严重烧灼或磨损，沟槽深度超过 0.50mm 或飞轮端面圆跳动误差超过 0.50mm 时，应进行光磨修整。

飞轮端面圆跳动误差的检测方法是：将百分表架装在飞轮壳上，表的量头靠在飞轮的光滑端面上，旋转表盘，使"0"对正指针，转动飞轮一圈，百分表的读数差，即飞轮端面圆跳动误差。

修整并与曲轴装配后的飞轮端面圆跳动误差不得大于 0.15mm，飞轮厚度极限减薄量为 1mm。

### 4. 曲轴、飞轮、离合器（液力变矩器）总成组装后进行动平衡试验

组件动不平衡量应不大于原厂规定。更换飞轮或齿圈、离合器压盘或总成之后，应重新进行组件的动平衡试验。

## 任务2.5 理论测试

### 一、填空题

1. 气缸盖螺栓拆卸时，应由_____向_____逐渐拧松。
2. 机体组包括_____、_____、_____、_____等；活塞连杆组包括_____、_____、_____、_____、_____等；曲轴飞轮组包括_____、_____等。
3. 发动机各个机构和系统的装配基体是_____。
4. 活塞的结构按其作用可分为_____、_____和_____三部分。
5. 曲轴的基本组成包括_____、_____、_____、_____、_____及曲轴后端等。
6. 飞轮的作用是_____。

### 二、判断题

1. 活塞在气缸内做匀速直线运动。( )
2. 安装气缸垫时，光滑面应朝向气缸体；若气缸体为铸铁材料，气缸盖为铝合金材料，则光滑的一面应朝向气缸盖。( )
3. 活塞顶部是燃烧室的一部分，活塞头部主要用来安装活塞环，活塞裙部可起导向的作用。( )
4. 发动机采用活塞销偏置措施，其目的是减小活塞换向时的冲击。( )
5. 铝合金气缸盖装配时，只需在冷态下一次拧紧即可。( )
6. 发动机曲轴的曲拐数等于气缸数。( )

### 三、选择题

1. ( )用来储存机油并密封上曲轴箱。
   A．气缸盖　　B．活塞　　C．油底壳　　D．气门室盖
2. ( )连接活塞和连杆小头，并把活塞承受的压力传给连杆。
   A．连杆　　B．活塞环　　C．气门　　D．活塞销
3. 对于发动机气缸磨损的检验，主要测量( )误差。
   A．平行度和平面度　　B．圆度和圆柱度
   C．直线度和同轴度　　D．垂直度和圆跳动
4. 对于气缸的磨损测量，应测量( )。
   A．第一道环的上止点位置　　B．气缸的上、中、下三个位置
   C．油环的下止点位置　　　　D．中间位置
5. 中小型发动机的上曲轴箱多采用( )。
   A．平分式　　B．龙门式　　C．隧道式　　D．前述均可

### 四、问答题

1. 发动机嵌入气缸套的目的是什么？气缸套有哪几种形式？柴油机采用哪种形式的气缸套？
2. 简述气环的密封原理。

3. 活塞销有何功用？它与活塞之间采用什么方式连接？
4. 曲轴上的平衡块有什么作用？

## 任务2.6 曲柄连杆机构拆装与调整实训

### 一、实训目的与要求

1. 了解曲柄连杆机构的基本组成与工作原理。
2. 学会发动机机体组的拆装与调整方法。
3. 学会发动机活塞连杆组的拆装与调整方法。
4. 学会发动机曲轴飞轮组的拆装与调整方法。

### 二、实训内容

1. 发动机机体组的拆装与调整。
2. 发动机活塞连杆组的拆装与调整。
3. 发动机曲轴飞轮组的拆装与调整。

# 模块 3

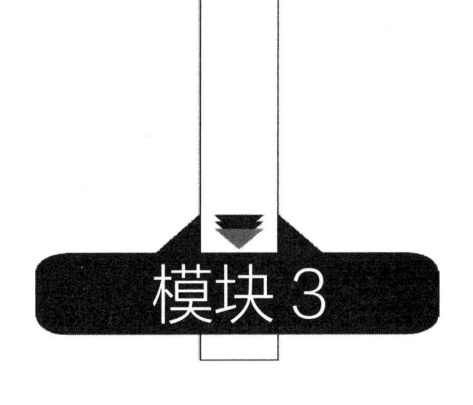

# 配气机构拆装与调整

## 任务 3.1　配气机构认知

### 任务目标

通过本任务的学习，掌握配气机构的作用，熟悉配气机构的组成。

### 任务描述

**任务内容**

一辆装载 EA888 发动机的轿车，其发动机行驶无力，同时伴有"嘭嘭"的响声，功率明显下降，需要进行进一步检查。

**实施条件**

1. 四套常用维修工具。
2. EA888 型轿车。
3. EA888 型轿车维修手册。

### 相关知识

### 一、配气机构的作用

定时开启和关闭各气缸的进、排气门，使新鲜的可燃混合气（汽油机）或空气（柴油机）得以及时进入气缸，废气得以及时从气缸排出。在压缩与做功行程中，关闭气门保证燃烧室的密封。

### 二、配气机构的组成

各式配气机构都可分为气门组和气门传动组两大部分。

配气机构的组成微课二维码

气门组包括气门及与之相关联的零件，其组成与配气机构的形式基本无关。气门传动组是从正时齿轮开始至推动气门动作的所有零件，其组成视配气机构的形式而有所不同，它的功用是定时驱动气门使其开闭。

## 三、配气机构的布置形式

### 1. 按气门的布置形式分

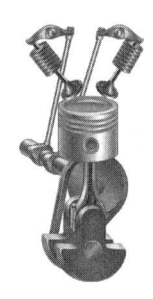

按气门的布置形式分,配气机构可分为气门顶置式(进、排气门都倒挂在气缸上)配气机构和气门侧置式(进、排气门都布置在气缸的一侧)配气机构。气门布置形式如图3-1所示。

1)气门顶置式配气机构

(1)进气阻力小,燃烧室结构紧凑,气流搅动大,能达到较高的压缩比,目前国产的汽车发动机都采用气门顶置式配气机构。

图3-1 气门布置形式

(2)气门行程大,结构较复杂。

(3)曲轴与凸轮轴的传动比为2∶1。

2)气门侧置式配气机构

气门侧置式配气机构导致燃烧室结构不紧凑、热量损失大、进气道曲折、进气阻力大,使发动机性能下降,已趋于淘汰。

### 2. 按凸轮轴的布置形式分

按凸轮轴的布置形式分,配气机构可分为凸轮轴下置式配气机构、凸轮轴中置式配气机构、凸轮轴上置式配气机构。凸轮轴的布置形式如图3-2所示。

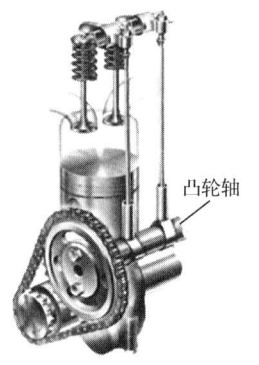

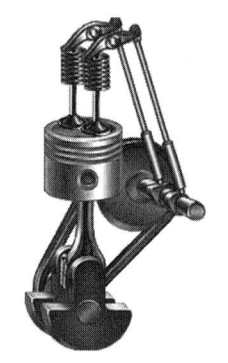

(a)凸轮轴下置式　　(b)凸轮轴中置式　　(c)凸轮轴上置式

图3-2 凸轮轴的布置形式

1)凸轮轴下置式

凸轮轴下置式配气机构的凸轮轴位于曲轴箱内。

该布置形式的有利因素是简化了曲轴与凸轮轴之间的传动装置,可以简单地用一对齿轮传动,有利于发动机的布置;不利因素是凸轮轴与气门相距较远,动力传递路线较长,环节多,因此凸轮轴下置式配气机构不适用于高速发动机。

2)凸轮轴中置式

凸轮轴中置式配气机构的凸轮轴位于气缸中部。

凸轮轴中置式配气机构的传动方式是凸轮轴经过挺柱直接驱动摇臂,省去了推杆。

一般要在中间加入一个中间齿轮（惰轮）。凸轮轴中置式配气机构适用于发动机转速较高的情况，可以减小气门传动机构的往复运动质量。

3）凸轮轴上置式

凸轮轴上置式配气机构的凸轮轴位于气缸盖上。

凸轮轴直接驱动摇臂、摆臂、气门等。凸轮轴上置式配气机构的优点是凸轮轴与气门距离近，不需要推杆、挺柱，使往复运动的惯量减少。凸轮轴上置式配气机构的缺点是由于凸轮轴离曲轴中心线更远，因此定时传动机构更为复杂，而且拆装气缸盖也比较困难；缸径较小的柴油机的凸轮轴上置时，给安装喷油器也带来困难。凸轮轴上置式配气机构应用于高速发动机。

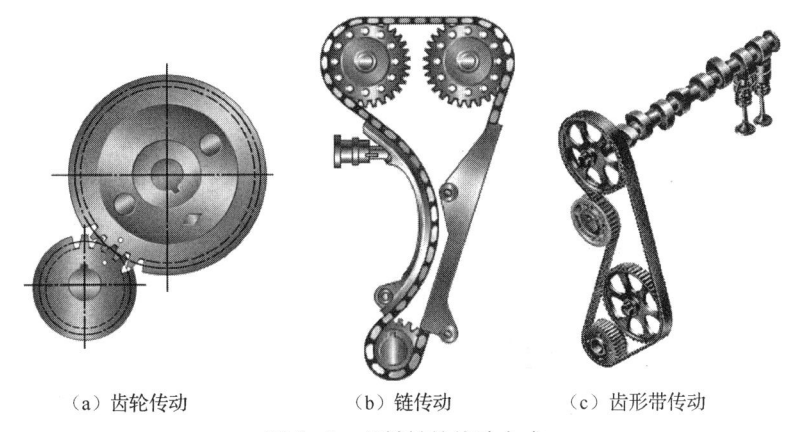

### 3. 按凸轮轴的传动方式分

按凸轮轴的传动方式分，配气机构可分为齿轮传动配气机构、链传动配气机构、齿形带传动配气机构。凸轮轴的传动方式如图 3-3 所示。

（a）齿轮传动　　（b）链传动　　（c）齿形带传动

图 3-3　凸轮轴的传动方式

1）齿轮传动

从曲轴到配气凸轮轴一般只需要一对正时齿轮，必要时加装中间齿轮。正时齿轮一般用斜齿轮并用不同材料制成，曲轴正时齿轮常用钢材制成，凸轮轴正时齿轮常用铸铁或夹布胶木制成，目的是使啮合平稳，减小噪声和磨损。所有齿轮上都有正时记号，装配时必须按要求对齐。齿轮传动的动力传动路线为曲轴正时齿轮（钢）→凸轮轴正时齿轮（铸铁或胶木），用于凸轮轴下置式、凸轮轴中置式配气机构。

2）链传动

链传动的优点是布置容易，若传动距离较远，则可用两级链传动。链传动的缺点是结构质量及噪声较大，链的可靠性和耐久性不易得到保证。链传动的动力传动路线为曲轴→链条→凸轮轴正时链轮，用于凸轮轴上置式配气机构。EA888 发动机链传动如图 3-4 所示。

3）齿形带传动

现代高速发动机广泛采用齿形带传动。齿形带用氯丁橡胶制成，中间夹有玻璃纤维和尼龙织物，以提高强度。齿形带的张力可以由张紧轮进行调整。这种传动方式的传动比准确，效率高，不需润滑，噪声小，工作可靠，成本低，可减小结构质量并降低成本。齿形

带传动的动力传动路线为曲轴→齿形带→凸轮轴正时齿轮，用于凸轮轴上置式配气机构。

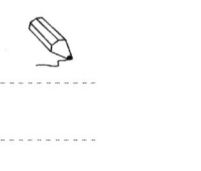

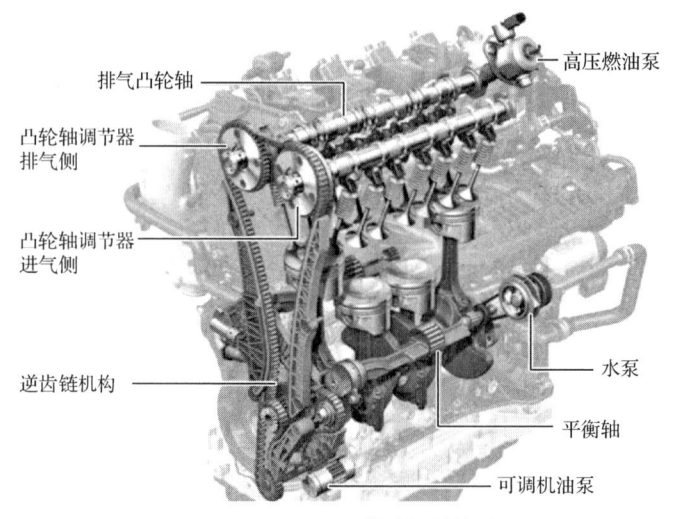

图 3-4　EA888 发动机链传动

### 4. 按气门数目及布置形式分

按气门数目及布置形式分，配气机构可分为两气门配气机构和多气门配气机构。早期发动机一般采用每缸两气门配气机构，即一个进气门和一个排气门。目前，轿车发动机上普遍采用每缸多气门配气机构，如三气门、四气门、五气门等。多气门配气机构使发动机进、排气道的断面面积大大增加，使发动机的充气效率得到大幅度提升，从而改善发动机的动力性及经济性。气门数目及布置形式如图 3-5 所示。

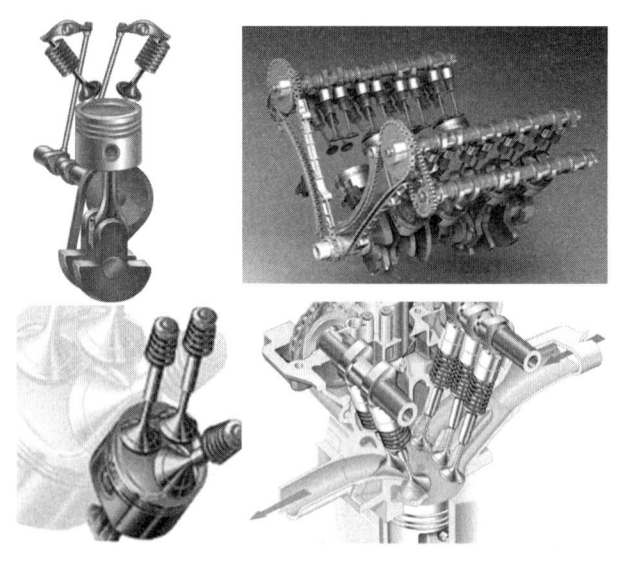

图 3-5　气门数目及布置形式

1）两气门的排列及驱动

两气门为一个进气门和一个排气门。为了改善换气，在可能的条件下，应尽量加大气门的直径，特别是进气门的直径。

两个气门排成一列,用一根凸轮轴驱动。汽油机的进气道置于机体一侧,进气预热,提高汽油挥发性;柴油机的进气道置于机体两侧,防止进气预热,提高充气效率。

2)四气门的排列及驱动

某些大排量、高转速、高功率的发动机,由于气门尺寸的限制,每缸两个气门不能满足换气的需要,而采用三气门(两进一排)或四气门(两进两排),因此必须有使两个同名气门同步开闭的驱动装置。

每缸采用 4 个气门时,其气门排列的方案分为同名气门排成两列和同名气门排成一列,如图 3-6 所示。

(a)同名气门排成两列　(b)同名气门排成一列

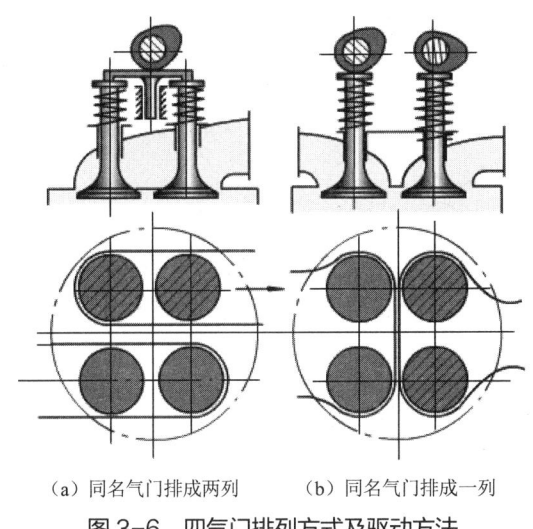

图 3-6　四气门排列方式及驱动方法

(1)同名气门排成两列。

由一个凸轮通过 T 形驱动杆同时驱动,并且所有气门都可以由一根凸轮轴驱动。

(2)同名气门排成一列。

进、排气门分别位于曲轴中心线的两侧,分别采用两根凸轮轴驱动,每缸的两个同名气门采用两个形状和位置相同的凸轮驱动。

## 四、充气效率

充气效率是指在进气行程中实际进入气缸内的新鲜空气或可燃混合气的质量与在进气系统理想状态下充满气缸工作容积的新鲜空气或可燃混合气的质量之比。

$$\eta_v = M/M_0$$

式中　$M$——在进气过程中实际进入气缸的新鲜空气或可燃混合气的质量;

　　　$M_0$——在进气系统理想状态下充满气缸工作容积的新鲜空气或可燃混合气的质量。

$\eta_v$ 越大,新鲜空气或可燃混合气进入气缸的数量越多,着火时热量越大,输出功率越高。$\eta_v$ 一般为 80%~90%。

### 1. $\eta_v$ 影响因素

(1)进气终了压力(进气阻力损失,0.75~0.90bar)。

(2)进气终了温度(残余废气等加热,370~400K)。

（3）残余废气存在。

## 2. 发动机对 $\eta_v$ 的要求

（1）足够高的充气效率。
（2）工作可靠。
（3）配气相位准确。
（4）气门机构有良好的高速动力特性。
（5）要求气门结构有利于减小进气和排气的阻力。
（6）进、排气门的开启时刻和持续开启时间比较适当。
（7）吸气和排气都尽可能充分。

## 五、气门间隙

### 1. 气门间隙的定义

有些发动机在工作时，其气门及传动件（挺柱、推杆等）会因温度升高而膨胀，如果气门与传动件之间在冷态下无间隙或间隙过小，则在热态下，气门及传动件的受热膨胀势必会引起气门关闭不严，造成发动机在压缩和做功行程中漏气，从而使功率下降，严重时甚至不易启动。

发动机在冷态下，当气门处于关闭状态时，在气门与传动件之间留有适当的间隙，以补偿气门受热后的膨胀量，此间隙称为气门间隙。

### 2. 气门间隙不合适的危害

1）气门间隙过小

发动机在热态下可能因气门关闭不严而漏气，导致充气不足，排气不畅，功率下降，甚至气门烧坏。

2）气门间隙过大

气门间隙过大，会使传动件之间，以及气门和气门座之间产生撞击响声，并加速磨损；同时，也会使气门开启的持续时间减少，气门关闭不严，压缩不良，气缸的充气及排气情况变坏（排气管放炮）。

### 3. 气门间隙变化的原因

在汽车使用过程中，气门通常会因配气机构零件的磨损变形而发生变化，导致气门间隙过大或过小而影响发动机的正常工作。

### 4. 气门间隙调整

1）气门间隙调整原则

气门间隙的检查与调整必须在气门完全关闭的状态下进行，即挺柱（或摇臂）必须落在凸轮的基圆上。

由于气门开始开启和开始关闭时，挺柱（或摇臂）是在凸轮的缓冲段内某点上的，而且配气相位往往会产生一定的偏差，所以不仅气门开启过程不能调，而且将要开启和刚关闭不久的一段时间内也不能调。

气门间隙调整微课二维码

2）气门间隙调整的时机

正在进气、将要进气、刚进完气时，进气门不能调；正在排气、将要排气、刚排完气时，排气门不能调。

根据四冲程发动机的工作原理可知：处于压缩行程上止点的气缸，进、排气门均可调；处于排气行程上止点的气缸，进、排气门均不可调；处于进气和压缩行程的气缸，排气门可调；处于做功和排气行程的气缸，进气门可调。

3）气门间隙调整方法

（1）两次调整法——双排不进法。

"双"指该气缸两个气门间隙均可调；"排"指该气缸仅排气门间隙可调；"不"指该气缸两个气门间隙均不可调；"进"指该气缸仅进气门间隙可调。

双排不进法操作过程为：先将发动机的气缸按工作顺序等分为两组；将一缸活塞转到压缩行程上止点位置，按照双、排、不、进调整其一半气门的间隙；转动曲轴一周，使末缸工作的气缸活塞到达压缩行程上止点位置，仍按双、排、不、进调整其余一半气门的间隙。发动机双排不进法的调整顺序如表3-1所示。

表3-1 发动机双排不进法的调整顺序

| 发动机类型 | 活塞处于的上止点 | 可调气门对应气缸 ||||点火顺序|
|---|---|---|---|---|---|---|
| ||双|排|不|进||
| 直列四缸 | 一缸压缩行程上止点 | 1 | 3 | 4 | 2 | 1→3→4→2 |
| | 一缸排气行程上止点 | 4 | 2 | 1 | 3 ||
| 直列六缸 | 一缸压缩行程上止点 | 1 | 5、3 | 6 | 2、4 | 1→5→3→6→2→4 |
| | 一缸排气行程上止点 | 6 | 2、4 | 1 | 5、3 ||

（2）逐缸调整法。

打开气缸盖，转动曲轴，使该气缸活塞处于压缩行程上止点位置（该气缸进、排气凸轮的基圆对准气门杆），此时可调整该气缸进、排气门的间隙。

转动曲轴，用同样的方法检查并调整其余各气缸的气门间隙。

（3）气门间隙自动调节——液力挺柱。

有的发动机采用液力挺柱，挺柱的长度能自动变化，随时补偿气门的热膨胀量，故不需要预留气门间隙。

## 六、配气相位

用曲轴转角表示的进、排气门开闭时刻和开启持续时间，称为配气相位。表示进、排气门的实际开闭时刻的环形图称为配气相位图，如图3-7所示。

理论上进气、压缩、做功、排气行程各占180°，也就是说进、排气门都是在活塞处于上、下止点时开闭的，持续时间都是曲轴转角180°。但实际上不能满足发动机对进、排气门的要求。因为在发动机实际运行过程中，气门的开、闭有个过程；气体惯性的影响都会造成进气不足、排气不净；实际发动机曲轴转速很高，活塞每一行程历时都很短，当转速为5600r/min时，一个行程只有60/(5600×2)=0.0054s，就是转速为1500r/min，一

个行程也只有0.02s。这样短的进气或排气行程，使发动机进气不足，排气不净。因此要求气门提前打开，延迟关闭。

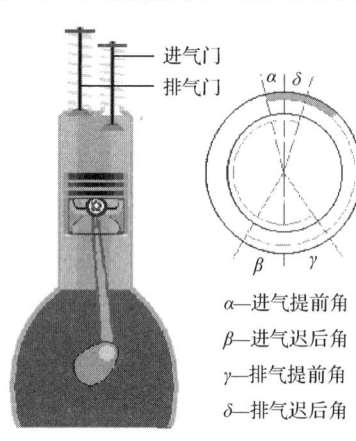

图 3-7 配气相位图

α—进气提前角
β—进气迟后角
γ—排气提前角
δ—排气迟后角

### 1. 进气提前角

在排气行程接近终了，活塞到达上止点之前，进气门便开始开启。从进气门开始开启到活塞到达上止点所对应的曲轴转角称为进气提前角（或早开角）。进气提前角用 α 表示，α 一般为 10°～30°。

进气门早开，因进气门已有一定开度，所以活塞到达上止点开始向下运动时，可较快地获得较大的进气通道截面，减小了进气阻力。

### 2. 进气迟后角

在进气行程下止点过后，活塞又重新上行了一段，进气门才关闭。从活塞到达下止点到进气门关闭所对应的曲轴转角称为进气迟后角（或晚关角）。进气迟后角用 β 表示，β 一般为 40°～80°。

1）利用压力差继续进气

活塞到达下止点时，由于进气阻力的影响，气缸内的压力仍低于大气压，进气门晚关，利用压力差可继续进气。

2）利用进气惯性继续进气

活塞到达下止点时，进气气流还有相当大的惯性，进气门晚关，仍能继续进气。

下止点过后，随着活塞的上行，气缸内压力逐渐增大，进气气流速度逐渐减慢，当流速等于零时，进气门关闭，此时曲轴又转过了 β 角。若 β 过大，则会将进入气缸内的气体重新压回进气管。

进气门开启持续时间内的曲轴转角，即进气持续角为 α+180°+β。

### 3. 排气提前角

在做功行程的后期，活塞到达下止点前，排气门便开始开启。从排气门开始开启到活塞到达下止点所对应的曲轴转角称为排气提前角（或早开角）。排气提前角用 γ 表示，γ 一般为 40°～80°。

（1）利用气缸内的废气压力提前自由排气。

恰当的排气门早开，气缸内还有 300kPa～500kPa 的压力，做功作用已经不大，可利用此压力使气缸内的废气迅速地自由排出。

（2）降低排气消耗的功率。

提前排气，等活塞到达下止点时，气缸内只剩 110kPa～120kPa 的压力，使排气行程所消耗的功率大为降低。

（3）高温废气的早排，还可以防止发动机过热。

### 4. 排气迟后角

在活塞越过上止点后，排气门才关闭。从活塞到达上止点到排气门关闭所对应的曲轴转角称为排气迟后角（或晚关角）。排气迟后角用 δ 表示，δ 一般为 10°～30°。

1）利用缸内外压力差继续排气

活塞到达上止点时，气缸内的压力仍高于大气压，利用缸内外压力差可继续排气。

2）利用惯性继续排气

活塞到达上止点时，废气气流有一定的惯性，利用惯性可继续排气。所以排气门适当晚关可使废气排得较干净。

排气门开启持续时间内的曲轴转角，即排气持续角为 $\gamma+180°+\delta$。

### 5. 气门叠开

由于进气门早开和排气门晚关，所以就出现了一段进、排气门同时开启的现象，称为气门叠开。同时开启的角度，即进气提前角与排气迟后角的和（$\alpha+\delta$），称为气门叠开角。

### 6. 废气倒排回进气管和新鲜气体随废气排出的问题

由于叠开时气门的开度较小，且新鲜气体和废气流的惯性要保持原来的流动方向，所以只要气门叠开角适当，就不会产生废气倒排回进气管和新鲜气体随废气排出的问题。发动机的结构不同、转速不同，配气相位也就不同。

### 7. 配气正时

检验气门控制点和气门叠开角的方法如下。

（1）检验气门控制点的方法是在调好气门间隙的基础上，找出各气门控制点相对曲轴转角，并与标准配气相位进行比较，来判断配气相位正确与否。

（2）检验气门叠开角，同样应先调好气门间隙，将一缸或六缸活塞摇到压缩行程上止点位置，用塞尺插入气门与气门座接合面来测量气门重叠期的微开量。若六缸发动机的点火顺序为 1→5→3→6→2→4，则可按 6→2→4→1→5→3 的顺序进行测量，并把各气缸的微开量值分别记录好，再与该机型标准配气相位进行比较，来判断该机型配气相位的准确性。

（3）影响配气相位正时的零件应予以报废，换用新件后，应重新调整配气相位。

EA888 发动机配气正时标记如图 3-8 所示。

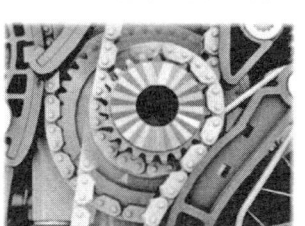

配气相位及正时示范二维码

图 3-8 EA888 发动机配气正时标记

# 发动机拆装与调整

## 任务 3.2　气门组拆装与调整

### 任务目标

通过本任务的学习，掌握发动机气门组的作用，熟悉气门组的组成。

### 任务描述

**任务内容**

一辆装载 EA888 发动机的轿车气门异响，经检测，气缸压力不足，需要进行进一步检查。

**实施条件**

1. 四套常用维修工具。
2. EA888 型轿车。
3. EA888 型轿车维修手册。

气门组的组成微课视频二维码

### 相关知识

#### 一、气门组的作用

气门组使新鲜的可燃混合气（汽油机）或空气（柴油机）得以及时进入气缸，废气得以及时从气缸排出。

#### 二、气门组的组成

气门组一般由气门、气门座、气门导管、气门弹簧、弹簧座、锁片（锁销）等零件组成，如图 3-9 所示。

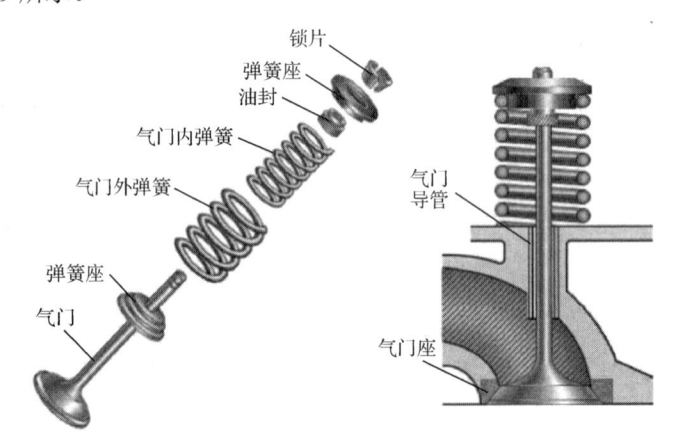

图 3-9　气门组的主要组成

要求气门头部与气门座贴合严密；气门导管有良好导向作用；气门弹簧能使气门迅

速关闭，并保证气门紧压在气门座上。

## 三、气门

气门分为进气门和排气门；每个气门分为头部和杆部，如图3-10所示。

### 1. 气门头部

1）作用

气门头部是燃烧室的组成部分，是气体进、出燃烧室通道的开关，承受高温、高速气流冲击。

2）工作条件

进气门温度为570～670K，排气门温度为1050～1200K。气门承受气体压力、气门弹簧力等，冷却和润滑条件差，易被气缸中燃烧生成物中的物质腐蚀。因此，要求气门强度和刚度高、耐热、耐腐蚀、耐磨。

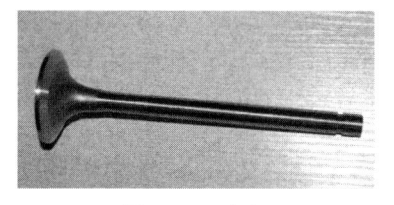

图3-10 气门

一般进气门采用合金钢（铬钢或铬镍钢）；排气门采用耐热合金钢（硅铬钢）。

3）气门头部的结构

（1）气门头部的结构形式。

平顶式结构简单，制造方便，吸热面积小，质量也较小，进、排气门都可采用；凸顶式（球面顶）适用于排气门，因为其强度高，排气阻力小，废气的清除效果好，但球形的受热面积大，质量和惯性力大，加工较复杂；凹顶式（喇叭顶）结构的凹顶头部与杆部的过渡部分具有一定的流线型，可以减小进气阻力，但其顶部受热面积大，故适用于进气门，而不宜用于排气门。气门头部的结构形式如图3-11所示。

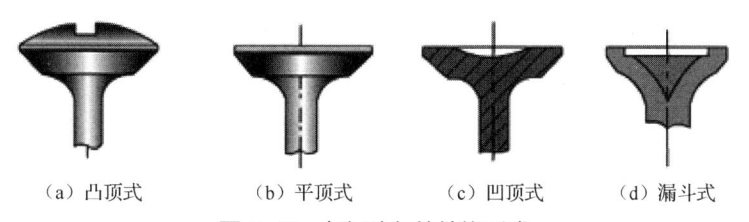

（a）凸顶式　（b）平顶式　（c）凹顶式　（d）漏斗式

图3-11 气门头部的结构形式

（2）气门锥角。

气门锥角是指气门头部与气门座圈接触的锥面和气门顶部平面的夹角。

气门存在气门锥角可以获得较大的气门座合压力，以提高密封性和导热性；气门落座时有自动定位作用；避免使气流拐弯过大而降低流速；使气门有自洁作用。

气门锥角越小，气门口通道截面越大；气门锥角越大，落座压力越大，密封性和导热性越好，气门头部边缘的厚度越大，越不容易变形。

进气门锥角主要是为了获得大的通道截面，因其本身热负荷较小，往往采用较小的锥角，多用30°，有利于提高充气效率。排气门锥角因热负荷较大，往往采用较大的锥角，通常为45°，以加强散热（大约75%的气门热量从气门座处散失）和避免受热变形。为了制造和维修方便，有的发动机的进气门锥角和排气门锥角都为45°。

（3）气门头部直径。

气门头部直径越大，气门口通道截面越大，进、排气阻力越小。

由于最大尺寸受燃烧室结构的限制，考虑到进气阻力比排气阻力对发动机性能的影响大得多，为尽量减小进气阻力，进气门直径应大于排气门直径；另外，排气门稍小些，还不易变形。

### 2. 气门杆

气门杆具有较高的加工精度，表面经过热处理和磨光，保证与气门导管的配合精度和耐磨性。气门杆尾部有环形槽、锁销孔，此处容易断裂。

### 3. 充钠排气门

为改善排气门的导热性能，可在气门内部充注金属钠。钠在970℃时为液态，液态钠可将气门头部的热量传给气门杆，冷却效果十分明显。

### 4. 气门的固定

1）锁片式

气门杆尾部切有凹槽，用分成两半的锥形锁片卡在凹槽中；锁片锥形外圆与弹簧座的锥形孔贴合，在弹簧作用下，锁片与弹簧座的锥形孔相互卡紧不会脱落。有些发动机的气门在杆部锁片槽下面另有一个切槽，装一个卡环防止气门弹簧折断，气门落入气缸发生捣缸。

2）锁销式

锁销式的固定方法比较简单，将弹簧座连同弹簧一起压下后，把锁销插入气门杆尾部的径向孔内，放松弹簧后，锁销正好位于弹簧座外侧面的凹穴内，防止弹簧座的脱出。

### 5. 气门的旋转

为了使气门头部温度均匀，防止局部过热引起的变形和清除气门座积炭，可设法使气门在工作中相对气门座缓慢旋转。气门缓慢旋转时在密封锥面上产生轻微的摩擦力，有阻止沉积物形成的自洁作用。气门的旋转如图3-12所示。

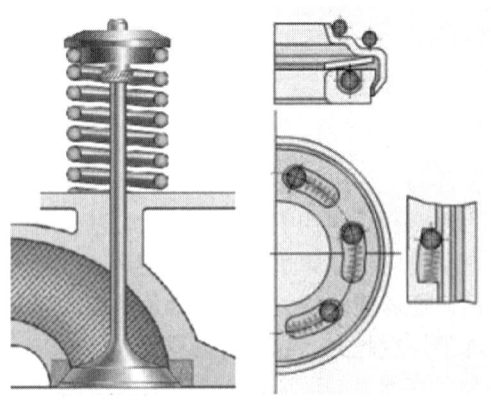

图3-12 气门的旋转

1）自由旋转机构

气门锁片装在一个锥形套筒中，不直接与弹簧座接触。锥形套筒的下端支承在弹簧座平面上。套筒端部与弹簧座接触面上的摩擦力不大，而且在发动机运转振动力作用下，在短时间内可能为零。这就可能使气门自由地做不规则的转动。

2）强制旋转机构

强制旋转机构使气门每开启一次便转过一定角度。

在壳体中，有6个变深度的槽，槽中装有带回位弹簧的钢球。当气门关闭时，钢球在弹簧的作用下位于槽内深度较浅的一端，钢球露出壳体，气门弹簧的力通过支撑板与碟形弹簧直接传到壳体上。

在气门打开的过程中，由于气门弹簧不断被压缩而弹力不断增大，将碟形弹簧压平而迫使钢球沿槽底斜面滚动，带动碟形弹簧、支撑板、气门弹簧和气门旋转过一个角度。

在气门关闭的过程中，由于气门弹簧不断伸长而弹力减小，碟形弹簧恢复至原来形状，钢球在回位弹簧的作用下回到原来位置。

## 四、气门导管

气门导管为气门运动导向，保证气门直线运动，兼起导热作用。气门导管的工作温度较高，约为500K。气门导管润滑困难，易磨损，因此气门导管一般用含石墨较多的铸铁或粉末冶金制成，以提高自润滑性能。导管内、外圆柱面经加工后压入气缸盖或气缸体的气门导管孔中，然后精铰内孔。气门杆与气门的间隙为0.05～0.12mm。气门导管如图3-13所示。

气门导管拆装与调整微课二维码

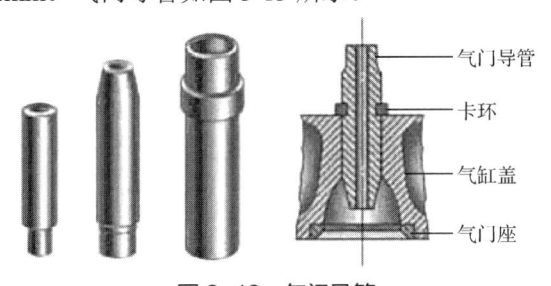

图 3-13 气门导管

### 1. 防脱落结构

（1）一般外表面为无台肩的圆柱形，其外表面加工精度较高，与气缸盖（体）过盈配合，以保证良好地传热和防止松脱。

（2）带凸台和带卡环的导管过盈量较小，因气门弹簧下座将凸台或卡环压住，使导管轴向定位可靠，不致脱落。

铝合金气缸盖常用带凸台和卡环的导管，其过盈量较小，便于拆装。

### 2. 气门导管压入进、排气歧管的深度对性能的影响

气门导管压入进、排气歧管的深度过深会使气流阻力大，对排气门来说，还因废气对导管的冲刷面积增大，提高了工作温度，从而影响了气门的散热。

气门导管压入进、排气歧管的深度过浅会使气门杆受热面积增大，气门杆温度升高，会影响气门头部的散热。

### 3. 采取的措施

有的发动机将伸入端的外圆做成锥形，减小了气流阻力，而带凸台和卡簧的导管自然地控制了压入深度。这样既减少了废气对气门杆的冲刷，也避免了导管高温部分与气门杆的接触。

## 五、气门油封

发动机高速化后,进气管中的真空度显著增高,气门室中的机油会通过气门杆与导管之间的间隙被吸入进气管和气缸内,除增加机油的消耗外,还会在气门和燃烧室产生积炭。为此,发动机的气门杆上部都设有机油防漏装置。气门油封如图 3-14 所示。

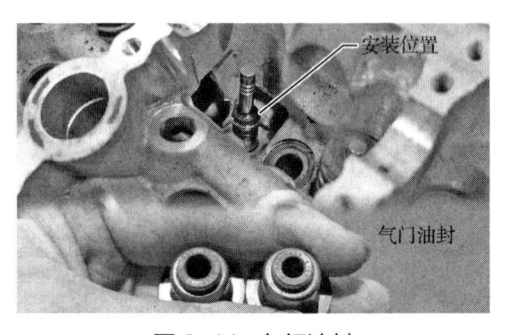

图 3-14　气门油封

气门与气门座的拆装
与调整微课二维码

## 六、气门座

### 1. 气门座的作用

气门座是气缸盖的进、排气道与气门锥面相结合的部位。气门座靠其内锥面与气门锥面的紧密贴合密封气缸,接受气门传来的热量。

气门密封干涉角比气门锥角大 0.5°～1°,如图 3-15 所示。

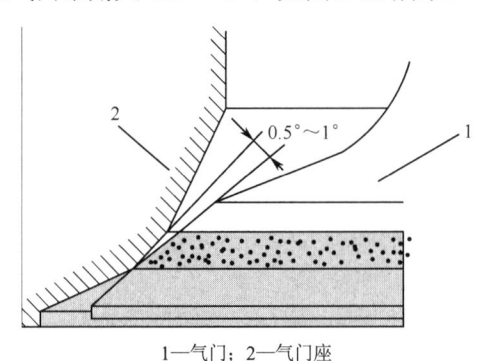

1—气门；2—气门座
图 3-15　气门和气门座

图 3-16　气门座圈

### 2. 气门座的形成

（1）直接形成式气门座是直接在气缸盖（或气缸体）上加工出来的。该种形式的气门座修复困难,且不经济。

（2）镶座式气门座可节省材料,延长使用寿命,便于更换修理。

（3）气门座圈是以较大过盈量镶嵌在气门座上的圆环,如图 3-16 所示。

① 有的汽油机只有排气门镶座。一方面排气门座热负荷大,另一方面发动机常在部分负荷下工作,进气管中真空度大,会从气门导管间隙内吸进少量机油,对进气门座进行润滑。

② 有的柴油机只有进气门镶座。在排气行程中还有未燃完的柴油，可对排气门座进行润滑。柴油机没有节气门，所以无论负荷大小，进气管内真空度都比较小，难以从进气门导管处吸进机油对进气门座进行润滑。

③ 因为铝合金气缸盖耐磨、耐热性差，所以进、排气门都必须镶座。

### 3. 气门座的锥角

气门座的锥角是与气门锥角相适应的，以保证二者紧密配合，可靠密封。气门座的锥面由三部分组成。

45°（或30°）的锥面是与气门工作锥面相座合的工作面，其宽度通常为1~3mm。15°和75°锥面是用来修正工作锥面的宽度和上下位置的，以达到规定的要求。

## 七、气门弹簧

### 1. 作用

气门弹簧保证气门自动回位关闭且密封；保证气门与气门座的座合压力；吸收气门在开启和关闭过程中传动零件所产生的惯性力，以防止各种传动件彼此分离而破坏配气机构的正常工作。

气门弹簧动画二维码

### 2. 要求

因气门弹簧承受频繁的交变载荷，为保证气门弹簧可靠地工作，要求气门弹簧具有合适的弹力；具有足够的强度和抗疲劳性能；采用优质冷拔弹簧钢丝（高碳锰钢、铬钒钢）制成，钢丝表面经抛光或喷丸处理。气门弹簧如图3-17所示。

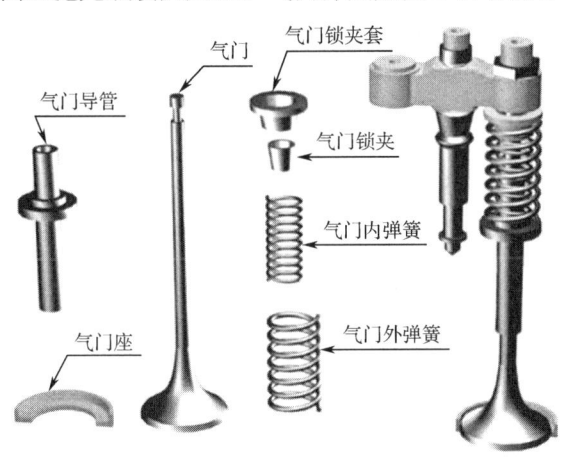

图3-17 气门弹簧

弹簧的两个端面经磨光并与弹簧轴线相垂直，是圆柱螺旋弹簧。其一端支承在气缸盖（体）上，而另一端则压靠在气门杆末端的弹簧座上，弹簧座用锁片固定在气门杆的末端。

### 3. 气门弹簧防共振的结构措施

当气门弹簧的工作频率与其自然振动频率相等或成某一倍数时，将会发生共振，造成气门反跳、落座冲击，并可使弹簧折断，因此采用增大钢丝直径或减小弹簧的圈径、

不等距圆柱螺旋弹簧来避免共振的产生。不等距圆柱螺旋弹簧在使用时应注意螺距小的一端应朝向气门头部。

因为若将螺距小的一端朝向气门杆的尾部，发动机高速运转时，此端可能首先叠合在一起，此后弹簧的有效圈数基本不再变化，叠合后以刚性质量参加振动，使振动当量质量增加，弹簧易疲劳折断。而螺距小的一端朝向气门头部时，先在螺距大的一端变形，减慢其叠合速度，使有效圈数在整个工作过程中不断变化。叠合端是弹簧的静止端，不参加振动。

还可以采用双气门弹簧。每个气门装两根直径不同、旋向相反的内外弹簧。由于两根弹簧的自然振动频率不同，当某一根弹簧发生共振时，另一根弹簧可起减振作用。旋向相反，可以防止一根弹簧折断时卡入另一根弹簧内，导致好的弹簧被卡住或损坏。此外，当某根弹簧折断时，另一根弹簧仍可保持气门不落入气缸内。奥迪、捷达、桑塔纳、广州标致等汽车都采用此种形式。

**课程思政**：严格按照实训步骤操作，有助于养成精益求精的工作态度。

实训过程的实施，要求学生不仅要有良好的理解能力，更重要的是执行力。执行力并不代表能干活，重要的是会干活。实训步骤在一定程度上对项目的实施起指导和督促的作用。

## 八、气门组的拆装与检修

### 1. 气门组的拆卸

气门组的拆装示范二维码

在气门组组装完毕后，弹簧处于预紧状态，如果拆卸不当，那么弹簧弹出会击伤人员，因此在拆卸气门组时必须使用专门的气门弹簧拆卸器进行规范操作，方能保证安全拆卸气门组。拆卸时首先使用气门弹簧拆卸器将弹簧座连同已被预紧的弹簧一起压下，使锁销处于自由状态可方便取下。然后将弹簧座连同弹簧一起慢慢放松，直至弹簧处于完全放松的自由状态，即可轻松取出弹簧座、弹簧和气门。气门弹簧拆卸器如图 3-18 所示。

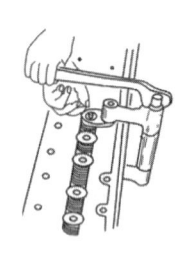

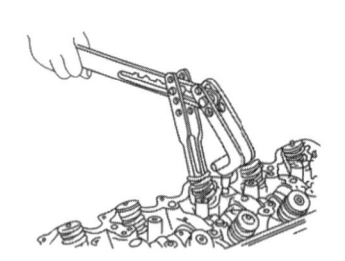

图 3-18 气门弹簧拆卸器

### 2. 气门的检查与修理

气门的耗损主要有：气门头部工作面起槽、接触面变宽，甚至烧蚀氧化后出现斑点和凹陷，气门杆尾部的磨损，气门杆的弯曲变形等。

（1）当气门头部工作面起槽、接触面变宽、烧蚀氧化出现斑点和凹陷不是很严重时，可在气门光磨机上进行修磨后继续使用。气门的修磨如图 3-19 所示。

气门及气门座的检查微课二维码

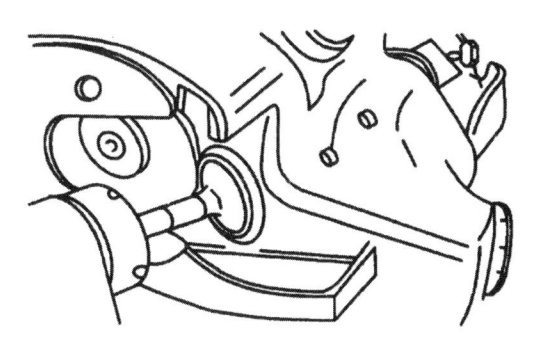

图 3-19 气门的修磨

（2）当气门厚度小于极限值时应更换气门。在维修时，要检查每个气门杆尾部有无偏摆、磨损和弯曲。

（3）检查每个气门的工作面和气门杆有无磨损、烧毁或变形，如果有必要，应进行更换。

（4）气门杆尾部偏摆使用限度：进气门为 0.1mm，排气门为 0.1mm；气门头部厚度标准值：进气门为 1.0mn，排气门为 1.5mm；气门头部厚度使用限度：进气门为 0.7mm，排气门为 1.0mm。

（5）使用百分表和 V 形铁测量气门杆弯曲度。测量时，气门杆支承在两个距离 100mm 的 V 形铁上，用百分表测量气门长度的 1/2 处，测量值即弯曲度。若弯曲度超过允许限度，则应用手压机校正。气门杆弯曲度的测量如图 3-20 所示。

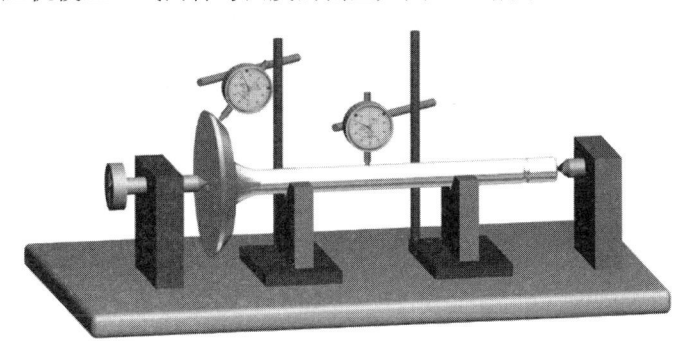

图 3-20 气门杆弯曲度的测量

### 3. 气门导管的修理

首先用精铰刀除去气门导管内积炭，擦净后插入新气门，并将气门提起至气缸盖平面 15mm 左右，用千分表测量其摆动量，进气门磨损极限摆动量应不超过 1.0mm，排气门磨损极限摆动量应不超过 1.3mm。否则，应更换气门导管。

气门导管与气门的正常配合间隙为 0.02~0.04mm，如果间隙过小，可用气门导管铰刀进行铰削，铰削吃刀量不能过大，并且还要用冷却液冷却，边铰边试，以防铰大。

### 4. 气门座的检修

气门座单独制成后，再镶嵌到气缸盖上。气门与气门座应研磨配合，以保证密封。检查气门座工作面，如果磨损变宽超过 2.0mm，或烧蚀出现斑点、凹陷时，应用铰刀铰削或用光磨机修复。

1）气门座的铰削

气门座的工作面如果磨损变宽超过一定程度，或工作面有较严重的烧蚀、斑点及凹陷时，应进行铰削或修磨。如果气门座有裂纹、松动、烧蚀或磨损严重，或经多次加工修理，在新气门装入后，气门头部顶平面仍低于气缸盖燃烧室平面 2mm，应镶换新的气门座。如果已决定更换或铰削气门导管，应先进行此项工作后再铰削气门座，以免影响气门杆与导管的同心度。

气门座的铰削，通常用气门座铰刀控制。铰刀的角度分为 30°、45°、75°、15° 4 种。30°和 45°铰刀又分粗刀和细刀两种。

（1）铰刀导杆的选择与固定。

根据气门导管的内径，选择相应的铰刀导杆，并插入气门导管内。调整铰刀导杆，使其与气门导管孔表面紧密贴合。

（2）砂磨硬化层。

如果气门座工作面有硬化层，在铰削时，往往使铰刀打滑，遇此情况可用粗砂布垫在铰刀刃部进行砂磨，砂磨后再进行铰削。

（3）铰削。

气门座的铰削如图 3-21 所示。

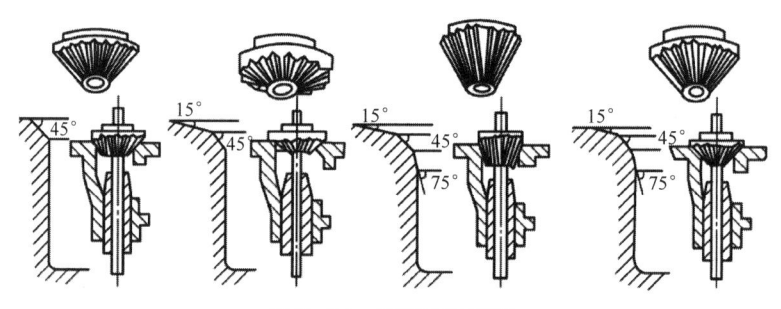

图 3-21　气门座的铰削

根据气门座工作面损伤的情况和不同角度，选择不同粗细刀刃和角度的铰刀套在导杆上（例如，135 系列柴油机，进、排气门可选 45°铰刀），即可进行铰削。铰削时铰刀应正直，两手用力要均衡，直到将烧蚀、斑点等缺陷铰去为止。

（4）试配与修整接触面。

经铰削后，应用光磨过的一个气门进行试配。要求接触面应在气门斜面的中下部或中部，工作面宽度应符合要求，否则应进行修整。如果接触面偏上，应用 15°铰刀铰削，使接触面下移；如果接触面偏下，应用 75°铰刀铰削，使接触面上移。

（5）精铰。

用 45°（或 30°）的细铰刀或者在铰刀刃部垫以细砂布再次修铰或砂磨工作面，以提高接触面的光洁度。

在气门座铰削中，会出现接触面的宽度已合适，但接触面的部位不在中下部或中部，而是在上部。如果这时用 15°铰刀铰上口，接触面会变窄。为了加宽接触面，用 45°（或 30°）铰刀铰过后，气门座的口径会扩大，导致气门接触面更向上移，所以这时的接触面如果距气门工作面的上沿有 1mm 以上，则允许使用，否则将影响充气效率和气门弹簧张力，以及气门头部的强度，因此应更换气门或重新镶装气门座圈。

2）更换气门座圈

气门座经多次铰削或光磨后，其工作面逐渐下陷，影响气门与气门座的正常配合。如果气门座工作面低于气门座面 1.5mm，应更换气门座圈。更换方法：用专用工具拉出旧气门座圈，将与座孔有 0.075～0.125mm 过盈的新气门座圈放在液态的氮罐中冷缩 15～20s 后压入气缸盖的座孔中，使其在常温下升温；或者将气缸盖的座孔用喷灯或气焊枪加热到 100℃左右（经验做法：气缸盖加热前，在座孔周围涂上白粉笔粉，加热到白粉笔粉变黄时即 100℃左右），将气门座圈迅速冲入，并在空气中冷却。

## 5. 气门与气门座的研磨及密封性检查

1）手工研磨

（1）将气缸盖倒置，用柴油洗净气门、气门座、气门导管，清除积炭，并在气门头部标示出顺序记号。

（2）在气门工作锥面上均匀涂抹一层粗研磨膏，在气门杆上涂少许机油，将气门杆插入导管内，用气门捻子吸住气门。气门与气门座的手工研磨如图 3-22 所示。

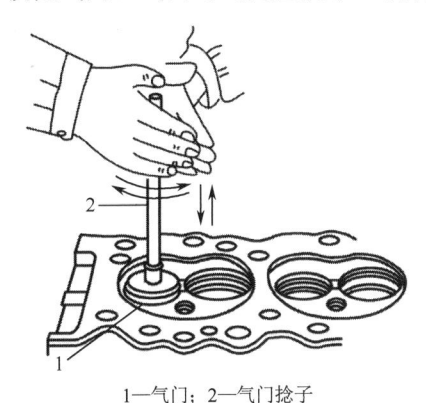

1—气门；2—气门捻子

图 3-22 气门与气门座的手工研磨

（3）研磨时，一边用手指搓动气门捻子的木柄，使气门单向旋转一定角度，一边将气门捻起一定高度后落下进行拍击。

注意，始终保持单向旋转，不断改变气门与气门座在圆周方向的相对位置。

（4）当在气门上磨出整齐、无斑痕和麻点的接触环带时，将粗研磨膏洗去，换用细研磨膏继续研磨，直到气门工作面出现一条整齐的灰色无光的环带时，洗去细研磨膏，涂上机油再研磨几分钟。

（5）洗净气门、气门座、气门导管。

注意，研磨时，研磨膏不宜过多，以免进入气门导管，造成气门杆与气门导管的早期磨损；在保证密封的前提下，研磨时间不宜过长，拍击力不宜过猛，以防环带过宽，出现凹陷。

2）机动研磨

机动研磨主要适用于发动机生产厂和维修机械厂。因为气门研磨机价格较高，发动机生产厂和大的维修机械厂研磨的气门数量多，用研磨机研磨气门，可提高生产效率，而手工研磨主要适用于发动机的维修和使用少的企业。

3）气门和气门座的密封性检查

气门和气门座经过修理后,都要进行密封性检查。

(1) 画线法。

首先在气门锥面上用铅笔沿径向均匀地画上若干条线,每条线相隔 4mm。然后将气门与相配气门座接触,略压紧并转动气门 45°～90°,取出气门,查看铅笔线条,若线条全部截断,则表示气门和气门座的密封性良好。

(2) 拍击法。

将气门与相配气门座轻轻敲击几次,查看接触带,若有明亮的连续光环,则表示气门和气门座的密封性良好。

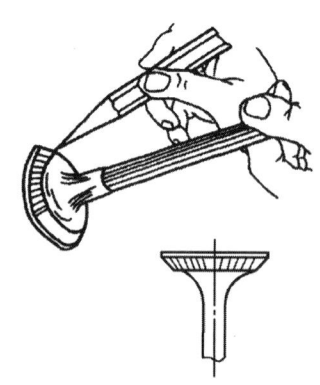

图 3-23 画线法检查气门和气门座的密封性

(3) 涂轴承蓝或红丹。

在气门工作面上涂抹一层轴承蓝或红丹,用橡皮捻子吸住气门,在气门座上旋转 1/4 圈后再将气门提起,若轴承蓝或红丹布满气门座工作面一周而无间断,又十分整齐,则表示气门和气门座的密封性良好。

(4) 渗油法。

可将煤油或汽油浇在气门顶面上,5min 内查看气门与气门座接触处是否有渗漏现象。若无渗漏现象,则表示气门和气门座的密封性良好。

(5) 试验法。

先将空气容筒紧密贴在气门头部周围,再压缩橡皮球,使空气容筒内具有一定压力(68.6Pa 左右),若在半分钟内,气压表的读数不下降,则表示气门和气门座的密封性良好。试验法检查气门和气门座的密封性如图 3-24 所示。

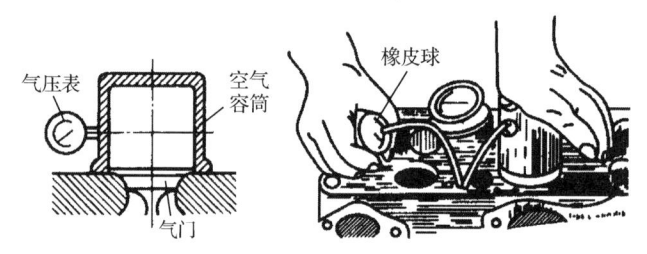

图 3-24 试验法检查气门和气门座的密封性

### 6. 气门导管的检查

将气门杆和气门导管洗净,在气门杆上涂一层薄机油,把气门放入气门导管内,上下拉动数次后将气门提起一段后松手,若气门能在自重下徐徐下落,则表示间隙适当。

### 7. 气门弹簧的检修

气门弹簧出现断裂、歪斜、弹力减弱现象时,应予以更换。气门弹簧的弹力在弹簧检验仪上测量。弹力小于原厂规定的 10% 时,应予以更换。无弹簧检验仪时,可通过对比新旧弹簧的自由长度判断,自由长度差超过 2mm 时,应予以更换。对气门弹簧进行垂直度测量,如果有歪斜,应予以更换。气门弹簧的检修如图 3-25 所示。

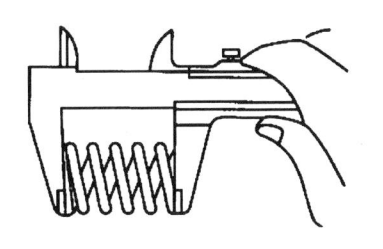

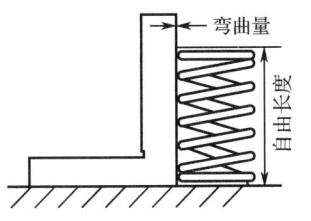

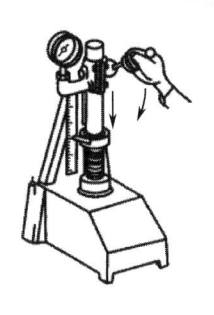

图 3-25　气门弹簧的检修

### 8. 气阀组件的安装

（1）将新的气阀导管涂上润滑油从凸轮轴端将导管压入气缸盖，压力不能大于 9.8kN。

（2）用专用工具装上气阀油封。

（3）装上气阀、气阀弹簧、弹簧座。

（4）用气阀弹簧钳压缩气阀弹簧，将两个锁片安装在气阀环槽内，取下气阀弹簧钳；用橡胶锤轻轻敲击气阀杆顶端，以保证锁片锁止到位。

（5）装上各气缸火花塞。

## 任务 3.3　气门传动组拆装与调整

### 任务目标

通过本任务的学习，掌握发动机气门传动组的作用，熟悉气门传动组的组成。

### 任务描述

**任务内容**

一辆速腾轿车动力不足，燃油消耗量增加，需要进行进一步检查。

**实施条件**

1. 四套常用维修工具。
2. EA888 型轿车。
3. EA888 型轿车维修手册。

### 相关知识

### 一、气门传动组的作用

气门传动组的作用是使进、排气门按配气相位规定的时刻进行开闭，并保证有足够的开度。

## 二、气门传动组的组成

气门传动组是从正时齿轮开始至推动气门动作的所有零件，其组成视配气机构的形式而有所不同。齿形带传动气门传动组主要包括凸轮轴、正时带轮、张紧轮等，如图3-26所示。

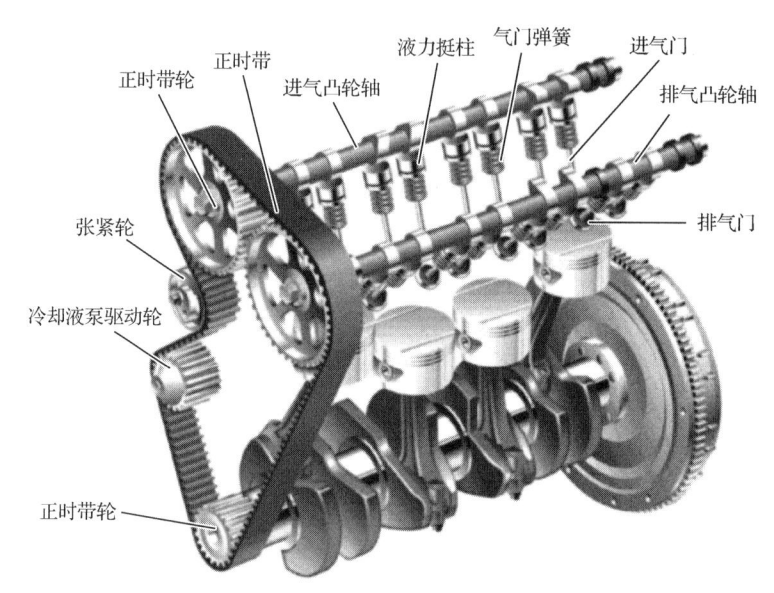

图3-26 齿形带传动气门传动组的组成

## 三、凸轮轴

### 1. 凸轮轴的作用

凸轮轴驱动和控制各气缸气门的开启和关闭，使其符合发动机的工作顺序、配气相位和气门开度的变化规律的要求。凸轮轴如图3-27所示。

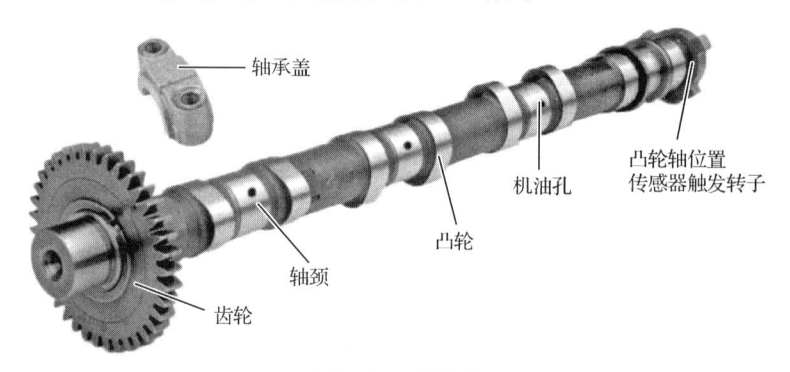

图3-27 凸轮轴

### 2. 凸轮轴的工作条件

凸轮轴承受气门间歇开启的周期性冲击载荷。

### 3. 凸轮轴的材料

凸轮轴由优质碳钢或合金钢锻制，经表面高频淬火（中碳钢）或渗碳淬火（低碳钢）处理，如合金铸铁、球墨铸铁。

### 4. 凸轮轴的结构

凸轮轴的结构如图 3-28 所示。

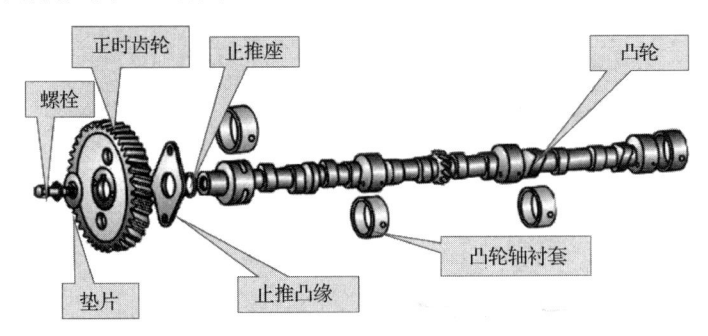

图 3-28 凸轮轴的结构

按照顶置凸轮轴的数目分，顶置凸轮轴可分为顶置单凸轮轴（SOHC）和顶置双凸轮轴（DOHC）。当每缸采用两个以上气门时，气门排列形式一般有两种：一种是进气门和排气门混合排列在一根凸轮轴上，即顶置单凸轮轴；另一种是进气门和排气门分别排列在两根凸轮轴上。前者的所有气门由一根凸轮轴通过顶杆驱动，但因气门在进气道中所处位置的不同，所以不能保持动作的精确性，效果要稍差一些，而后者则无此缺点，可以获得更好的性能，但需多配备一根凸轮轴，这就是顶置双凸轮轴，近年来推出的新型发动机多采用这种形式。一般来说，顶置双凸轮轴的运动性比较高，F1 赛车应用较多，但是其制造工艺复杂，成本较高；顶置单凸轮轴的相对配置较简易、使用耐久性较好，既可以满足一般客户的动力性要求，也可以满足一般客户的经济性要求。

四冲程发动机曲轴转 2 周，各气门开闭 1 次，因此凸轮轴转 1 周，曲轴与凸轮轴的传动比为 2∶1。

### 5. 凸轮轴轴颈（多轴颈支承）

凸轮轴轴颈用于支承凸轮轴。凸轮轴各道轴颈的直径有的相等，但也有的从前往后逐渐减小，以便于安装。凸轮轴下置式发动机每隔 1~2 个气缸设置道轴颈；凸轮轴上置式发动机每隔 1 个气缸设置道轴颈。有些发动机摇臂是靠凸轮轴轴承处通过气缸体上的油道输送润滑油的。

### 6. 凸轮

1）作用

凸轮的轮廓不仅可保证气门开启和关闭的持续时间必须符合配气相位要求，而且在很大程度上决定气门的最大升程和升降行程的运动规律。

2）工作条件

凸轮承受气门弹簧的张力及间歇性的冲击载荷。

3）凸轮性能

凸轮表面有良好的耐磨性、足够的刚度。

4）结构

凸轮轮廓中，$O$ 为轴心，圆弧 $EA$ 为基圆，$AB$ 和 $DE$ 为缓冲段。

缓冲段中凸轮的升程变化速度较慢，$BCD$ 为凸轮的工作段，此段升程较快，$C$ 点时升程最大，它决定了气门的最大开度。凸轮的结构如图 3-29 所示。

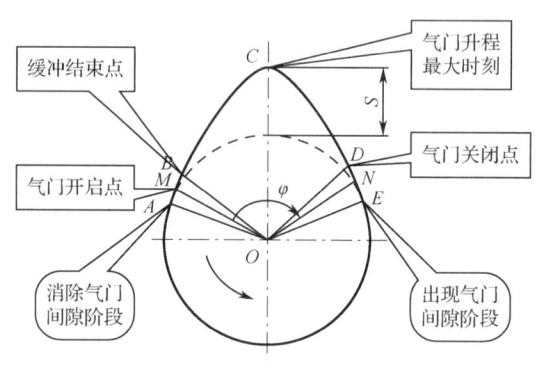

图 3-29 凸轮的结构

5）工作过程

当凸轮按逆时针方向转过 $EA$ 时，挺柱处于最低位置不动，气门处于关闭状态。当凸轮转至 $A$ 点时，挺柱开始移动。

继续转动，在缓冲段 $AB$ 内的某点 $M$ 处消除气门间隙，气门开始开启，至 $C$ 点时气门开度最大，而后逐渐变小，至缓冲段 $DE$ 内某点 $N$ 时，气门完全关闭。

挺柱继续下落，出现气门间隙，至 $E$ 点时挺柱又处于最低位置。

由于气门开始开启和最后关闭时均在凸轮升程变化较慢的缓冲段内，气门杆尾部在消除气门间隙的瞬间和气门头部落座的瞬间的冲击力均较小，有利于减小噪声和磨损。凸轮的工作过程如图 3-30 所示。

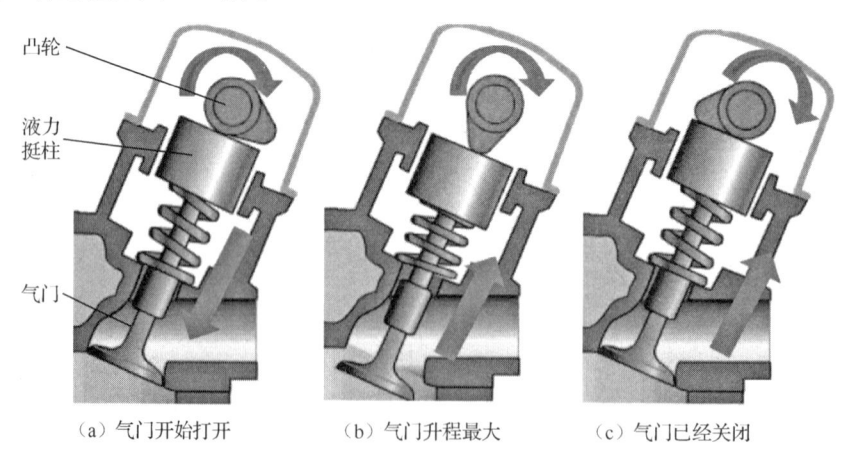

(a) 气门开始打开　　(b) 气门升程最大　　(c) 气门已经关闭

图 3-30 凸轮的工作过程

凸轮轴上各同名凸轮（各进气凸轮或各排气凸轮）的相对角位置与凸轮轴旋转方向、发动机工作顺序及气缸数或做功间隔角有关。如果从发动机风扇端看凸轮轴逆时针方向旋转，直列四缸发动机按点火顺序相邻两个气缸的曲轴转角为180°（以 1→2→4→3 为例，二缸和四缸相邻），因为凸轮转速是曲轴的一半，所以应该是（720°/4）/2=90°；对于工作顺序为 1→5→3→6→2→4 的六缸发动机，其同名凸轮间的夹角为60°。同一气缸的进、排气凸轮的相对角位置即异名凸轮相对角位置，决定于配气定时及凸轮轴旋转方向。

## 四、挺柱

挺柱将凸轮的推力传给推杆或气门。它安装在气缸体或气缸盖上相应处镗出的导向孔中，常用镍铬合金铸铁或冷激合金铸铁制成。常用的挺柱有整体式挺柱、滚轮式挺柱和液力挺柱。

### 1．整体式挺柱

整体式挺柱以一个整体零件的形式传递运动，常见的整体式挺柱有菌形挺柱、球面挺柱两种，如图 3-31 所示。

挺柱工作时受凸轮侧向推力的作用会引起挺柱与导管之间单面磨损；如果挺柱底面与凸轮固定不变地在同一处接触，也会造成磨损不均匀。

为了减少磨损可以采取以下措施：使挺柱轴线偏离凸轮对称轴线；挺柱底部工作面做成球面；在挺柱底部工作面镶嵌耐磨金属块；采用滚轮式挺柱。

挺柱底部工作面多制成球面，而且把凸轮制成锥形，由于存在偏心，当挺柱被凸轮顶起上升时，接触点的摩擦力使挺柱绕本身轴线转动，以达到磨损均匀的目的。

### 2．滚轮式挺柱

滚轮式挺柱与整体式挺柱很相似，区别在于滚轮式挺柱下部装有滚轮，通过滚轮在凸轮轴上滚动而不是滑动，降低摩擦力，而且载荷分配更均匀。滚轮式挺柱主要用于高压缩比的柴油机和赛车发动机上。滚轮式挺柱如图 3-32 所示。

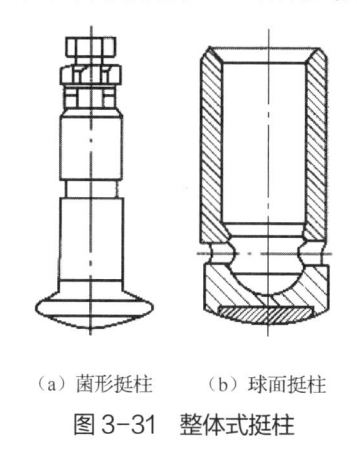

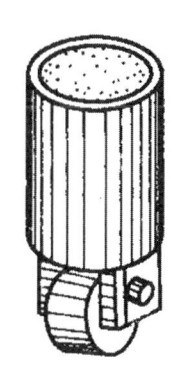

（a）菌形挺柱　（b）球面挺柱
图 3-31　整体式挺柱　　　　图 3-32　滚轮式挺柱

以上两种挺柱的发动机都必须有调整气门间隙的措施。

### 3．液力挺柱

1) 作用

液力挺柱消除了配气机构的间隙，减小了各零件的冲击载荷和噪声，提高了发动机高速运转时的性能。

发动机拆装与调整

2）结构

液力挺柱由挺柱体、柱塞、球座、柱塞回位弹簧、单向阀和单向阀弹簧（碟形弹簧）等组成，如图3-33所示。挺柱体和柱塞上有油孔与发动机机体上相应的油孔相通。球座为推杆的支承座。单向阀有片式和球式两种形式。

挺柱体内装有柱塞，柱塞上端压有球座作为推杆的支承座，同时将柱塞内腔堵住。柱塞回位弹簧用来将柱塞压向上方，卡簧用来对柱塞限位。柱塞下端单向阀架内装有碟形弹簧，用于关闭单向阀。

3）工作原理

发动机工作时，机油沿主油道输送到气门挺柱。

（1）当气门关闭时。

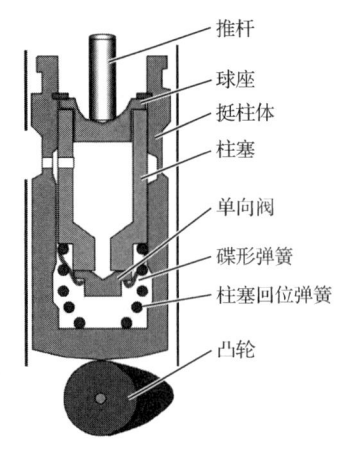

图 3-33 液力挺柱

机油经挺柱体和柱塞上的油孔压进柱塞腔内，并推开单向阀充入挺柱体腔内，柱塞便在挺柱体腔内油压及柱塞回位弹簧的作用下上行，与推杆压紧。但此压力远小于气门弹簧张力，气门不会被打开只是消除了整个配气机构中的间隙。与此同时，挺柱体腔内油液也已充满，单向阀在碟形弹簧作用下关闭。

（2）气门的开启。

当凸轮转到工作面使挺柱上推时，气门弹簧张力便通过推杆作用在柱塞上，由于单向阀已关闭，柱塞便推压挺柱体腔内油液使压力升高，而液体具有不可压缩性，挺柱便像一个整体一样推动气门开启。

由于在气门开启过程中，挺柱体腔内的油液会有少量泄漏，而且油液并非刚性的，所以挺柱工作时会被轻微压缩，从而使进气持续角稍有减小，一般减小量只有几度凸轮转角。但当柱塞与挺柱体配合处磨损过甚、泄油过多时，配气相位将明显减小。

（3）气门的关闭。

当凸轮转到非工作面时，解除对推杆的推力，使挺柱体腔内油压降低。

主油道的油压再次推开单向阀，向挺柱体腔内充油，以补充工作时的泄漏，并且此油压又和柱塞回位弹簧一起使柱塞上推，如此始终保持了配气机构无间隙传力。

（4）当配气机构零件受热变长时。

若气门、推杆受热膨胀，则挺柱回落后向挺柱体腔内的补油过程便会减少补油量（工作过程中）或使挺柱体腔内的油液从柱塞与挺柱体间隙中泄漏一部分（停车时），从而使挺柱自动"缩短"，因此可不留气门间隙而仍能保证气门关闭。

（5）当配气机构零件受冷变短时。

相反，如果气门、推杆遇冷收缩，则挺柱回落后向挺柱体腔内的补油过程便会增加补油量（工作过程中）或在柱塞回位弹簧作用下将柱塞上推，吸开单向阀向挺柱体腔内补油（停车时），从而使挺柱自动"伸长"，因此仍能保持配气机构无间隙。

## 五、推杆

推杆将挺柱传来的推力传给摇臂，是气门机构中最容易弯曲的零件，通常采用冷拔无缝钢管制成。推杆如图3-34所示。

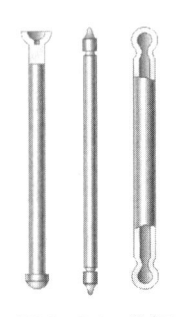

图 3-34 推杆

推杆的两端焊接或压配有不同形状的端头，下端头通常是圆球形的，以便与挺柱的凹球形支座相适应；上端头一般采用凹球形，主要是为了与摇臂上的气门间隙调整螺钉的球形头部相适应，可以积存少量润滑油以减少磨损。推杆的上、下端头均经热处理并磨光，以提高其耐磨性。

## 六、摇臂与摇臂轴

摇臂将推杆或凸轮传来的力改变方向，作用到气门杆端以推开气门。摇臂分为普通摇臂和无噪声摇臂。普通摇臂如图 3-35 所示。

T 字形结构可以提高刚度和强度，减小质量。两臂长比一般为 1.2~1.8（气门端长）。在一定的气门升程下，可减小推杆、挺柱的运动距离和加速度，从而减小工作中的惯性力。

无噪声摇臂凸环的作用是消除气门和摇臂的间隙，从而消除由此而产生的冲击噪声。凸环以摇臂的一端为支点，并靠在气门杆的端面上，当气门处在关闭位置时，在弹簧的作用下，柱塞推动凸环向外摆动，消除气门间隙。气门开启时，推杆便向上运动推动摇臂，由于摇臂已经通过凸环与气门杆处于接触状态，因此不会产生冲击噪声。无噪声摇臂的工作过程如图 3-36 所示。

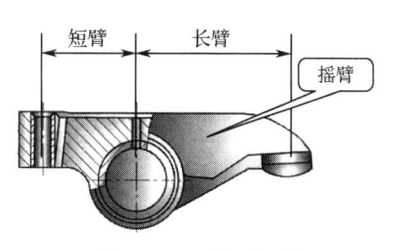

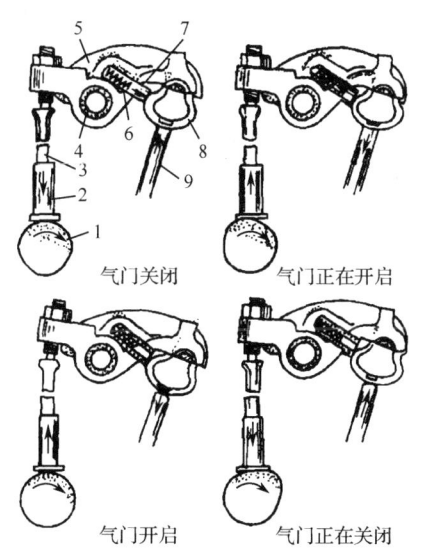

图 3-35 普通摇臂

1—凸轮轴；2—挺柱；3—推杆；4—摇臂轴；5—摇臂；6—弹簧；7—柱塞；8—凸环；9—气门

图 3-36 无噪声摇臂的工作过程

## 七、气门传动组的拆装及检修

### 1. 气门传动组的拆卸

首先转动曲轴使发动机处于一缸压缩行程上止点位置（曲轴齿轮和凸轮轴齿轮上的正时记号和正时罩壳上的标记同时对齐）；然后拆卸气缸盖罩、气缸盖，拆气缸盖时要

用扭力扳手，注意公斤数，螺钉要对角拆，安装时也是一样的；再拆下液力挺柱；最后拆下凸轮轴、气门。

### 2. 凸轮轴的检修

凸轮轴常见的损伤是凸轮轴的弯曲变形、凸轮轮廓的磨损、支承轴颈表面的磨损，以及正时齿轮驱动件的耗损等。这些耗损会使气门的最大开度和发动机的充气系数降低，配气相位失准，并改变气门上下运动的速度特性，从而影响发动机的动力性、经济性等。

1）凸轮表面的检修

当凸轮表面仅有轻微烧蚀或凹槽时，可用砂条修磨；当凸轮表面磨损严重或最大升程小于规定值时，应予以更换。

2）凸轮磨损的检修

凸轮磨损使气门的升程规律改变和最大升程减小。当凸轮最大升程减小值大于0.40mm 或凸轮表面累积磨损量超过 0.80mm 时，应更换凸轮轴；当凸轮表面累积磨损量小于 0.80mm 时，可在凸轮轴磨床上修磨凸轮。现代汽车凸轮轴的凸轮均为组合线型，精度高，修理成本高，极少修复，一般更换凸轮轴。

3）凸轮轴轴承的检修

当凸轮轴轴承的配合间隙超过使用极限时，应更换新轴承。

4）凸轮轴轴颈的检修

用千分尺测量凸轮轴轴颈的圆度误差和圆柱度误差。凸轮轴轴颈的圆度误差不得大于0.015mm，各轴颈的同轴度误差不得超过0.05mm，否则应按修理尺寸法进行修磨。凸轮轴轴颈的测量如图 3-37 所示。

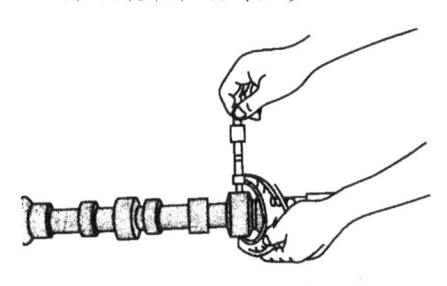

图 3-37 凸轮轴轴颈的测量

5）凸轮轴弯曲变形的检修

凸轮轴弯曲变形是通过凸轮轴中间轴颈与两端轴颈的径向圆跳动误差来衡量的。

将凸轮轴放置在 V 形铁上，V 形铁和百分表放置在平板上，使百分表触头与凸轮轴中间轴颈垂直接触。转动凸轮轴，观察百分表表针的摆差（凸轮轴的弯曲度）。检查完毕后将检查结果与标准值进行比较，以确定是修理还是更换。凸轮轴弯曲变形的检查如图 3-38 所示。

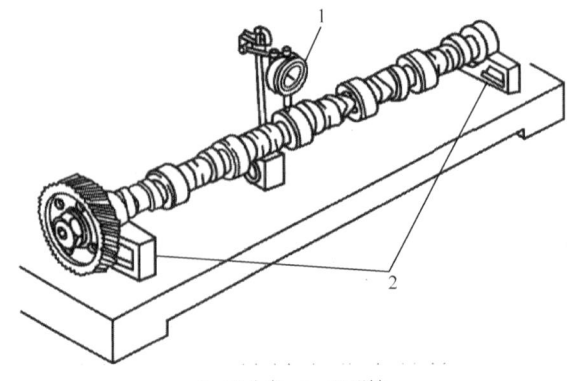

1—百分表；2—V 形铁

图 3-38 凸轮轴弯曲变形的检查

6）凸轮轴轴向间隙的检查与调整

在检查采用止推凸缘进行轴向定位的发动机的凸轮轴轴向间隙时，用塞尺插入凸轮轴第一道轴颈前端面与止推凸缘之间或正时齿轮轮毂端面与止推凸缘之间，塞尺的厚度值为凸轮轴轴向间隙，一般为 0.10mm，使用极限为 0.25mm，如果间隙不符合要求，可通过增减止推凸缘的厚度来调整。凸轮轴轴向间隙的检查如图 3-39 所示。

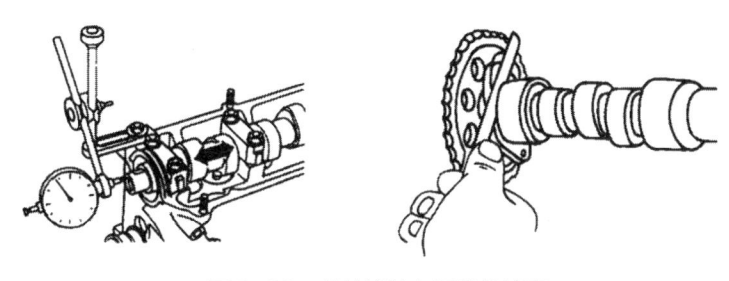

图 3-39　凸轮轴轴向间隙的检查

7）正时链轮和链条的检查

（1）正时链条长度的检查。

对链条施以一定的拉力拉紧后测量其长度，如果超过允许值，应予以更换。

（2）正时链轮最小直径的检查。

将链条分别包住凸轮轴正时链轮和曲轴正时齿轮，用游标卡尺测量其直径，如果小于允许值，应更换链条和链轮。

正时链轮和链条的检查如图 3-40 所示。

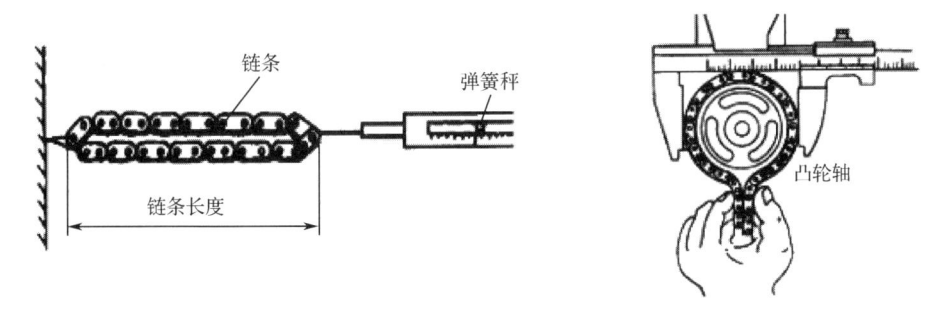

图 3-40　正时链轮和链条的检查

8）正时齿形带的检查与安装

（1）曲轴带轮和正时带轮上都有标记，装配时标记应对齐，保证配气相位的正确性。

（2）装上正时齿形带。

（3）检查正时齿形带的张紧度。

用手指在正时齿轮和中间齿轮之间捏住正时齿形带，以刚好能转 90°为准，调整张紧轮固定螺母并拧紧。将曲轴转 2~3 周后，复查确认。

### 3．挺柱的检修

1）普通挺柱的检修

普通挺柱常见损坏如图 3-41 所示。

(a) 正常　　　(b) 裂纹　　　(c) 剥落　　　(d) 条痕损伤

图 3-41　普通挺柱常见损坏

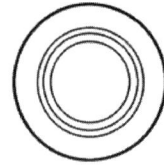

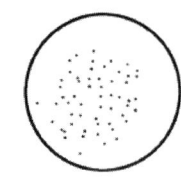

检修普通挺柱时，如果出现以下情况应予以更换。
(1) 挺柱底部出现疲劳剥落时。
(2) 底部出现环形光环时。
(3) 底部出现擦伤划痕时。
(4) 挺柱的圆柱面部分与导孔的配合间隙一般为 0.03～0.10mm。如果配合间隙超过 0.12mm，应视情况更换挺柱或导孔支架；装有衬套的结构可更换衬套。

2) 液力挺柱的检修

检查液力挺柱与承孔的配合间隙，一般应为 0.01～0.04mm，使用限度为 0.10mm。超限后应更换液力挺柱。

检查各部件有无损坏，应特别注意检查液力挺柱体外侧面及底部有无过度磨损。

更换挺柱后应检查挺柱与承孔的配合情况，检查的方法：用食指和拇指捏住挺柱，转动挺柱时应灵活自如无阻滞，摆动挺柱应无旷量。

### 4. 推杆的检修

推杆一般都是空心细长杆，工作时易发生弯曲，直线度误差应不大于 0.30mm；杆身应平直，不得有锈蚀和裂纹；上端凹球端面和下端凸球端面半径磨损应控制在 0.01～0.03mm。

### 5. 摇臂轴和摇臂的检修

摇臂的损伤主要是摇臂头的磨损。检查时，摇臂头部应光洁无损。修理后的凹陷应不大于 0.50mm。如果超过规定，应进行修理，其方法可用堆焊修磨。摇臂与摇臂轴的配合间隙如果超过规定，应更换衬套，并按摇臂轴的尺寸进行绞削或镗削修理。

## 任务 3.4　EA888 进气可变气门正时技术

### 任务目标

通过本任务的学习，了解 EA888 进气可变气门正时技术。

### 任务描述

**任务内容**

一辆装载 EA888 发动机的汽车怠速时发出"哒哒"的响声，需要进行进一步检查。

**实施条件**

1. 四套常用维修工具。
2. EA888 型轿车。
3. EA888 型轿车维修手册。

## 相关知识

### 一、进气可变气门正时技术的作用

EA888 发动机采用进气可变气门正时技术，能有效提高进、排气效率，主要通过位于进气凸轮轴的叶片式调节器来实现气门正时可变。

### 二、进气可变气门正时技术的组成

#### 1. 叶片式调节器

用来调节进气凸轮轴的叶片式调节器被直接安装在进气凸轮轴上，根据发动机控制单元的信号调节进气凸轮轴。叶片式调节器由液压操控，并且通过控制外壳与发动机的机油系统连接。在排气凸轮轴上没有叶片式调节器，因此无法进行排气凸轮轴调节。

叶片式调节器由外壳体、内部叶片转子，以及位于叶片转子内部的锁销组成。外壳体与外部的正时齿轮固定，由曲轴带动。而内部的叶片则直接与进气凸轮轴固定，并与之一同旋转。进气可变气门正时技术如图 3-42 所示。

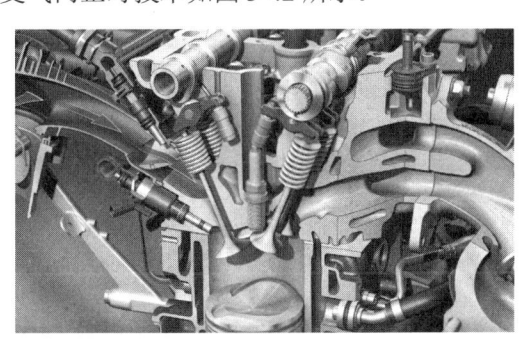

图 3-42 进气可变气门正时技术

#### 2. 控制外壳

通向叶片式调节器的机油通道都位于安装在气缸盖上的控制外壳内。

#### 3. 控制电磁阀

安装在控制外壳内的电磁阀，根据发动机控制单元的信号将机油压力传导至叶片式调节器。

#### 4. 正时调节阀

进气凸轮轴正时调节阀（N205）控制进气凸轮轴。

进气可变气门正时系统对正时气门的控制是通过发动机控制单元实现的。调节凸轮轴时，系统发动机转速、发动机负载和发动机温度，以及曲轴和凸轮轴位置的信息，由

发动机控制单元驱动进气凸轮轴正时调节阀，打开控制外壳中的机油通道，机油流经控制外壳和凸轮轴，流入叶片式调节器，叶片式调节器旋转并根据发动机控制单元的要求调节凸轮轴。在整个发动机转速范围内，进气凸轮轴都由发动机控制单元调节，曲轴转角最大调节值为52°。EA888发动机凸轮轴调节装置如图3-43所示。

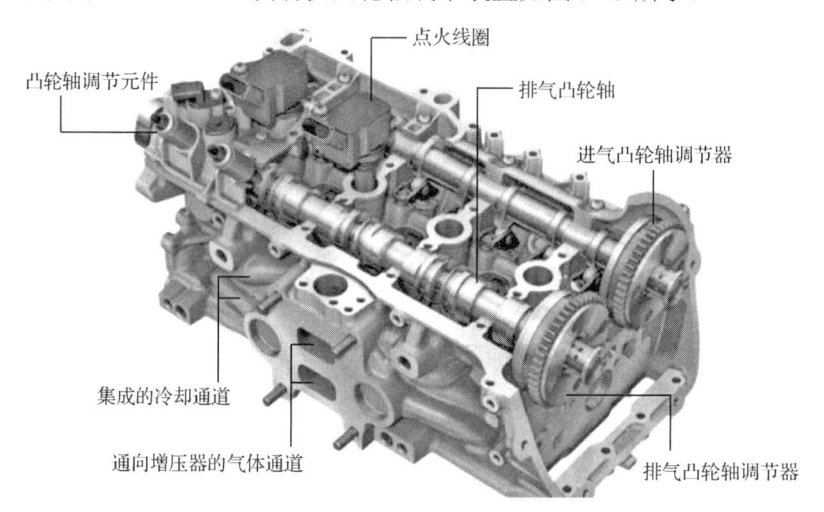

图3-43　EA888发动机凸轮轴调节装置

## 三、进气可变气门正时技术的工作原理

通过进气凸轮轴正时调节阀控制相应管道中的液压机油来驱动叶片式调节器中的叶片，进而带动凸轮轴旋转，实现气门开闭的提前或延迟，可调范围达到60°的曲轴转角。EA888发动机进气凸轮轴调节系统的工作原理如图3-44所示。

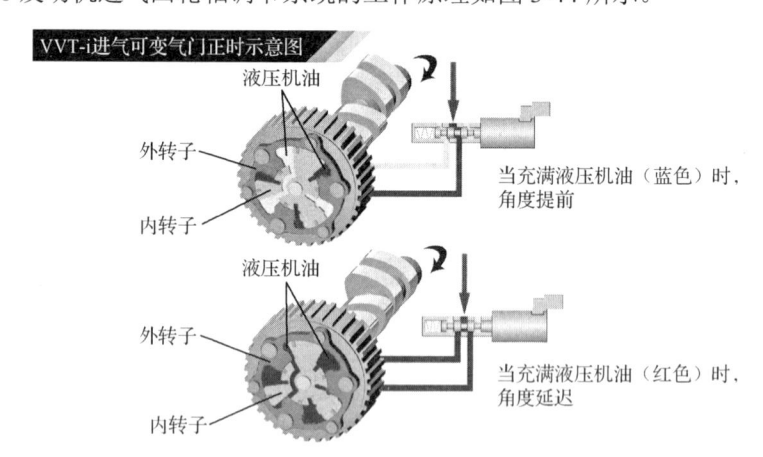

图3-44　EA888发动机进气凸轮轴调节系统的工作原理

在废气再循环和增加扭矩方面，进气凸轮轴被设置成"进气门在上止点之前打开"的位置上。调节时，发动机控制单元驱动进气凸轮轴正时调节阀，当气门被驱动时，它就控制活塞运动。在控制外壳中，正时提前的机油通道根据调节的程度被打开。处于压力状态下的发动机机油经控制外壳流入凸轮轴的环形通道中。之后，机油就经凸轮轴表面的5个孔流入叶片式调节器的5个正时提前储油室中。在那里，机油推动内转子的叶

片，内转子做相对于外转子（和曲轴）的旋转，并与凸轮轴一起旋转。最终凸轮轴沿着曲轴旋转的方向继续旋转，并且使得进气门提前打开。

当发动机怠速时或需要发动机具有很大输出功率时，进气可变气门正时系统将调节进气凸轮轴，使得进气门延迟打开，即在上止点后打开。具体的调节过程是：发动机控制单元驱动进气凸轮轴正时调节阀，该调节阀通过运动控制活塞的方式打开正时滞后的通道；机油经控制外壳流入凸轮轴的环形通道中，经凸轮轴中的孔流入凸轮轴调节器固定螺栓的袋式小孔中，再经凸轮轴调节器的 5 个孔流入内转子的叶片背后的正时滞后储油室中，最后沿着凸轮轴旋转方向推动内转子和凸轮轴旋转，从而使得气门较迟打开。与此同时，正时滞后的机油通道打开，控制活塞打开正时提前通道的回油通道，以释放其中的压力。另外，沿着滞后方向的旋转对正时提前储油室施加压力，并将正时提前储油室中的机油排出去。

## 任务 3.5 理论测试

### 一、填空题

1．充气效率越高，进入气缸内的新鲜气体的量就_____，发动机发出的功率就_____。
2．四冲程发动机一个工作循环凸轮轴转_____周，各气门开闭_____次。
3．气门组包括_____、_____、_____、_____、_____及_____等。
4．气门叠开角是_____和_____之和。
5．齿形带传动气门传动组由_____、_____、_____等组成。
6．曲轴和凸轮轴常见的传动方式有_____、_____、_____三种。

### 二、判断题

1．气门的最大升程及升降过程中的运动规律是由凸轮转速决定的。（    ）
2．进气门直径通常和排气门直径相等或比排气门直径大。（    ）
3．为了安装方便，凸轮轴各主轴径的直径都做成一致的。（    ）
4．挺柱在工作时既有上下运动，又有旋转运动。（    ）
5．在任何时候，发动机同一气缸的进、排气门，都不可能同时开启。（    ）
6．四冲程六缸发动机的同名凸轮夹角为 120°。（    ）

### 三、选择题

1．气门的升程取决于（    ）。
   A．凸轮的轮廓              B．凸轮轴的转速
   C．配气相位                D．凸轮轴的安装位置
2．四冲程发动机转速为 2000r/min，同一气缸的进气门在 1min 内开闭的次数应为（    ）次。
   A．2000        B．1000        C．500        D．1500
3．进、排气门在排气行程上止点时（    ）。
   A．进气门开、排气门关      B．排气门开、进气门关
   C．进、排气门同时开启      D．进、排气门同时关闭

### 四、问答题

1. 气门为什么要早开迟闭？
2. 采用液力挺柱有哪些优点？
3. 试述气门与气门座的配合要求。

## 任务 3.6　配气机构拆装与调整实训

### 一、实训目的与要求

1. 了解配气机构的基本组成与工作原理。
2. 学会发动机气门组的拆装与调整方法。
3. 学会发动机气门传动组的拆装与调整方法。

### 二、实训内容

1. 发动机气门组的拆装与调整。
2. 发动机气门传动组的拆装与调整。

# 模块 4

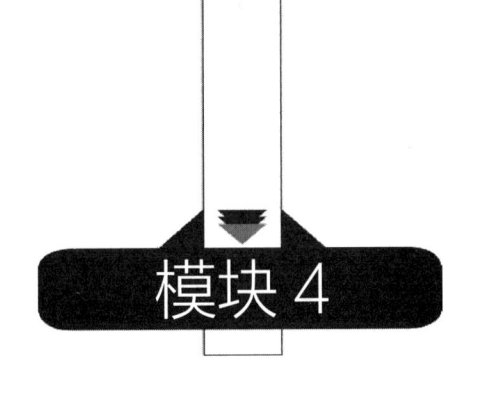

# 汽油机燃料供给系统拆装与调整

## 任务 4.1　汽油机燃料供给系统认知

### 任务目标

通过本任务的学习，掌握汽油机燃料供给系统的作用，熟悉汽油机燃料供给系统的组成。

### 任务描述

**任务内容**

一辆途观轿车的发动机耗油量大，排气管冒黑烟，运转不稳，加速无力，需要进行进一步检查。

**实施条件**

1. 四套常用维修工具。
2. EA888 型轿车。
3. EA888 型轿车维修手册。

### 相关知识

#### 一、汽油机燃料供给系统的作用

汽油机燃料供给系统的作用是：储存、输送清洁汽油，根据发动机不同工况的要求，配制一定数量和浓度的可燃混合气进入气缸燃烧，在燃烧做功后将废气净化后排入大气。

汽油机燃料供给系的作用微课二维码

#### 二、汽油机燃料供给系统的组成

汽油机燃料供给系统包括燃油供给系统、空气供给和废气排出系统，以及电子控制系统等。

燃油供给系统包括汽油箱、汽油滤清器、电动汽油泵、喷油器和油管等。空气供给和废气排出系统包括空气滤清器、进气管、进气歧管、排气歧管、排气管和排气消声器

汽油机燃料供给系统的组成微课二维码

等。电子控制系统主要包括传感器、电子控制单元（ECU）和执行器等。汽油机燃料供给系统的组成如图 4-1 所示。

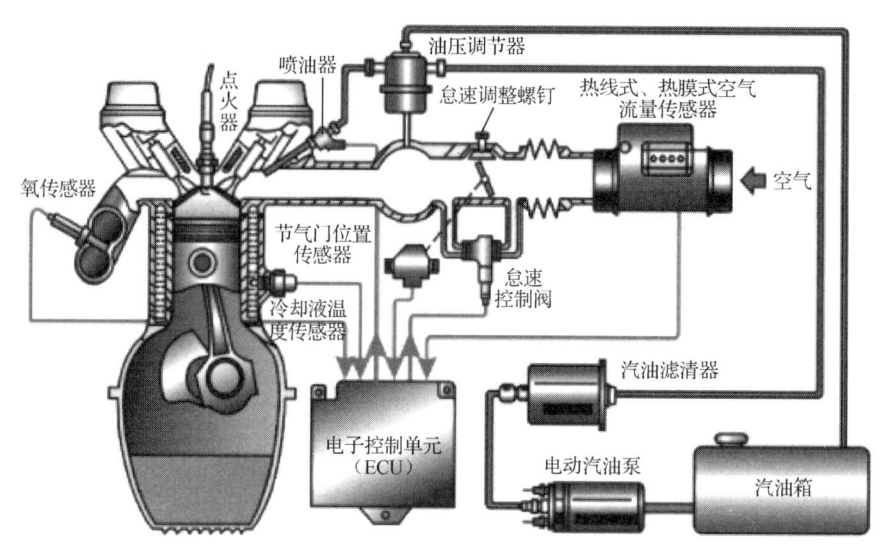

图 4-1　汽油机燃料供给系统的组成

## 三、汽油

汽油在常温下为无色至淡黄色的易流动液体，很难溶解于水，易燃，馏程为 30～205℃，空气中汽油含量为 74～123g/m³ 时遇火爆炸。汽油的热值约为 44000kJ/kg（燃料的热值是指 1kg 燃料完全燃烧后所产生的热量）。

汽油机燃料主要为汽油，也可用酒精、甲醇或液化石油气、天然气作为代用燃料。汽油可以使用蒸馏法和催化裂化法从石油中获得。现在多使用催化裂化法。石油分馏加工如图 4-2 所示。

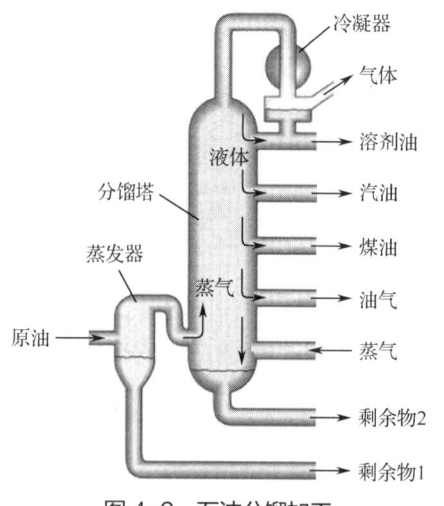

图 4-2　石油分馏加工

### 1. 汽油重要的特性

汽油重要的特性有蒸发性、抗爆性、安定性、腐蚀性和安全性。

1）蒸发性

蒸发性是指汽油在汽化器中蒸发的难易程度。它对发动机的启动、暖机、加速、气阻、燃料消耗量等有重要影响。汽油的蒸发性由馏程、蒸气压、气液比 3 个指标综合评定。

（1）馏程。馏程是指汽油馏分从初馏点到终馏点的温度范围。

（2）蒸气压。蒸气压是指在标准仪器中测定的 38℃蒸气压，是反映汽油在燃料系统中产生气阻的倾向和发动机启动难易的指标。

蒸发性过低时，发动机启动困难，各气缸分配不匀，燃烧不完全，部分油漏入曲轴箱稀释润滑油；蒸发性过高时，易形成气阻，即油管中有气泡影响发动机正常工作。

（3）汽油的气液比是指在标准仪器中，液体燃料在规定温度和大气压下，蒸气体积与液体体积之比。气液比是温度的函数，用它评定比馏程及蒸气压指标更反映气阻倾向。

2）抗爆性

抗爆性是指汽油在各种使用条件下抗爆震燃烧的能力。车用汽油的抗爆性用辛烷值表示。辛烷值越高，抗爆性越好。汽油抗爆能力的大小与化学组成有关。汽油的抗爆性对发动机的影响表现为爆燃。

爆燃是指因气体压力和温度过高，在燃烧室内离点燃中心较远处的末端可燃混合气自燃而造成的一种不正常燃烧。爆燃时，火焰以极快的速度传播，气缸中的温度、压力急剧上升，形成压力波，以声速向前推进，撞击燃烧室壁面时发出尖锐的敲缸声，会引起发动机过热、功率下降、油耗率上升。严重时会造成气门烧毁、轴瓦破裂、活塞烧顶、火花塞绝缘体击穿等现象。

压缩比越高，越易产生爆燃。牌号越高，抗爆性越好。现在常用的汽油牌号有 92 号、95 号、98 号。

3）安定性

安定性是指汽油在自然条件下，长时间放置的稳定性。安定性用胶质、诱导期及碘价表征：胶质越低越好，国家标准规定，每 100ml 汽油实际胶质不得大于 5mg；诱导期越长越好；碘价表示烯烃的含量。

4）腐蚀性

腐蚀性是指汽油在储存、运输、使用过程中对储罐、汽化器、气缸等设备产生腐蚀的特性。腐蚀性用总硫、硫醇、铜片实验和酸值表征。

5）安全性

汽油安全性的指标主要是闪点，国家标准严格规定的闪点值为≥55℃。闪点过低，说明汽油中混有轻组分，会对汽油储存、运输、使用带来安全隐患，还会导致汽车发动机无法正常工作。

### 2. 汽油的选择

（1）高压缩比的发动机选用高牌号（高辛烷值）的汽油；低压缩比的发动机选用低牌号（低辛烷值）的汽油。

（2）同一台发动机在高原上使用时可降低汽油牌号（压力低，不易爆燃）。

（3）发动机越旧，越要使用高辛烷值的汽油。

## 四、可燃混合气成分与汽油机性能的关系

### 1. 空燃比

空燃比是指可燃混合气中，空气与燃料的质量比。

### 2. 理论混合气

理论混合气是指空燃比为 14.7 的可燃混合气。

### 3. 过量空气系数（$\alpha$）

$$\alpha = \frac{燃烧1kg燃料实际供给的空气质量}{理论上完全燃烧1kg燃料时所需要的空气质量}$$

### 4. 可燃混合气成分对发动机性能的影响

试验证明，发动机的功率和油耗率都是随可燃混合气浓度的变化而变化的。可燃混合气浓度对发动机性能的影响很大。

（1）理想混合气（$\alpha=1$）。

理想混合气是指理论上能够完全燃烧的混合气，其所含的氧气正好使全部燃料燃烧完毕。

实际上不可能完全燃烧，可燃混合气的成分不可能绝对均匀地分布，并且残余废气的存在会影响火焰中心的形成和火焰的传播。

（2）稀混合气（$\alpha>1$）。

稀混合气是指实际上可以完全燃烧的混合气，其所含的氧气能保证全部燃料燃烧完毕。

经济混合气是指油耗率最低时的可燃混合气（$\alpha=1.05\sim1.15$）。

若混合气浓度过低，则动力性变差，燃烧速度减慢，释放的热量减少，热损失增加，发动机功率下降。

严重时出现进气管回火现象。

（3）浓混合气（$\alpha<1$）。

浓混合气中因汽油分子较多而使燃烧速度加快，热损失减小；发动机的平均有效压力和功率高；动力性好。

功率混合气指发动机输出功率最高时的可燃混合气（$\alpha=0.85\sim0.95$）。这种状态下空气含量不足，燃烧不完全，油耗率高，经济性差。可燃混合气过浓会造成发动机积炭、排气管放炮及冒黑烟现象。

（4）燃烧极限。

当可燃混合气太稀（$\alpha\geq1.4$）或太浓（$\alpha\leq0.4$）时，虽能点燃，但火焰无法传播，导致发动机运转不稳定，直至熄火。

可燃混合气过浓会造成发动机严重缺氧；可燃混合气过稀时燃料分子之间的距离过大。

为兼顾发动机的动力性和经济性，可燃混合气浓度$\alpha=0.88\sim1.11$时为稳定工况。

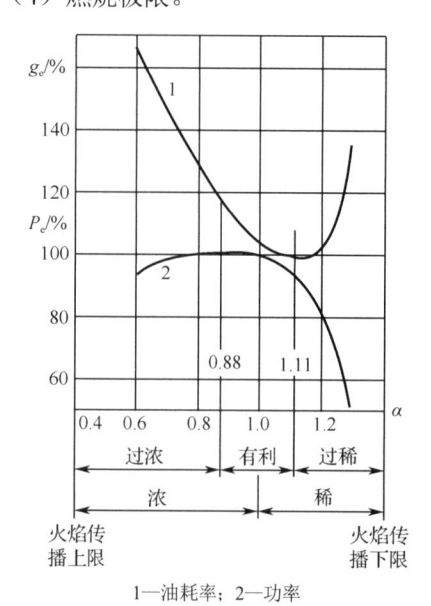

（5）可燃混合气成分对发动机性能的影响曲线图如图4-3所示。

可燃混合气成分对发动机性能的影响如表4-1所示。

$\alpha=0.4$为火焰传播上限；$\alpha=0.85\sim0.95$为功率混合气；$\alpha=1.05\sim1.15$为经济混合气；$\alpha=1.4$为火焰传播下限。

1—油耗率；2—功率

图4-3 可燃混合气成分对发动机性能的影响曲线图

表 4-1  可燃混合气成分对发动机性能的影响

| 可燃混合气 | 过量空气系数（$\alpha$） | 空燃比（A/F） | 发动机功率（$P_e$）的相对值 | 油耗率（$g_e$）的相对值 | 汽油机工作情况 |
|---|---|---|---|---|---|
| 过浓 | 0.43～0.87 | 6.3～12.8 | 减小 | 显著增大 | 燃烧不完全、排气管冒黑烟、放炮、燃烧室积炭、排放污染严重 |
| 浓 | 0.88 | 12.9 | 最大 | 增大 18% | — |
| 理想混合气 | 1 | 14.8 | 减小 2% | 增大 4% | — |
| 稀 | 1.11 | 16.3 | 减小 8% | 最小 | 加速性能变差 |
| 过稀 | 1.13 | 16.6～19.6 | 显著减小 | 显著增大 | 汽油机过热、加速性能变差、排气管有"秃噜"声 |

## 五、发动机各工况对可燃混合气的要求

发动机工况变化范围大，负荷可从 0 变化到 100%，转速可从最低稳定转速变化到最高转速。

### 1. 稳定工况对可燃混合气的要求

稳定工况对可燃混合气的要求如表 4-2 所示。

表 4-2  稳定工况对可燃混合气的要求

| 工  况 | 可燃混合气浓度 |
|---|---|
| 怠速和小负荷 | $\alpha$=0.6～0.9 |
| 中等负荷 | $\alpha$=0.9～1.1 |
| 大负荷和全负荷 | $\alpha$=0.85～0.95 |

1）怠速和小负荷

怠速和小负荷需要少而浓的可燃混合气。

（1）怠速。

怠速是指发动机在对外无功率输出的情况下以最低转速运转，此时混合气燃烧释放的功，只用于克服发动机内部的阻力。

汽油机怠速转速一般为 400～800r/min。节气门接近关闭位置，吸入的空气量少，且汽油雾化蒸发不良，并有废气的稀释。为保证这种品质不良的可燃混合气正常燃烧，应提供较浓的可燃混合气（$\alpha$=0.6～0.8）。

（2）小负荷。

发动机负荷在 25%以下时称为小负荷。

由于进入的空气量略有增加，可燃混合气的品质逐渐改善，因此可燃混合气浓度可减小至 $\alpha$=0.7～0.9。

2）中等负荷

随着节气门的开大，可燃混合气由浓变稀。

发动机大部分时间都处在中等负荷状态（节气门开度在 25%～85%）。燃料经济性

要求是首要的，要求油耗率最小，故要求可燃混合气浓度$\alpha=0.9\sim1.1$。

3）大负荷和全负荷

发动机负荷在 85% 以上时称为大负荷；发动机负荷为 100% 时称为全负荷。

（1）大负荷：从以满足经济性要求为主逐渐转到以满足动力性要求为主。

（2）全负荷：功率混合气（上坡）。

此时应以动力性为前提，要求发出最高功率，故要求可燃混合气浓度$\alpha=0.85\sim0.95$。

### 2. 过渡工况对可燃混合气的要求

过渡工况对可燃混合气的要求如表 4-3 所示。

表 4-3　过渡工况对可燃混合气的要求

| 工况 | 可燃混合气浓度 |
| --- | --- |
| 冷启动 | 极浓$\alpha=0.2\sim0.6$ |
| 暖机 | $\alpha$随温度升高 |
| 加速 | 及时加浓 |

1）冷启动工况（$\alpha=0.2\sim0.6$）

冷启动时，可燃混合气得不到足够预热，汽油蒸发困难；发动机曲轴转速低，可燃混合气中的油粒会因为与冷金属接触而凝结在进气管壁上，不能随气流进入气缸，使气缸内的可燃混合气过稀，无法引燃。要求供给极浓的可燃混合气进行补偿，以保证发动机得以启动。

2）暖机工况

发动机冷启动后，各气缸开始依次点火而自行继续运转，使发动机的温度逐渐升高到正常值，发动机能稳定地进行怠速运转。在此期间，可燃混合气的浓度随温度升高而减小。

3）加速工况

加速工况是指负荷突然迅速增加的过程。

当驾驶员猛踩踏板时，节气门开度突然加大，汽油供油量也有所增大。但瞬时汽油流量的增加比空气的增加要少得多；另外，进气管内压力骤然升高，冷空气来不及预热，使进气管内温度降低，不利于汽油的蒸发，造成可燃混合气过稀，需强制多供油。

## 六、喷射式燃油供给方式

汽油喷射是指用喷油器将一定数量和压力的汽油直接喷射到气缸或进气歧管中，与进入的空气混合而形成可燃混合气。

ECU 不断接收来自多个传感器的信号，确定发动机所处的工况和当时的进气量，确定空燃比；根据进气量和空燃比计算所需的喷油量，进而控制喷油器的喷油脉宽，实现对喷油量的控制。

汽油喷射的优点如下。

（1）没有狭窄的喉管，阻力小，充气系数大，可提高发动机功率 15%～20%。

（2）每个气缸的进气口处都配置喷油器（多点喷射），可燃混合气分配均匀。

（3）能根据发动机的使用条件和不同工况精确配制最佳的可燃混合气成分，提高发动机动力性及经济性，可节约燃料 5%～10%。

（4）具有良好的启动性能，怠速平稳，加速性能好。

EA888 发动机采用混合喷射技术，即发动机同时采用缸内直喷与歧管喷射相结合的技术。EA888 发动机混合喷射如图 4-4 所示。

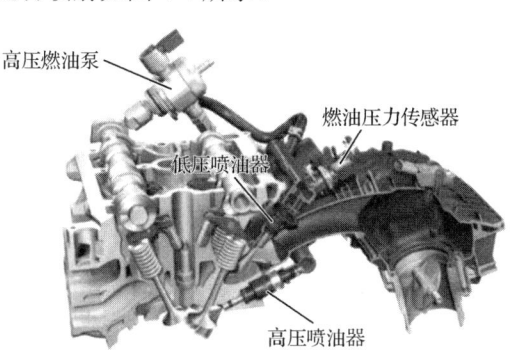

图 4-4　EA888 发动机混合喷射

## 任务 4.2　燃油供给系统拆装与调整

### 任务目标

通过本任务的学习，掌握电控燃油喷射系统的作用，熟悉燃油供给系统的组成。

### 任务描述

**任务内容**

一辆装载 EA888 发动机的轿车，踩下加速踏板后发动机转速不能马上升高，加速迟缓，加速过程中发动机转速有轻微的波动，有时出现回火，排气管放炮，需要进行进一步检查。

**实施条件**

1. 四套常用维修工具。
2. EA888 型轿车。
3. EA888 型轿车维修手册。

### 相关知识

### 一、电控燃油喷射系统的作用

电控燃油喷射系统的作用是精确控制燃油喷射量、喷射时间和喷射压力，使喷入气缸内的燃油达到最佳效果，达到动力性、经济性排放的最佳效果。

电控燃油喷射系统的优点如下。

（1）提高了发动机动力性、经济性和排气排放物排放性能。

（2）空燃比反馈控制，降低了排放量。

（3）燃油直接喷入进气道，各气缸的可燃混合气分配均匀。

（4）点火提前角可以实现精确控制，使可燃混合气燃烧更加充分，满足发动机各种负荷的要求。

（5）具有故障自诊断功能、良好的用户界面，便于用户检查维修。其中，电控燃油喷射系统的应用使发动机精确灵活的控制成为可能，使直喷式汽油机的梦想得以实现，并达到了稀薄燃烧，大大提升了燃烧效率，提高了发动机的燃油经济性，改善了排放性能，同时对冷启动性能、加速性能、过渡工况的平稳性能都有较大的改善。汽油喷射、点火控制和怠速控制组合起来，发展成为现今广为应用的发动机集中控制系统。

## 二、电控燃油喷射系统的类型

### 1. 按喷油器的数目分类

1）单点喷射（SPI）

单点喷射就是只有一个或两个喷油器喷射燃油，喷油器在节气门之前喷射燃油，先与空气混合，再通过进气歧管分配到各气缸。

这种喷射方式的优点是结构简单，工作稳定可靠，维护简单，而且喷油器设置在节气门上方，直接向气流速度很快的进气歧管中喷射，由于燃油喷射位置压力较低，所以喷射只需要较低的压力就可以完成喷射，对电控燃油泵的要求较低，节省了成本。但是单点喷射容易让燃油在进气歧管中形成油膜，其燃油传送效率要比多点喷射低。单点喷射如图4-5所示。

2）多点喷射（MPI）

每个气缸有一个喷油器。喷油器在ECU的控制下形成多点喷射，在发动机进气口位置喷射燃油，而且每个气缸的喷油量由计算机控制和调节，控制更精准。多点喷射同时避开了因进气歧管形状带来的影响，发动机燃烧效率更高，是目前主流喷射方式。多点喷射的缺点是技术要求高，研发制造成本高，后期维护也比单点喷射复杂。多点喷射如图4-6所示。

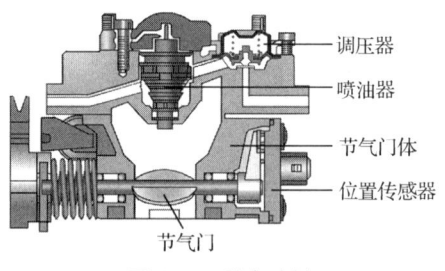

图4-5 单点喷射

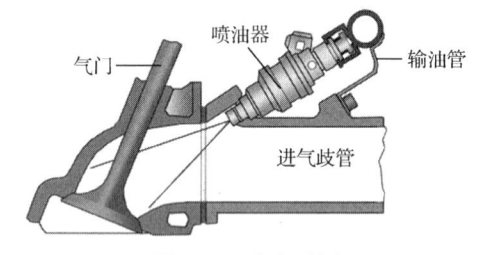

图4-6 多点喷射

### 2. 按燃油喷射位置分类

1）缸内喷射（GDI）

缸内喷射是指将燃油直接喷入气缸内，需较高的喷射压力（3MPa～5MPa）。

单点喷射和多点喷射的喷油器都是装配在气缸外的，而气缸内直喷的喷油器是安装在气缸内的，位置靠近进气门。空气通过进气歧管进入气缸，喷油器喷射的雾化燃油与空气混合形成油气，再由火花塞点燃。由于气缸内直喷的燃油是直接喷射在气缸内与空气混合的，油耗相对较低，升功率大。另外，由于喷油器在气缸内的高压环境中工作，所以需要更高的燃油喷射压力，燃油的雾化效果比缸外喷射更好，燃烧更加充分。缸内喷射的缺点是造价成本高，气缸内容易产生积炭。缸内喷射如图4-7所示。

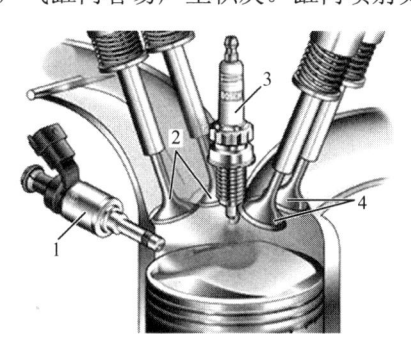

1—喷油器；2—进气门；3—火花塞；4—排气门

图 4-7 缸内喷射

2）缸外喷射

将燃油喷入进气歧管或节气门前，喷油压力不高（0.20MPa～0.35MPa），缸外喷射结构简单，成本低，应用广泛。

### 3. 按燃油喷射方式分类

1）连续喷射

喷油器在发动机运转时不断喷油，燃油喷射的时间占全循环的时间，而喷油量的控制是通过改变供油压力来完成的。连续喷射仅限于进气管喷射的情况。

2）间歇喷射

间歇喷射也称为脉冲喷射。间歇喷射按喷射顺序分类，分为同时喷射、分组喷射和顺序喷射。

（1）同时喷射。

所有的喷油器并联，ECU 根据曲轴位置传感器输入的基准信号，输出喷油器控制信号，控制功率三极管的导通和截止。所有的喷油器同时喷射，同时停止喷射。同时喷射如图4-8所示。

同时喷射的控制电路简单，但是各气缸对应的喷射时间不可能最佳，致使各气缸的可燃混合气成分略有不同。

（2）分组喷射。

喷油器根据气缸总数的多少分为2～4组（一般四缸发动机分2组，六缸发动机分2组或3组，八缸发动机分4组）。同一组喷油器采用同时喷射方式，不同组喷油器进行交替喷射。每个工作循环每组喷射一次或二次。分组喷射如图4-9所示。

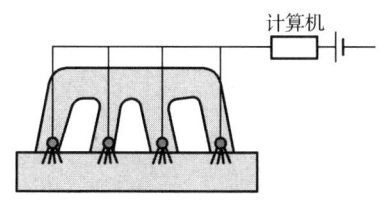

图 4-8 同时喷射

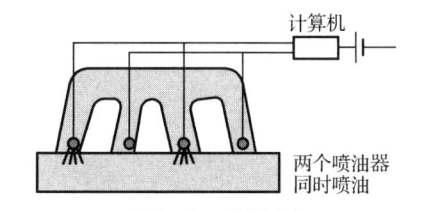

图 4-9 分组喷射

（3）顺序喷射。

在发动机的一个工作循环内，各喷油器按照发动机的工作顺序，依次在本气缸排气行程上止点前喷油一次。顺序喷射方式控制精度高，各气缸的可燃混合气均匀性好，提高了发动机的动力性、经济性及排放净化程度。顺序喷射如图4-10所示。

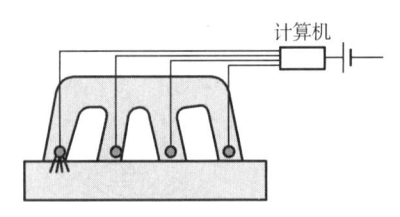

图 4-10　顺序喷射

### 4. 按进气量的计量方式分类

1）间接测量型

间接测量型喷射系统也称为 D 型喷射系统或压力型喷射系统，是歧管压力计量式电控燃油喷射系统。间接测量型喷射系统如图 4-11 所示。

图 4-11　间接测量型喷射系统

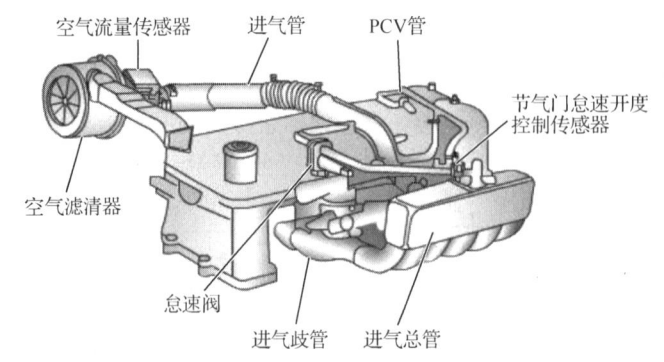

2）直接测量型

直接测量型喷射系统也称为 L 型喷射系统或流量型喷射系统，直接测量进入进气歧管的空气量，如图 4-12 所示。

图 4-12　直接测量型喷射系统

### 5. 按燃油喷射压力分类

1）高压燃油喷射

高压燃油喷射是指燃油压力高于进气管压力 200kPa 以上的燃油喷射，其主要应用于多点喷射系统中。

2）低压燃油喷射

低压燃油喷射是指燃油压力低于进气管压力 200kPa 以下的燃油喷射，其主要应用于单点喷射系统中。

## 三、燃油供给系统的组成

燃油供给系统主要由汽油箱、电动汽油泵、汽油滤清器、燃油分配管、燃油压力调节器、喷油器等组成。

### 1. 汽油箱

1）作用

汽油箱的作用是储存汽油，其数目、容量、外形及安装位置都随车型而异，一般汽油箱的容量可供汽车行驶 300～600km。

2）结构

汽油箱主要由箱体、汽油箱盖、油面指示传感器、汽油箱支架、放油螺塞等组成，通常布置在远离发动机的车架一侧或者车身后部，以减少火灾发生的危险，同时为改善汽车行驶的稳定性，其安装位置一般较低。普通汽油箱用薄钢板冲压件焊接而成。汽油箱盖用来防止汽油的溅出及减少汽油蒸气挥发，汽油箱盖通常设计成爪形，用由波纹铜板弹簧压紧的橡胶垫片夹紧汽油箱开口的四周，保证密封，有些盖上还设计了锁止装置，防止脱落或丢失。

为保证汽油箱内气压平衡，在汽油箱盖上设计了空气阀和蒸气阀。空气阀用较软的弹簧压住，当汽油箱内油面下降，压力低于某一数值时，空气阀打开，使空气进入汽油箱，确保汽油箱内不产生真空，避免受到内外空气压力差的作用而损坏。蒸气阀用较硬的弹簧压住，仅在汽油箱内温度过高，压力超过规定值时才开启，因此有利于减少汽油箱内汽油蒸气挥发。

汽油表传感器装于汽油箱内，其与油面浮子联动的滑线变阻器、浮子构成一个小总成，并与汽油表连接用于指示汽油箱内的汽油量。现代轿车汽油箱通常由耐油硬塑料制成。汽油箱如图 4-13 所示。

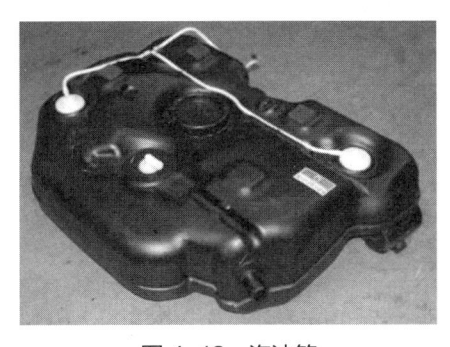

图 4-13 汽油箱

## 2. 电动汽油泵

### 1）作用

汽油泵的作用是将汽油从汽油箱中吸出，并经管路和汽油滤清器压送到燃油分配管或喷油器。正是由于有了汽油泵，汽油箱才能安放到远离发动机的汽车尾部，并低于发动机。

汽油喷射式发动机用的电动汽油泵的主要安装形式有安装在供油管路中和安装在汽油箱中两种。安装在供油管路中的电动汽油泵，不需要专门设计汽油箱，安装拆卸方便，但汽油泵吸油段长，易产生气阻，工作噪声也较大。此外，要求汽油泵绝对不能泄漏，目前的新型车辆上已较少使用这种形式。安装在汽油箱中的电动汽油泵的燃油管路简单，噪声小，燃油泄漏要求不高，是当前主要趋势。

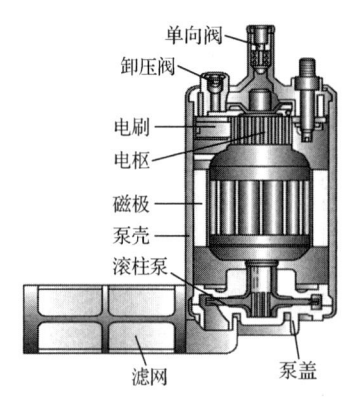

### 2）滚柱式电动汽油泵

滚柱式电动汽油泵主要由油泵电机、滚柱泵、单向阀、卸压阀、泵壳、泵盖、滤网、阻尼减振器等组成。滚柱式电动汽油泵的结构如图4-14所示。

装有滚柱的转子与泵体间偏心安装。转子凹槽内的滚柱在旋转惯性力的作用下紧紧地压在泵体内表面上。相邻的两个滚柱与泵体内表面形成一个油腔。在转子转动过程中，油腔的容积不断变化。转向进油腔时，容积增大，吸入汽油；转向出油腔时，容积减小，压力升高并泵出汽油。滚柱式电动汽油泵的工作原理如图4-15所示。

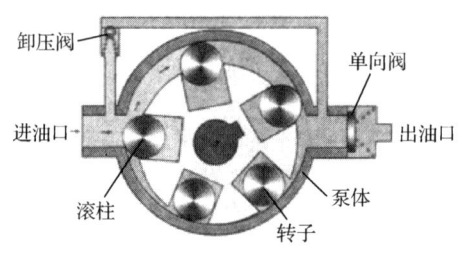

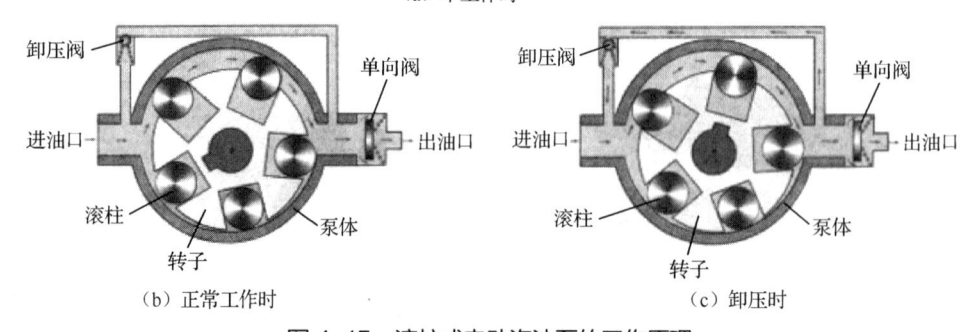

图4-14 滚柱式电动汽油泵的结构

图4-15 滚柱式电动汽油泵的工作原理
（a）不工作时　（b）正常工作时　（c）卸压时

由于滚柱泵工作过程中的非连续性，在油路中的油压有波动，因此在汽油泵出油端还装有阻尼减振器。阻尼减振器利用由膜片和弹簧组成的缓冲系统吸收汽油的压力波，减小压力波动和噪声，提高喷油的控制精度。

3）叶片式电动汽油泵

叶片式电动汽油泵分为单作用叶片泵和双作用叶片泵。单作用叶片泵的转子转一转，完成一次吸油和压油。如果完成两次吸油和压油，就称为双作用叶片泵。

叶片泵是转子槽内的叶片与泵壳（定子环）相接触，将吸入的液体由进油侧压向排油侧的泵。油泵壳体与转子是偏心安装的，进油口在偏心的一端，出油口在另一端。当转子旋转时，叶片被甩出，紧贴壳体内腔形成密封空腔。0°~90°这一段，叶片隔出的空腔在增大，形成负压，油被吸进。再转90°，接近偏心的另一端，叶片隔出的空腔在变小，压力升高。单作用叶片泵如果偏心距可调，则为输出压力可调叶片泵。叶片式电动汽油泵如图4-16所示。

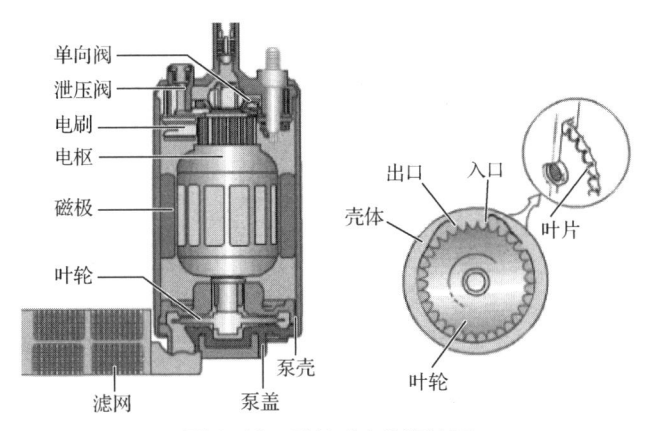

图4-16 叶片式电动汽油泵

## 3. 汽油滤清器

1）作用

汽油滤清器的作用是除去汽油中的水分和杂质，防止燃油系统堵塞，减少机件磨损，确保发动机稳定工作，提高可靠性。电喷式发动机的汽油滤清器位于输油泵的出口一侧，工作压力较高，通常采用金属外壳。

2）结构

汽油滤清器的滤芯多采用滤纸，也有的采用尼龙布、高分子材料。它们的主要作用是滤除汽油中的杂质。汽油滤清器的结构简单，由一个铝壳和一个不锈钢的支架组成，在支架上装有高效滤纸片，滤纸片呈菊花形，以增大流通面积。

3）工作原理

发动机工作时，燃油在汽油泵的作用下，经过进油管进入滤清器的沉淀杯中。由于此时容积变大，流速变慢，比油重的水及杂质颗粒便沉淀于沉淀杯的底部，轻的杂质随燃油流向滤芯，而清洁的燃油从滤芯的微孔渗入滤芯的内部，经油管流出。

滤芯有多孔陶瓷滤芯和纸质滤芯的两种。纸质滤芯由经树脂处理过的微孔滤纸制成，滤清效率高，成本低廉，更换方便，因此得到了广泛应用。

## 4. 燃油分配管

燃油分配管的主要功能是保证提供足够的燃油流量并均匀地分配给各气缸的喷油器，同时实现各喷油器的安装和连接。另外，它还可能对燃油压力脉动、燃油高温汽化等产生影响。

燃油分配管一般用铝合金制成圆形管状或方形管状。燃油分配管与喷油器连接处制有小孔，以便将燃油分配到各喷油器。燃油分配管如图4-17所示。

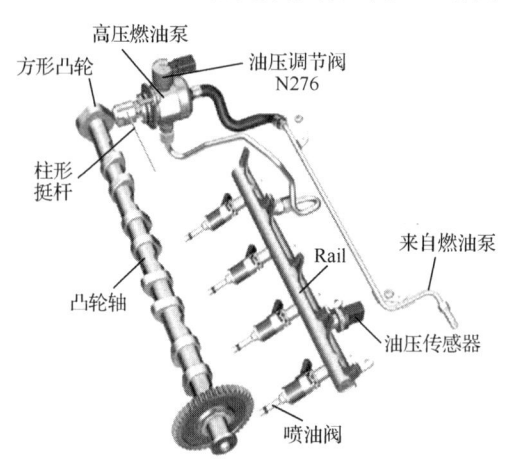

图 4-17　燃油分配管

脉动阻尼器衰减喷油器喷油时引起的燃油压力脉动，使燃油系统压力保持恒定。

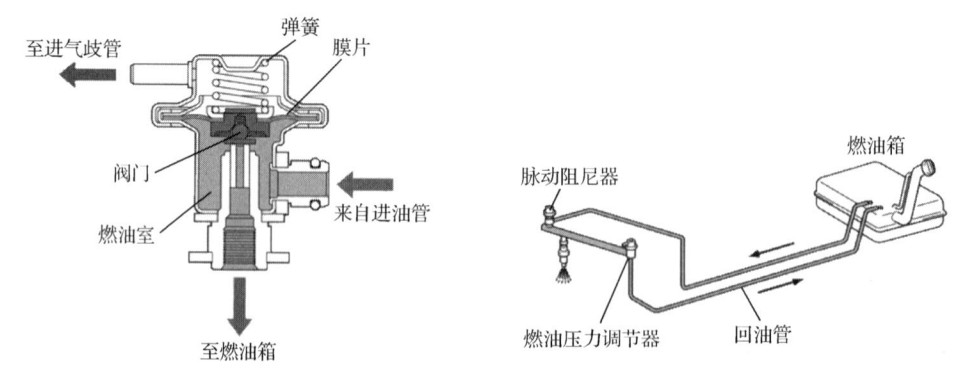

## 5. 燃油压力调节器

燃油压力调节器用于调节燃油压力，使输油管内燃油压力与进气管内气体压力的差值保持恒定，使喷油器喷油量仅与喷油时间有关。燃油压力调节器主要由上壳体、下壳体、膜片、弹簧、进油管、回油管、真空管、阀门等组成。燃油压力调节器如图4-18所示。

图 4-18　燃油压力调节器

当转速不变时，节气门开度增大，进气歧管真空度减小，回油量减少，出油量增多；当节气门开度不变时，转速增加，进气歧管真空度增大，回油量增多，出油量减少。

### 6. 喷油器

1）作用

喷油器是一种加工精度非常高的精密器件，要求其动态流量范围大，抗堵塞和抗污染能力强，以及雾化性能好。喷油器接收 ECU 发送的喷油脉冲信号，精确地控制燃油喷射量。

2）组成

在 ECU 的控制下，喷油器在恒定压力下定时、定量地喷油并使之雾化。喷油器由壳体、绕组、针阀、回位弹簧、喷嘴等组成。EA888 发动机喷油器如图 4-19 所示。

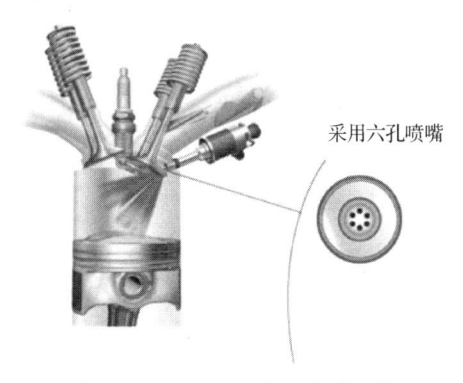

图 4-19　EA888 发动机喷油器

3）分类

（1）按喷油器的结构分，喷油器可分为孔式喷油器和轴针式喷油器。

（2）按喷油器的驱动方式分，喷油器可分为电流驱动式喷油器和电压驱动式喷油器。

（3）按喷油器线圈的电阻值分，喷油器可分为高阻（电阻值为 13～16Ω）喷油器和低阻（电阻值为 2～3Ω）喷油器，如图 4-20 所示。

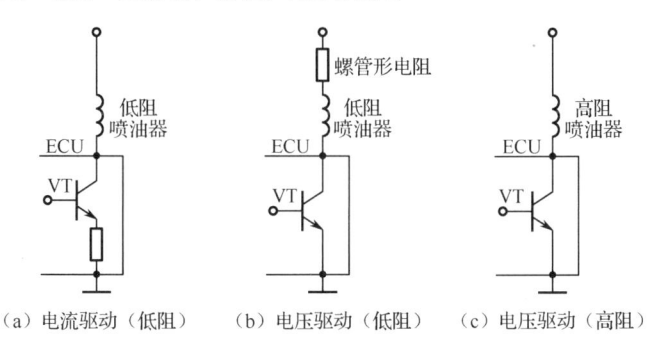

（a）电流驱动（低阻）　（b）电压驱动（低阻）　（c）电压驱动（高阻）

图 4-20　喷油器驱动方式

4）安装位置

单点喷射的喷油器安装在节气门体空气入口处；多点喷射的喷油器安装在各气缸进气歧管或气缸盖上的各气缸进气道处。

5）工作原理

喷油器一端为进油口，与燃油分配管连接；另一端为喷油口，插入进气歧管中，两端分别用 O 形密封圈密封。当电磁线圈通电时，便产生吸力，将衔铁和针阀吸起，打开

喷孔，燃油经针阀头部的轴针与喷孔之间的环形间隙高速喷出，并被粉碎成雾状；当电磁线圈不通电时，磁力消失，弹簧将衔铁和针阀下压，关闭喷孔，停止喷油。

### 7. 燃油蒸发控制系统

1）作用

燃油蒸发控制系统（EVAP）的作用是收集燃油箱内蒸发的燃油蒸气，导入气缸参加燃烧，防止燃油蒸气直接排入大气而造成污染。

为了控制燃油箱逸出的燃油蒸气，采用活性炭罐。采用燃油蒸气的控制可减少大气中的 HC 和节约燃料。活性炭罐在汽车上的位置如图 4-21 所示。

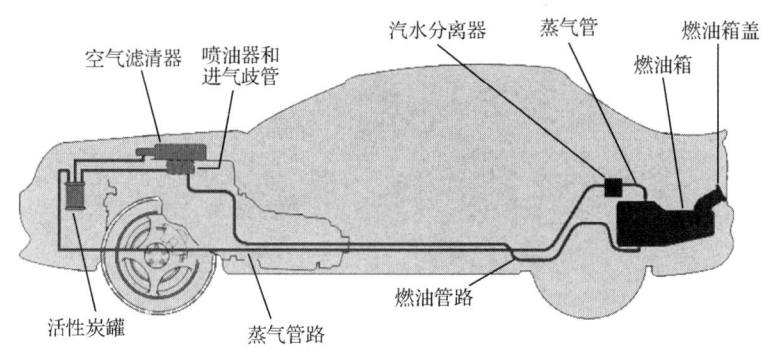

图 4-21 活性炭罐在汽车上的位置

2）控制方式

将燃油蒸气收集和储存在活性炭罐内，在发动机工作时再将其送入气缸烧掉。工作顺序为 ECU→清污电磁阀→真空→真空控制阀→进气歧管吸入燃油蒸气。

3）工作过程

发动机停机后，燃油蒸气进入活性炭罐，被活性炭吸附。发动机启动后，新鲜空气自活性炭罐底部向上流过活性炭罐，与吸附在活性炭表面的燃油蒸气一起，经限流孔和燃油蒸气管进入进气歧管。

## 四、燃油供给系统的检测

### 1. 供油压力检测和调节压力检测

用如图 4-22 所示的方式接好压力表。

图 4-22 压力表的连接

## 2. 保压检测

关闭点火开关，10min 后，压力值不应低于 2.0bar，然后夹紧回油管，如图 4-23 所示。

图 4-23　保压检测

## 3. 供油量的检测

拔下油管，放入油杯中，打开点火开关，30s 内供油量应为 1000ml。

## 4. 用测电笔测量二极管

拔下喷油器插头，将测电笔接在端子上，短暂启动发动机，测电笔应闪光，如图 4-24 所示。

图 4-24　用测电笔测量二极管

## 5. 检查喷油器

短暂启动发动机，测量喷油器供电电压，其应大于 9V（高阻抗），否则检查燃油继电器，如图 4-25 所示。

图 4-25　检查喷油器

## 6. 电动汽油泵的检修

1）电动汽油泵工作情况的检查

首先用一根跨接线将故障检测插座上的两个检测插孔短接，然后打开点火开关（不要启动发动机）。这时从汽油箱处应能听到电动汽油泵的运转声音。如果听不清运转的声音，用手捏住进油软管应能感到有输油压力，否则表明电动汽油泵不工作，应检查电动汽油泵电源熔丝、继电器和控制线路有无故障。如果都正常，应拆检电动汽油泵。

（1）用专用导线将诊断座上的电动汽油泵测试端子跨接到12V电源上。

（2）将点火开关转至"ON"位置，但不要启动发动机。

（3）旋开汽油箱盖能听到电动汽油泵工作的声音，或用手捏进油软管应感觉有压力。

（4）如果听不到电动汽油泵的工作声音或进油软管无压力，应检修或更换电动汽油泵。

（5）如果出现电动汽油泵不工作故障，且上述检查正常，应检查电动汽油泵电路导线、继电器、易熔线和熔丝有无断路。

2）检测电动汽油泵的电阻

用万用表电阻挡测量电动汽油泵上两个接线端子的电阻（线圈），其阻值应为 $2\sim3\Omega$（$20\sim40\,\text{℃}$），否则，应更换电动汽油泵。

3）电动汽油泵压力和保持压力的测量

蓄电池电压应在12V以上，拆下蓄电池负极电缆，释放燃油供给系统的油压，接上油压表。在重新接上蓄电池负极电缆之后，用跨接线将电动汽油泵的两个检测孔短接，打开点火开关，让电动汽油泵工作，并读取油压表的油压，其值应符合规定，若高于规定值，则应更换燃油压力调节器；若低于规定值，则应检查输油软管和连接处有无漏油，以及检查汽油泵、汽油滤清器和燃油压力调节器是否正常等。

## 7. 喷油器的检修

1）喷油器保养的基本工艺规范要求

（1）保养作业前，应先用专用解码仪读取故障代码，特别要排除转速传感器、油泵继电器及喷油器熔丝的故障。

（2）从分配管上拆下喷油器前，先将系统卸压。

（3）用万用表测量线圈电阻，应符合技术要求，否则应更换同型号的新喷油器。

（4）喷油器的清洗作业应在专用清洗机上进行。

（5）喷油器雾化性能、喷油量应在专用仪器上进行检查，对雾化不良、喷油量超标、密封不良、喷油特性不正确的喷油器，应更换同型号的新喷油器。

（6）装复喷油器时，应更换喷油器上的O形密封圈。

2）注意事项

（1）拔下喷油器线束连接器前，先关闭点火开关；拆下喷油器前，先将系统卸压。

（2）喷油器通电试验前，一定要分清喷油器是高阻喷油器还是低阻喷油器。高阻喷油器可直接用12V电源进行性能试验，低阻喷油器需要使用专用连接器与12V电源连接，若使用普通导线，则需要在电路中串联一个 $8\sim10\Omega$ 的电阻，防止电流过大烧毁喷油器线圈。

## 任务 4.3　空气供给和废气排出系统拆装与调整

### 任务目标

通过本任务的学习，掌握空气供给和废气排出系统的作用，熟悉空气供给和废气排出系统的组成。

### 任务描述

**任务内容**

一辆途观轿车在行驶 10000km 后，在行驶中消声器出现放炮现象，需要进行进一步检查。

**实施条件**

1. 四套常用维修工具。
2. EA888 型轿车。
3. EA888 型轿车维修手册。

### 相关知识

#### 一、空气供给和废气排出系统的作用

空气供给和废气排出系统的作用是根据发动机各工况的不同要求，供给发动机一定数量的新鲜空气，与汽油形成可燃混合气进入气缸，并把发动机燃烧做功后产生的废气经过一定处理后排到大气中。

#### 二、空气供给系统

##### 1. 空气供给系统的作用

空气供给系统的作用是为发动机可燃混合气的形成提供必要的空气，并测量和控制空气量。

空气供给系统微课二维码

##### 2. 空气供给系统的组成

空气供给系统主要由空气滤清器、空气流量传感器、进气歧管绝对压力传感器、节气门、进气管等组成。EA888 发动机空气供给系统如图 4-26 所示。

##### 3. 空气滤清器

空气滤清器将悬浮在空气中的灰尘、沙粒等杂质过滤掉，防止它们进入发动机，给发动机提供清洁并且足量的空气，以减少气缸、活塞和活塞环的磨损。空气滤清器分为油浴式空气滤清器、纸质滤芯空气滤清器、双级式空气滤清器、带恒温进气装置的空气滤清器。

滤芯是用经树脂处理的微孔滤纸制成的。滤芯呈波折状，具有较大的过滤面积。滤芯的上、下两端有塑料密封圈，以保证滤芯两端的密封。发动机工作时，空气由空气滤

清器盖与外壳之间的空隙进入，经纸质滤芯被滤清后，通过外壳下端的进气口接管通往进气管。空气滤清器如图 4-27 所示。

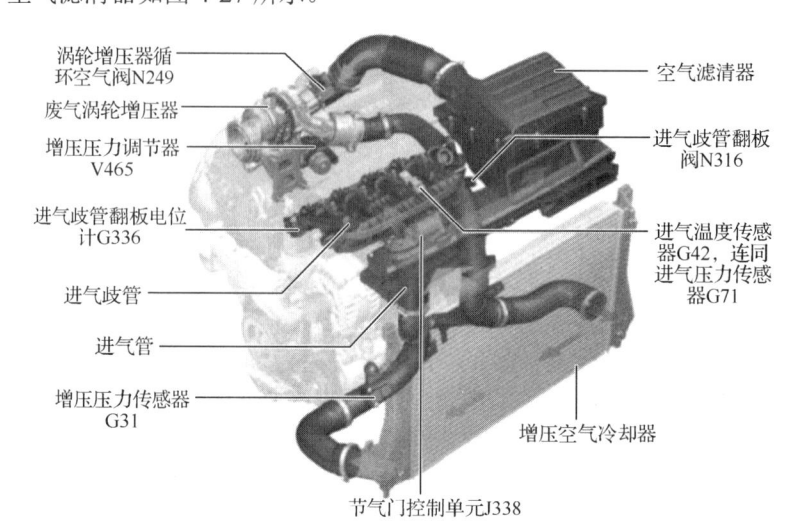

图 4-26　EA888 发动机空气供给系统

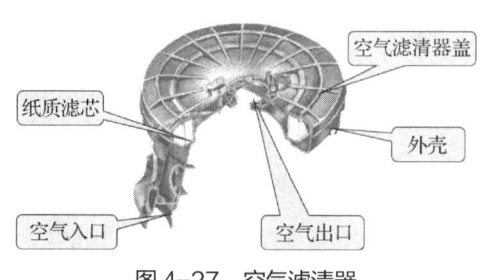

图 4-27　空气滤清器

空气滤清器对汽车发动机的使用寿命有极大的影响。一方面，如果没有空气滤清器的过滤作用，发动机就会吸入大量含有尘埃、颗粒的空气，导致发动机气缸磨损严重；另一方面，如果在使用过程中，长时间不进行维护保养，空气滤清器的滤芯就会粘满空气中的灰尘，不但使过滤能力下降，而且还会妨碍空气的流通，导致混合气过浓而使发动机工作不正常。因此，按期维护保养空气滤清器是至关重要的。

干式纸质滤芯空气滤清器的效果与滤纸的筛孔大小有关；寿命取决于纸面大小及空气本身的清洁程度，一般可连续使用 10000～50000km。纸质滤芯不能清洁，可用压缩空气吹去积灰，严重沾污时必须更换。干式纸质滤芯空气滤清器质量小、结构简单、安装及保养容易、滤清效率高，但对油类的污染十分敏感。

### 4. 空气流量传感器

空气流量传感器也称为空气流量计，是电喷发动机的重要传感器之一。它将吸入的空气流量转换成电信号送至 ECU，作为决定喷油的基本信号之一，是测定吸入发动机的空气流量的传感器。

根据空气流量传感器特征的不同，将燃油控制系统按进气量的计量方式分为直接测量进气量的 L 型控制与间接测量进气量的 D 型控制（根据进气歧管负压与发动机的转速间接测量进气量）。D 型控制方式中微型计算机的 ROM 内，预先储存着以发动机转速和进气管内的压力为参数的各种状态下的进气量，微型计算机根据所测的各运转状态下的进气压力与转速，参照 ROM 所记忆的进气量，可以算出燃油量。L 型控制所用的空气流量传感器能适应汽车的苛刻环境，及时响应踩踏加速踏板时出现流量急剧变化的响应要求，以及因传感器前后进气歧管形状引起的不均匀气流时的高精度检测要求。

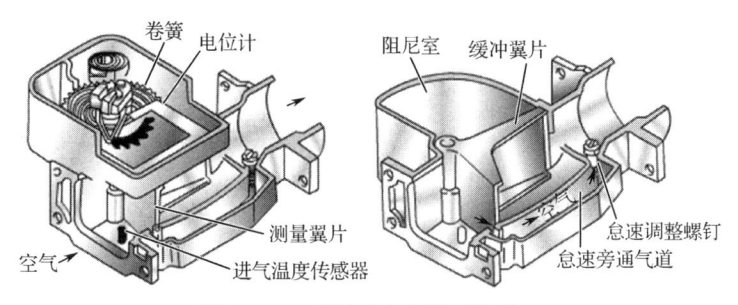

1）翼片式空气流量传感器

翼片式空气流量传感器装在汽油机上，安装于空气滤清器与节气门之间，其功能是检测发动机的进气量，并把检测结果转换成电信号，再输入微型计算机中。

翼片式空气流量传感器的主要装置有测量翼片、缓冲翼片、回位弹簧（卷簧）、电位计、怠速旁通气道，此外还包括怠速调整螺钉、油泵开关及进气温度传感器等。翼片式空气流量传感器如图4-28所示。

图4-28 翼片式空气流量传感器

来自空气滤清器的空气通过空气流量传感器时，空气推力使测量翼片打开一个角度。当吸入空气推开测量翼片的力与弹簧变形后的回位力相平衡时，测量翼片停止转动。与测量翼片同轴转动的电位计检测出测量翼片转动的角度，将进气量转换成电压信号发送给ECU。

2）卡门旋涡式空气流量传感器

在气流中央放置一个锥体状涡流发生器。当空气流过时，在涡流发生器下游将产生有规律交错的旋涡，当流经空气通道的空气流速变化时，会影响卡门涡流旋涡的频率。卡门旋涡式空气流量传感器如图4-29所示。

3）热线式和热膜式空气流量传感器

金属电阻的阻值随着温度升高而升高，半导体电阻的阻值随着温度升高而降低。阻值随温度变化的特性称为热敏性。热线式和热膜式空气流量传感器是利用这一特性来检测空气进气量的。

（1）热线式空气流量传感器。

热线式空气流量传感器由铂丝热线、温度补偿电阻、控制电路板、金属护网等组成。热线式空气流量传感器如图4-30所示。

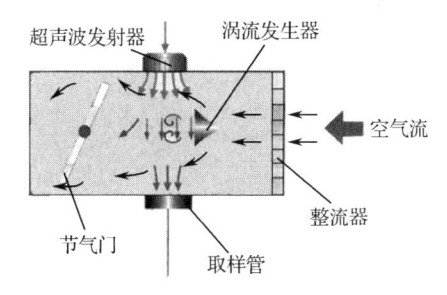

图4-29 卡门旋涡式空气流量传感器    图4-30 热线式空气流量传感器

将通电加热的铂丝置于空气流中,使铂丝温度和吸入空气温度差保持一定。铂丝成为惠斯通电桥中的一个臂。

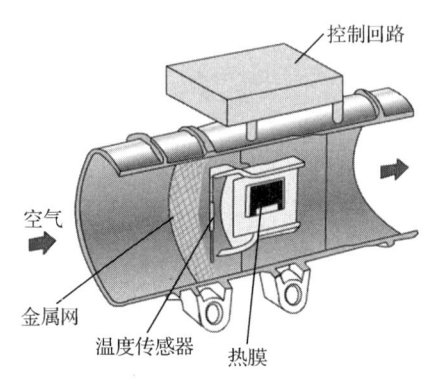

(2) 热膜式空气流量传感器。

热膜式空气流量传感器的工作原理与热线式空气流量传感器基本相同,只是把热线换成了热膜。热膜式空气流量传感器如图 4-31 所示。

图 4-31　热膜式空气流量传感器

发热体的热膜电阻、精密电阻和补偿电阻等镀在一块陶瓷片上,大大降低了成本,而且它不像铂丝那样怕沾染尘埃,在上汽大众桑塔纳 AJR 发动机,以及上汽通用别克、马自达 626 等车型的发动机上都有应用。

### 5. 进气歧管绝对压力传感器

在 D 型电控燃油喷射系统中,由进气歧管绝对压力传感器测量进气压力,并将信号发送给 ECU,作为燃油喷射和点火控制的主控制信号。进气歧管绝对压力传感器有压敏电阻式进气歧管绝对压力传感器和电容式进气歧管绝对压力传感器两种。

1) 压敏电阻式进气歧管绝对压力传感器

压敏电阻式进气歧管绝对压力传感器主要由绝对真空室、硅片和 IC 放大电路组成,如图 4-32 所示。硅片的一侧是绝对真空室,而另一侧承受进气管内的压力,在此压力作用下使硅片产生变形;由于绝对真空室的压力是固定的(绝对压力为 0),进气歧管绝对压力变化时,硅片的变形量不同;硅片是一个压力转换元件(压敏电阻),其阻值随其变形量而变化,导致硅片所处的电桥电路输出电压变化,电桥电路输出电压(很小)经 IC 放大电路放大后输送给 ECU。

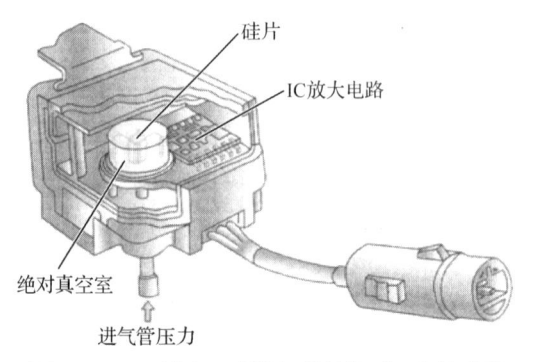

图 4-32　压敏电阻式进气歧管绝对压力传感器

2）电容式进气歧管绝对压力传感器

弹性膜片用金属制成；上、下两块凹玻璃的表面均有金属涂层；在弹性膜片与两个金属涂层之间形成两个串联的电容，利用电容效应检测进气歧管绝对压力。电容式进气歧管绝对压力传感器如图4-33所示。

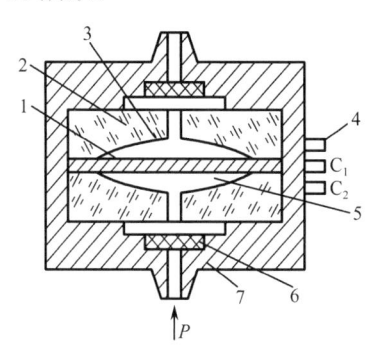

1—弹性膜片；2—凹玻璃；3—金属涂层；4—输出端子；5—空腔；6—滤网；7—壳体

图4-33 电容式进气歧管绝对压力传感器

## 6. 节气门

节气门是控制空气进入发动机的一道可控阀门，气体进入进气管后会和汽油混合变成可燃混合气，从而燃烧并做功。它上接空气滤清器，下接发动机气缸体，被称为汽车发动机的"咽喉"。

节气门微课二维码

1）节气门的类型

节气门有传统拉线式节气门和电子节气门两种。传统拉线式节气门操纵机构是通过拉索（软钢丝）或者拉杆，一端连接加速踏板，另一端连接节气门连动板来工作的。电子节气门主要由节气门、节气门位置传感器、怠速调整螺钉、辅助空气阀、缓冲器等组成。通过节气门位置传感器，根据发动机所需能量，控制节气门的开启角度，从而调节进气量的大小。

2）节气门位置传感器

节气门位置传感器又称为节气门开度传感器。其主要功用是检测发动机是处于怠速工况还是负荷工况，是加速工况还是减速工况。它实质上是一个可变电阻器和几个开关，安装于节气门体上，将节气门开度的大小和动作的快慢转变为电信号并输入计算机中，以反映负荷的大小。它分为线性输出型节气门位置传感器和开关量输出型节气门位置传感器两种。

（1）线性输出型节气门位置传感器。

线性输出型节气门位置传感器主要由滑动触点a、电阻器、滑动触点b、节气门轴及插头等组成，如图4-34所示。它利用滑动阻值的变化，测得与节气门开度相对应的输出电压。

滑动触点a与电阻器构成电位计，根据滑动触点a与电阻器之间的阻值，将节气门的开度值转换成线性的电压信号并输入ECU，确定节气门的开度，进行喷油的控制；而滑动触点b则在节气门关闭时与怠速触点接触，为ECU提供怠速信号。

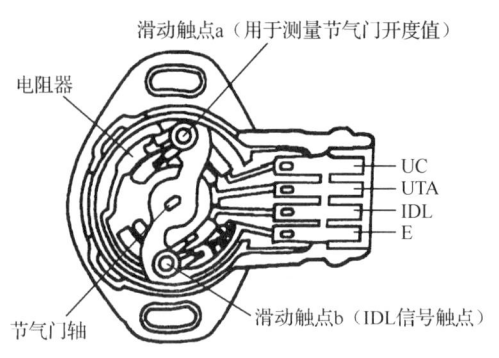

图 4-34 线性输出型节气门位置传感器

（2）开关量输出型节气门位置传感器。

开关量输出型节气门位置传感器又称为节气门开关。它有两个触点，分别为怠速触点 IDL 和功率触点 PSW。由一个和节气门同轴的导向凸轮控制这两个开关触点的开启和闭合。当节气门处于全关闭的位置时，怠速触点 IDL 闭合，ECU 根据怠速开关的闭合信号判定发动机处于怠速工况，从而按怠速工况的要求控制喷油量；当节气门打开时，怠速触点 IDL 打开，ECU 根据这一信号进行从怠速到小负荷的过渡工况的喷油控制；功率触点 PSW 在节气门由全闭位置到中小开度范围内一直处于开启状态，当节气门打开至一定角度（丰田 1G-EU 车为 55°）时，功率触点 PSW 开始闭合，向 ECU 发送发动机处于全负荷运转工况的信号，ECU 根据此信号进行全负荷加浓控制。开关量输出型节气门位置传感器如图 4-35 所示。

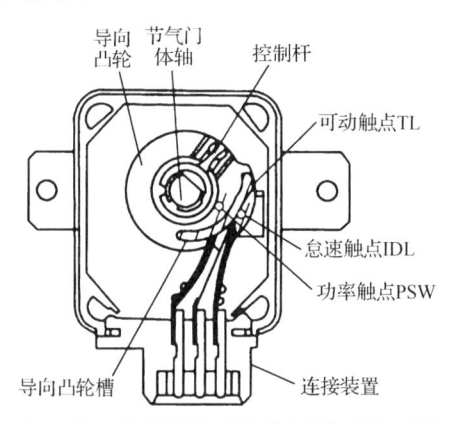

图 4-35 开关量输出型节气门位置传感器

3）电子节气门控制系统

（1）作用。

为了提高汽车行驶的安全性、动力性、平稳性及经济性，并减少排放污染，采用电子节气门控制系统，使节气门开度得到精确控制，不但可以提高燃油经济性，减少排放，而且系统响应迅速，可获得满意的操控性能。另外，电子节气门控制系统可实现怠速控制、巡航控制和车辆稳定控制等的集成，简化了控制系统结构。

（2）组成。

电子节气门控制系统的基本结构由发动机、转速传感器、节气门位置传感器、节气门执行器、节气门、加速踏板位置传感器、车速传感器、变速器、加速踏板、ECU 等组成。

（3）工作原理。

发动机的 ECU 根据各传感器输入信号确定最佳的节气门开度，并通过对电动机和电磁离合器的控制改变节气门开度。在计算机的控制下，可以实现冷车预热时的高怠速，开空调提速，高挡低速，在驾驶员没有动作的时候自动增加进气量。

驾驶员操纵加速踏板，加速踏板位置传感器产生相应的电压信号输入 ECU，ECU 首先对输入的信号进行滤波，以消除环境噪声的影响，然后根据当前的工作模式、踏板移动量和变化率解析驾驶员意图，计算出对发动机扭矩的基本需求，得到相应的节气门转角的基本期望值。ECU 通过 CAN 总线和整车控制单元进行通信，获取其他工况信息，以及各种传感器信号（如发动机转速、挡位、节气门位置、空调能耗等），由此计算出整车所需要的全部扭矩，通过对节气门转角期望值进行补偿，得到节气门的最佳开度，并把相应的电压信号发送到驱动电路模块，驱动控制电机使节气门达到最佳的开度。节气门位置传感器把节气门的开度信号反馈给 ECU，形成闭环的位置控制。

节气门驱动电机一般为步进电机或直流电机，两者的控制方式也有所不同。驱动步进电机常采用 H 桥电路结构，ECU 通过发出的脉冲个数、频率与方向控制电平对步进电机进行控制。脉冲个数控制步进电机转动的角度，即发出一个脉冲信号，步进电机就转动一个步进角；脉冲频率控制步进电机的转速，转速与脉冲频率成正比；方向控制电平的高低控制步进电机转动的方向。因此，通过对上述三个参数的调节可以实现对步进电机的精确定位与调速。

控制直流电机采用脉冲宽度调制（PWM）技术，其特点有频率高、效率高、功率密度高与可靠性高。ECU 通过调节 PWM 信号的占空比，来控制直流电机转角的大小，电机方向则是由与节气门相连的回位弹簧控制的。电机输出转矩和 PWM 信号的占空比成正比。当占空比一定，电机输出转矩与回位弹簧阻力矩保持平衡时，节气门开度不变；当占空比增大时，电机输出转矩克服回位弹簧阻力矩，节气门开度增大；反之，当占空比减小时，电机输出转矩和节气门开度也随之减小。

ECU 对系统的功能进行监控，如果发现故障，将点亮系统故障指示灯，提示驾驶员系统有故障。同时电磁离合器被分离，节气门不再受电机控制。节气门在回位弹簧的作用下返回一个小开度的位置，使车辆慢速开到维修地点。电子节气门如图 4-36 所示。

图 4-36　电子节气门

## 7. 进气管

1）进气管的作用

进气管用于将滤清的空气分别送到发动机的各气缸，一般用铸铁或铝合金制成。进

气管包括进气总管与进气歧管。发动机除要求动力性外,还必须有好的经济性和排放性。在汽油机上,进气管还必须考虑燃烧的雾化、蒸发、分配,以及压力波的利用等问题。进气管如图 4-37 所示。

图 4-37 进气管

2)进气管形式

(1)简单进气管。

简单进气管结构简单,但由于进入各气缸的阻力、路程长短、气流方向、速度的差异,进气不均。

(2)共振式进气管。

共振式进气管的进气管细长,与各气缸的连接长度大体一致,能很好地匹配,利用进气流的脉动效应增强进气效果。

(3)带谐振腔进气管。

带谐振腔进气管能改变谐振腔的容积,可以调节内燃机的最大扭矩和相应的转速范围,以及减小噪声。带谐振腔进气管如图 4-38 所示。

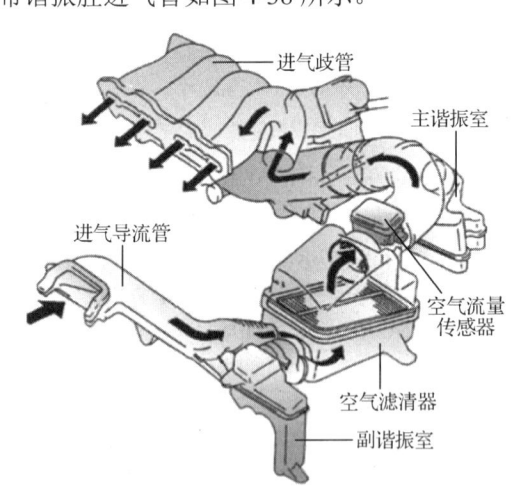

图 4-38 带谐振腔进气管

在大型货车、自卸车或矿山车的空气滤清器进气口之前常装有很长的进气导流管,管口沿驾驶室伸至高处,吸取车外密度大、含尘少的空气。

3)进气歧管

对于节气门体汽油喷射式发动机,进气歧管指的是节气门体之后到气缸盖进气道之前的进气管路。它的功用是将空气、燃油混合气由节气门体分配到各气缸的进气道。

对于缸内汽油喷射式发动机，进气歧管只是将洁净的空气分配到各气缸的进气道。进气歧管必须将空气、燃油混合气或洁净空气尽可能均匀地分配到各气缸，为此进气歧管内气体流道的长度应尽可能相等。为了减小气体流动阻力，提高进气能力，进气歧管的内壁应光滑。由于进气端的温度较低，复合材料成为热门的进气歧管材料，其质量小，内部光滑，能有效减小阻力，提高进气效率。

EA888 发动机通过控制进气歧管翻板的开闭，可以满足发动机在不同工况下的充气需求。发动机在低速工况时，通过进气歧管翻板关闭下进气通道，可以减小气流通过的横截面，增加气流流速，结合活塞顶的特殊设计，有效形成强烈的进气涡流，有利于混合气的形成与雾化。EA888 发动机进气歧管翻板如图 4-39 所示。

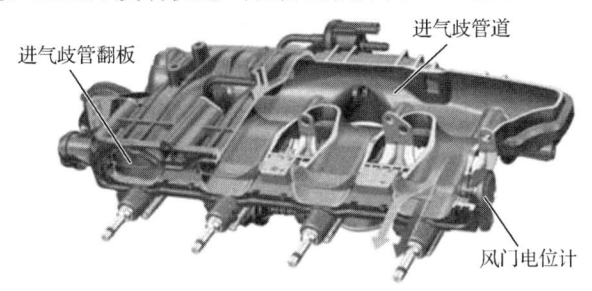

图 4-39　EA888 发动机进气歧管翻板

### 9. 可变进气道

长的进气道有利于发动机怠速稳定，短的进气道在发动机大负荷高转速时有利于提高发动机功率。怠速或部分负荷时用长的进气道；大负荷时转换成短的进气道，减小进气阻力，提高进气效率。

通过将发动机进气道分成两级以增大进气道横截面。中低速时关闭控制开关板，吸入的较长距离是 705mm，以增大扭矩；高速时打开控制开关板，吸入的较短距离是 322mm，以增强空气流通能力，提高功率。可变进气道的工作原理如图 4-40 所示。

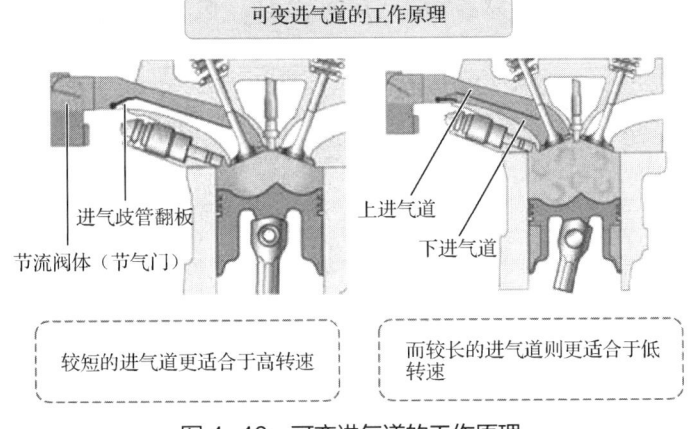

图 4-40　可变进气道的工作原理

### 10. 谐波进气增压控制系统

谐波进气增压控制系统（ACIS）利用了进气管内的压力波与进气门的开启配合。当进气门开启时，谐波进气增压控制系统使反射回来的压力波正好传到进气门附近，从而

形成进气增压的效果，提高发动机的充气效率和功率。谐波进气增压控制系统如图4-41所示。

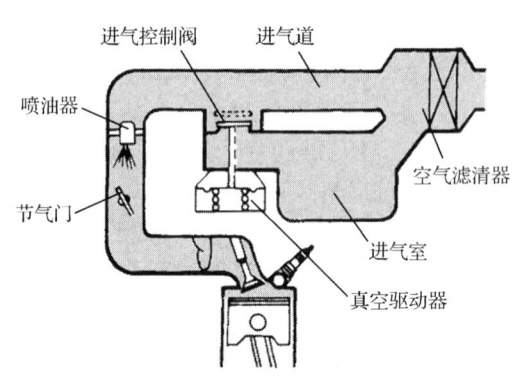

图4-41 谐波进气增压控制系统

### 11. 空气供给系统的工作原理

外界空气经空气滤清器过滤后流经空气流量传感器、节气门、进气总管和进气歧管，当某个气缸的进气门打开时进入该气缸。

在汽车正常行驶时，进入气缸内的空气量的多少由节气门的开度控制。当空气经过空气流量传感器时，进气量得到了计量。ECU把空气流量信号作为控制喷油量和点火的主要依据之一。

## 三、废气排出系统

废气排出系统主要排放发动机工作所产生的废气，同时使排放的废气污染和噪声减小。从发动机排气管排放的废气中有HC（约占总HC量的55%）、CO、$NO_x$等。曲轴箱的窜气中HC约占25%，从汽油箱蒸发的HC约占20%。

废气排出系统是指收集并且排放废气的系统，一般由排气歧管、排气管、三元催化转换器（TWC）、消声器、氧传感器和排气尾管等组成。废气排出系统主要组成如图4-42所示。

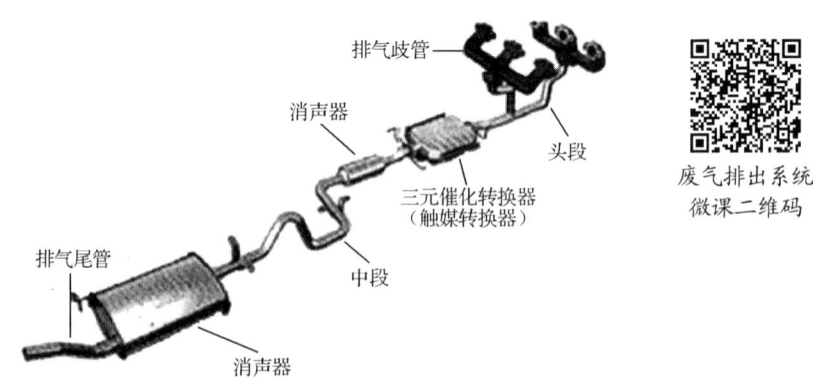

图4-42 废气排出系统主要组成

### 1. 排气歧管

排气歧管直接连接在排气孔后，再结合为一。排气歧管在设计上会尽量让各气缸的阻力相同，以便排气顺畅。

新鲜空气与汽油混合进入发动机并燃烧后，产生高温高压的气体推动活塞，当气体能量释放后，对发动机就不再有价值，这些气体就成为废气被排放出发动机。废气从气缸排出后，随即进入排气歧管，通过各气缸的排气歧管汇集后，经排气管排出。同进气歧管一样，气体在排气歧管中也是以脉冲的方式离开发动机的，所以各气缸的排气歧管长度及弯度也要尽量相同，使各气缸的排气都能一样的顺畅。EA888 发动机内置气缸盖排气歧管如图 4-43 所示。

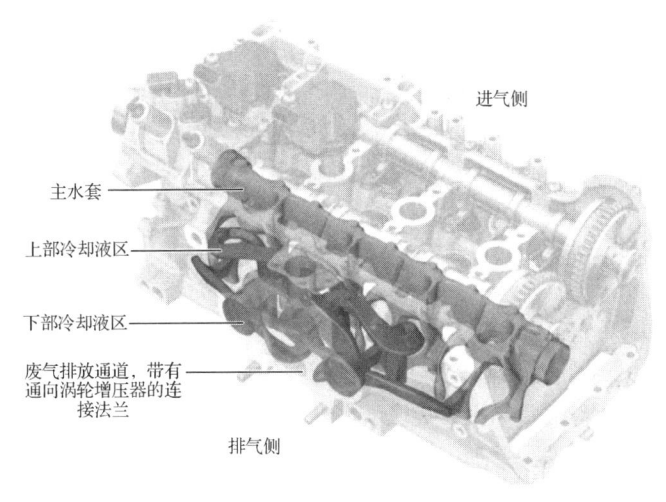

图 4-43　EA888 发动机内置气缸盖排气歧管

## 2. 排气管

排气管是废气排出系统的一部分，排气管一般包括前排气管和后排气管。可变排气管可以通过阀门控制排气，使声音和性能达到最佳状态。

排气管安装于发动机排气歧管和消声器之间，使整个废气排出系统起到减振降噪、方便安装和延长废气排出系统寿命的作用。

## 3. 三元催化转换器

三元催化转换器是废气排出系统中最重要的机外净化装置，它可将汽车排气排放物排出的 CO、HC 和 $NO_x$ 等有害气体通过氧化和还原作用转变为无害的二氧化碳、水和氮气。因为三元催化转换器主要处理排气排放物中三种有害物质，使其净化，故称"三元"。三元催化转换器如图 4-44 所示。

1）三元催化转换器的结构

三元催化转换器主要由一个金属外壳、一个网底架和一个催化层组成，其中发挥最关键作用的就是催化层，它上面附着一层铂、铑等贵金属催化剂。

图 4-44　三元催化转换器

2）三元催化转换器的工作原理

当高温的汽车排气排放物通过净化装置时，三元催化转换器中的净化剂将增强 CO、

HC 和 NO$_x$ 三种气体的活性，促使其进行一定的氧化还原化学反应，HC 和 CO 在催化剂作用下发生氧化反应，生成水和二氧化碳，从而使废气的气体成分发生改变。另外，三元催化转换器还可除去 NO$_x$ 中的氧而生成氮气，达到净化排气排放物的目的。

注意：不能使用加铅汽油，否则催化剂易失效。

### 4. 消声器

消声器用于减小发动机的排气噪声，并使高温废气能安全有效地排出。消声器作为排气管道的一部分，应保证其排气畅通、阻力小及足够的强度。消声器要经受 500～700℃高温排气，保证在汽车规定的行驶里程内，不损坏、不失去消声效果。消声器如图 4-45 所示。

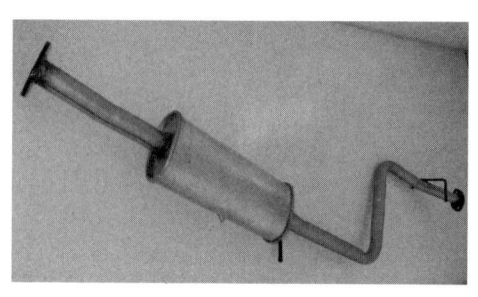

图 4-45 消声器

汽车排气消声器按消声原理与结构可分为抗性消声器、阻性消声器和阻抗复合型消声器三类。

1）抗性消声器

抗性消声器是在内部通过管道、隔板等部件组成扩张室、共振室等各种消声单元，使声波在传播时发生反射和干涉，降低声能量达到消声目的消声器。抗性消声器消声频带有限，通常对低、中频噪声消声效果好，对高频噪声消声效果差。货车多采用抗性消声器。

2）阻性消声器

阻性消声器是在内部排气通过的管道周围填充吸声材料来吸收声能量达到消声目的的消声器。阻性消声器对中、高频噪声消声效果好，单纯用作汽车排气消声器较少，通常与抗性消声器组合起来使用。

3）阻抗复合型消声器

阻抗复合型消声器是由抗性消声单元和吸声材料组合构成的消声器，具有抗性消声器、阻性消声器的共同特点。阻抗复合型消声器对低、中、高频噪声都有很好的消声效果。

### 5. 氧传感器

在使用三元催化转换器以减少排气污染的发动机上，氧传感器是必不可少的器件。由于混合气的空燃比一旦偏离理论空燃比，三元催化转换器对 CO、HC 和 NO$_x$ 的净化能力将急剧下降，所以在排气管中安装氧传感器，用于检测排气中氧的浓度，并向 ECU 发送反馈信号，再由 ECU 控制喷油器喷油量的增减，从而将混合气的空燃比控制在理论值附近。氧传感器如图 4-46 所示。

氧传感器微课二维码

汽车氧传感器是电喷发动机控制系统中关键的反馈传感器，是控制汽车排气排放物排放、降低汽车对环境污染、提高汽车发动机燃油燃烧质量的关键零件。氧传感器均安装在发动机排气管上。

氧传感器有二氧化锆氧传感器和二氧化钛氧传感器两种。

二氧化锆氧传感器通过电压变化反映可燃混合气浓度的变化，二氧化钛氧传感器通过电阻变化反映可燃混合气浓度的变化。在发动机工况恶化时使用二氧化锆氧传感器的电控系统无法将实际空燃比控制在理论空燃比附近，而二氧化钛氧传感器在发动机工况恶化时也能将实际空燃比控制在理论空燃比附近。在高温及铂的催化下，附着在氧传感器上的氧气会被消耗殆尽，于是就产生电压差，浓混合气输出电压接近 1V，稀混合气接近 0V。根据氧传感器的电压信号，控制空燃比从而调整喷油脉宽，因此氧传感器是控制燃油计量的关键传感器。氧传感器只有在高温时（端部达到 300℃以上），其特征才能充分体现，从而输出电压。它约在 800℃时，对混合气的变化反应最快。

### 6. 排气尾管

排气尾管分为隐藏式排气尾管和露出式排气尾管。排气尾管如图 4-47 所示。

图 4-46　氧传感器　　　　图 4-47　排气尾管

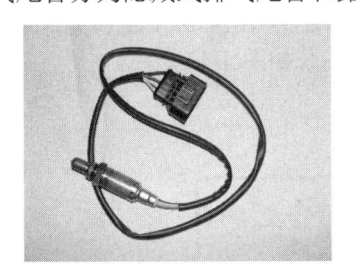

隐藏式排气尾管也可以分为两种：一种是不做任何处理，看上去和没有排气尾管一样，这种形式和新能源车差不多，之前很多小排量汽车都采用这种形式；另一种是在排气尾喉的位置做相应装饰，远远看去像是真的一样，如大众车系。

露出式排气尾管形式比较多样，有单边单出、单边双出、双边单出、双边双出、中置排气等形式。

### 7. EGR 系统

将一部分废气（5%～20%）引回气缸，废气中含有大量的 $CO_2$，不参与燃烧，却吸收了大量的热，降低了最高燃烧温度，使混合气中氧的成分降低，因此减少了 $NO_x$ 的排放。

现代轿车发动机 EGR（废气再循环）系统通过计算机控制 EGR 阀来控制再循环的废气量。

EGR 阀的开度大小由电磁阀和真空调节阀控制作用在 EGR 阀上真空膜片室内的进气管真空度大小决定。改变了膜片的位置，就改变了 EGR 阀的开度大小，从而改变了 EGR 的废气量。EGR 系统如图 4-48 所示。

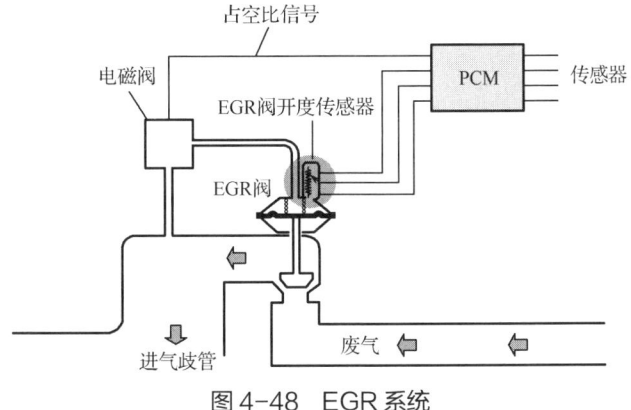

图 4-48　EGR 系统

### 8. 二次空气喷射系统

（1）二次空气喷射系统的功能：在一定工况下，将一定量的新鲜空气送入排气管，促使发动机排出废气中的 CO 和 HC 进一步氧化，从而降低汽车废气中有害物的排放量。启动工况下，二次空气喷射系统还可以加快三元催化转换器的升温，使发动机尽快进入空燃比闭环控制过程，从而改善发动机的工作性能。

（2）分类：按空气喷入的部位，二次空气喷射系统可分为两类。

第一类，新鲜空气被喷入排气歧管的基部，即排气歧管与气缸体相连接的部位。因此，排气中 HC、CO 只能在排气歧管中开始被氧化。

第二类，新鲜空气通过气缸盖上的专设管道喷入排气门后气缸盖内的排气通道内，排气中 HC、CO 的氧化更早进行。二次空气喷射系统如图 4-49 所示。

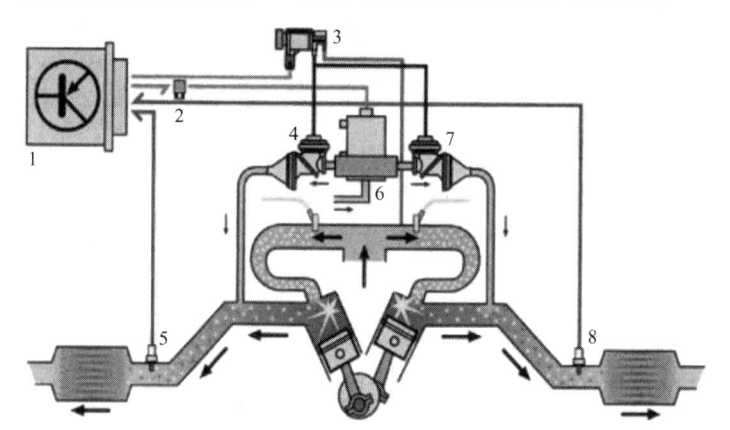

1—发动机控制单元；2—二次空气泵继电器；3—二次空气控制电磁阀；
4、7—二次空气分流阀；6—二次空气泵；5、8—氧传感器

图 4-49 二次空气喷射系统

## 四、废气涡轮增压器

### 1. 作用

废气涡轮增压器实际上是一种空气压缩机，通过压缩空气来增加进气量。它利用发动机排出的废气惯性冲力来推动涡轮室内的涡轮，涡轮又带动同轴的叶轮，叶轮压送由空气滤清器管道送来的空气，使之增压进入气缸。进入气缸的空气的压力和密度增大，可以燃烧更多的燃料，相应增加燃料量和调整发动机的转速，就可以提高发动机的输出功率。

### 2. 结构

废气涡轮增压器主要由涡轮机和压气机组成。

涡轮机是将发动机排气的能量转变为机械功的装置。它由固定的喷嘴环、旋转的叶轮和涡轮壳组成。涡轮机的叶轮和压气机的工作轮共用一根转动轴，三者组成转子。转子由径向轴承和轴向止推轴承支承。

压气机又称为离心压缩机，由进气道、工作轮、扩压器和出气蜗壳组成。在小型废气涡轮增压器中，进气道和出气蜗壳布置在同一壳体上，称为压气机壳。扩压器又分为有叶扩压器和无叶扩压器。

## 3. 工作原理

涡轮机叶轮与压气机叶轮通过增压器轴刚性连接，这部分称为增压器转子。增压器转子通过浮动轴承（转子高速旋转时可保证摩擦阻力矩较小）固定在增压器中。发动机工作时，排出的废气以一定角度高速冲击涡轮机叶轮，使增压器转子高速旋转。压气机叶轮的高速旋转使得发动机进气管内的气压增大，达到增压效果。如此，在进气过程中，空气会受到较大的压力，从而使更多的、密度更大的空气进入气缸。EA888 发动机废气涡轮增压器的工作原理如图 4-50 所示。

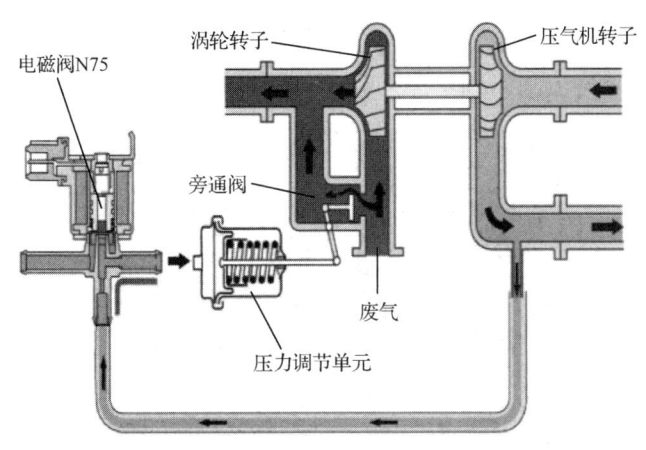

图 4-50　EA888 发动机废气涡轮增压器的工作原理

EA888 发动机带电动旁通阀的废气涡轮增压器如图 4-51 所示。

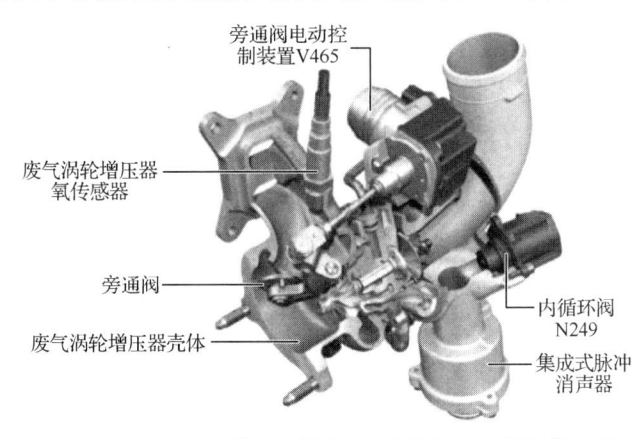

图 4-51　EA888 发动机带电动旁通阀的废气涡轮增压器

## 五、空气供给系统的清洗

空气供给系统是控制汽车发动机运转的关键，我们通过操作加速踏板来保证汽车安全行驶。其中进气歧管在发动机内部控制空气进入各气缸，日积月累，难免会产生积炭、杂质等沉积物堵塞进气歧管，需要清洗。

（1）启动发动机至正常温度后熄火，将进气系统免拆清洗剂倒入专用清洗吊瓶中，将发动机真空管拆开，接上清洗设备输液头，如图 4-52 所示。

（2）关闭清洗设备调节阀，如图 4-53 所示。

图 4-52 接上清洗设备输液头 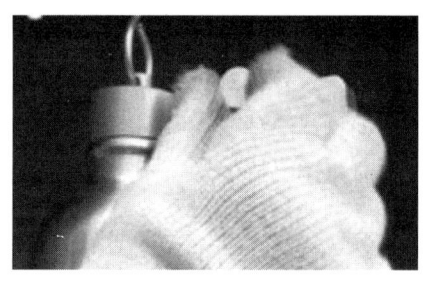　　　　　　图 4-53 关闭清洗设备调节阀

（3）启动发动机，打开清洗设备调节阀，在发动机怠速运转时，即可将清洗剂慢慢吸入发动机进气道，如图 4-54 所示。

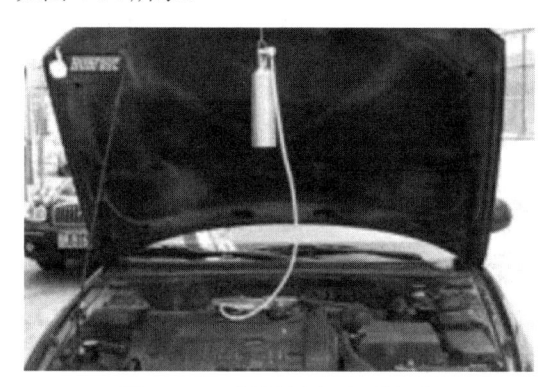

图 4-54 将清洁剂吸入进气道

（4）清洗时如果流速过快，排气排放物容易产生黑烟（见图 4-55）或者熄火，这时将流量调节到合适位置即可。

图 4-55 排气排放物产生黑烟

（5）一般车辆以 30～50min 清洗完毕为宜。清洗完毕后关闭发动机，拆下清洗设备。

（6）将进气管重新接好，如图 4-56 所示。

（7）再次启动发动机，先直接加速至 3000r/min 左右，然后降低发动机转速，反复操作 5～10 次。

（8）清洗完毕后，最好在汽油箱中加一瓶高效节油清洗剂疏通油路。

图 4-56　将进气管重新接好

注意事项：
（1）清洗完毕后，如果有个别车辆的计算机出现混乱，一般 20min 后即可恢复正常。
（2）某些进气系统堵塞严重的车辆，在清洗完毕后，可能会引起加速不良等现象，这是清洗过程中产生的废弃物堵塞三元催化转换器的缘故，清洗一下三元催化转换器即可解决。

## 任务 4.4　电子控制系统拆装与调整

### 任务目标

通过本任务的学习，掌握电子控制系统的作用，熟悉电子控制系统的组成。

### 任务描述

任务内容
一辆装载 EA888 发动机的轿车，在热车情况下难以启动，需要进行进一步检查。
实施条件
1. 四套常用维修工具。
2. EA888 型轿车。
3. EA888 型轿车维修手册。

### 相关知识

## 一、电子控制系统的作用

电控装置微课二维码

电子控制系统主要由传感器、控制器及执行器等组成，其中 ECU 是电子控制系统的核心。

ECU 首先根据空气流量传感器信号和发动机转速信号确定基本喷油时间，再根据其他传感器对喷油时间进行修正，并按最后确定的总喷油时间向喷油器发出指令，使喷油器开始喷油或停止喷油。电子控制系统如图 4-57 所示。

**发动机拆装与调整**

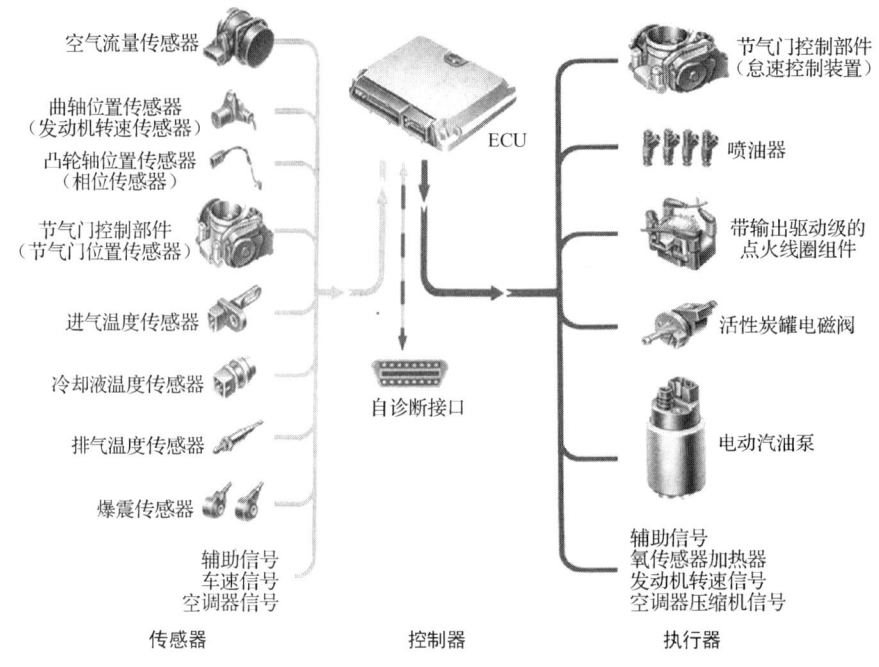

图 4-57 电子控制系统

## 二、电子控制系统的类型

### 1. 喷油正时控制

1）同步喷油正时控制

（1）顺序喷油正时控制。

特点：喷油器驱动回路数与气缸数相等。

ECU 根据凸轮轴位置传感器信号（G 信号）、曲轴位置传感器信号（Ne 信号）和发动机的做功顺序，确定各气缸的工作位置。当确定某一气缸的活塞运行至排气行程上止点时，ECU 输出喷油控制信号，接通喷油器电磁线圈电路，该气缸开始喷油。

（2）分组喷油正时控制。

特点：把所有喷油器分成 2~4 组，由 ECU 分组控制喷油器。

以各组最先进行做功行程的气缸为基准，在活塞运行至该气缸排气行程上止点时，ECU 输出指令信号，接通该组喷油器电磁线圈电路，该组喷油器开始喷油。

（3）同时喷油正时控制。

特点：所有喷油器由 ECU 控制同时喷油和停油。

喷油正时控制是以发动机最先进行做功行程的气缸为基准的。

2）异步喷油正时控制

（1）启动时异步喷油正时控制。

在同步喷油的基础上，为改善发动机的启动性能，再增加一次异步喷油。

在启动开关处于接通状态时，ECU 接收到第一个凸轮轴位置传感器信号（G 信号），在接收到第一个曲轴位置传感器信号（Ne 信号）时，开始进行启动时的异步喷油。

（2）加速时异步喷油正时控制。

为了改善加速性能，ECU 根据节气门位置传感器从接通到断开时的怠速信号，增加一次固定量的喷油。

## 2. 喷油量控制

喷油量控制的目的是使发动机在各种运行工况下，都能获得最佳的喷油量，以提高发动机的经济性和减少排放污染。

当喷油器的结构和喷油压差一定时，喷油量的多少取决于喷油时间。

1）启动时的同步喷油量控制

在发动机转速低于规定值或点火开关接通位于 STA（启动）挡时，ECU 首先根据冷却液温度信号（THW 信号）和冷却液温度确定基本喷油时间；然后根据进气温度信号（THA 信号）对喷油时间进行修正（延长或缩短）；最后根据蓄电池电压适当延长喷油时间，以实现对喷油量的进一步修正，即电压修正。

2）启动后的同步喷油量控制

喷油持续时间=基本喷油时间×喷油修正系数+电压修正值

D 型喷射系统根据发动机转速信号和进气歧管绝对压力信号确定基本喷油时间。

L 型喷射系统根据发动机转速信号和空气流量传感器信号确定基本喷油时间。

喷油修正方式如下。

（1）启动后加浓修正。ECU 根据冷却液温度确定喷油时间的初始修正值。

（2）暖机加浓修正。在达到正常温度之前，ECU 根据 THW 信号对喷油时间进行修正。

（3）进气温度修正。ECU 根据进气温度传感器提供的 THA 信号对喷油时间进行修正。低于 20℃时空气密度大，应适当增加喷油时间；高于 20℃时空气密度小，应适当减少喷油时间。

（4）大负荷工况喷油量修正。ECU 根据 PIM 信号和 Vs 信号，以及节气门位置传感器输送的全负荷信号（PSW 信号）或 VTA 信号判断发动机负荷状况，大负荷时应适当增加喷油时间。

（5）过渡工况喷油量修正。ECU 根据 PIM 信号或 Vs 信号、Ne 信号、SPD 信号、VTA 信号、PSW 信号判断过渡工况，对喷油时间进行修正。

（6）怠速稳定性修正。ECU 根据 PIM 信号和 Ne 信号对喷油量进行修正，随着进气歧管绝对压力增大或怠速降低，应适当增加喷油时间；反之，应减少喷油时间。

3）异步喷油量控制

发动机启动和加速时的异步喷油量固定，各气缸的喷油器以一个固定的喷油持续时间，同时向各气缸增加一次喷油。

（1）燃油停供控制。

① 减速断油控制：当汽车减速时，ECU 会切断燃油喷射控制电路，停止喷油，以降低 HC 及 CO 的排放量。

② 限速断油控制：当汽车加速时，如果发动机超过安全转速或汽车车速超过设定的最高车速，ECU 会切断燃油喷射控制电路，停止喷油，防止超速。

（2）电动汽油泵控制。

ECU 根据发动机的转速和负荷来控制电动汽油泵以高速或低速运转。

## 三、传感器

### 1. 曲轴位置传感器

曲轴位置传感器检测曲轴转角位移，给 ECU 提供发动机转速信号和曲轴转角信号，作为燃油喷射和点火控制的主控信号。

曲轴位置传感器有电磁式曲轴位置传感器、霍尔式曲轴位置传感器和光电式曲轴位置传感器三种类型。

1）电磁式曲轴位置传感器

电磁式曲轴位置传感器一般安装在曲轴前端或发动机飞轮壳体上。

当转子旋转时，线圈中磁通量发生变化，线圈产生感应电动势。

电磁式曲轴位置传感器主要由导磁材料制成的信号转子、永久磁铁、信号线圈等组成。该传感器的位置是固定的，软磁铁芯与信号转子齿之间必须保持一定的间隙，如图 4-58 所示。

该传感器的插头接线形式主要有两线制和三线制两种。两线制的两根线为信号回路线，信号正负交替变化；三线制多出的一根线为屏蔽线。

图 4-58　电磁式曲轴位置传感器

2）霍尔式曲轴位置传感器

霍尔式曲轴位置传感器由转子、永久磁铁、霍尔元件和放大器组成。

当触发叶轮上的叶片进入永久磁铁与霍尔元件之间时，磁场被叶片旁路，不产生霍尔电压；当缺口部分进入磁铁与霍尔元件之间时，磁力线进入霍尔元件，传感器输出电压信号。霍尔式曲轴位置传感器如图 4-59 所示。

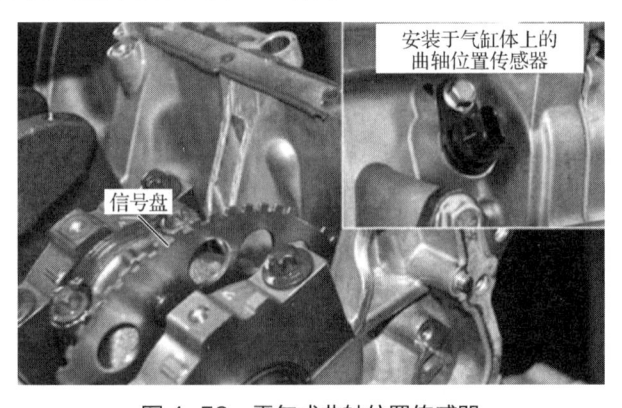

图 4-59　霍尔式曲轴位置传感器

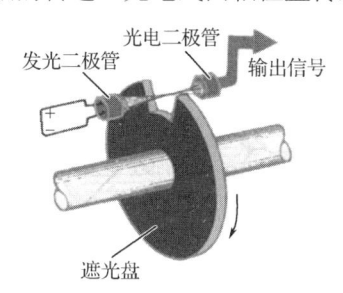

3）光电式曲轴位置传感器

光电式曲轴位置传感器由发光二极管、光电二极管及遮光盘组成。

发光二极管正对着光电二极管，发光二极管以光电二极管为照射目标。遮光盘位于发光二极管和光电二极管之间，当遮光盘随发动机曲轴运转时，因遮光盘上有光孔，产生透光和遮光的交替变化，造成信号发生器输出表征曲轴位置和转角的脉冲信号。ECU根据此信号计算出发动机曲轴的转速。光电式曲轴位置传感器如图4-60所示。

图4-60　光电式曲轴位置传感器

## 2. 温度传感器

在汽车上，根据温度传感器的检测温度，判断发动机的热状态，计算进气空气质量，以及进行排气净化处理。温度传感器分为冷却液温度传感器、进气温度传感器、排气温度传感器。

1）冷却液温度传感器

冷却液温度传感器用来检测发动机冷却液的温度，并将THW信号转变成电信号发送给ECU，作为汽油喷射、点火正时、怠速和排气排放物排放控制的主要修正信号。它安装在冷却液道上。

当热敏电阻随冷却液温度变化时，ECU通过THW端子测得的分压值随之变化，ECU根据此分压值判断冷却液温度。冷却液温度传感器如图4-61所示。

2）进气温度传感器

进气温度传感器用来检测进气温度，并将THA信号转变成电信号发送给ECU，作为汽油喷射、点火正时的修正信号。进气温度传感器如图4-62所示。

图4-61　冷却液温度传感器　　　图4-62　进气温度传感器

D型燃油供给系统安装在空气滤清器内或进气总管上；L型燃油供给系统安装在空气流量传感器内。

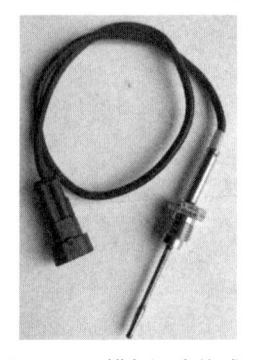

3）排气温度传感器

排气温度传感器又称为催化剂温度传感器，其作用是：在三元催化转换器异常发热时，能够快速地发出报警信号，以便保护三元催化转换器并防止高温引发故障。

排气温度传感器安装在三元催化转换器的后面，它不仅总是处于高温、具有腐蚀性的排放气体中，而且要反复承受从低温区怠速启动至满负荷高温条件下的温度急剧变化，承受发动机与车身的振动，还要具有防水性，对路面的飞石要有对策等。当排气温度超过 90℃时，排气温度传感器报警灯点亮；当车厢底板温度超过 125℃时，底板温度传感器（PTC 热敏电阻）的阻值超过 2kΩ，这时排气温度传感器报警灯点亮，同时蜂鸣器也响；当排气温度在 90℃以下，车厢底板温度低于 125℃时，底板温度传感器的阻值低于 2kΩ，这时排气温度传感器报警灯灭，蜂鸣器也不响了。排气温度传感器如图 4-63 所示。

## 3. 爆震传感器

爆震传感器安放在发动机机体或气缸的不同位置。当振动或敲缸发生时，它产生一个小电压峰值，敲缸或振动越大，爆震传感器产生的峰值就越大。一定高的频率表明是爆震或敲缸，爆震传感器通常用于测量 5kHz～15kHz 范围的频率。当 ECU 接收到这些频率时，计算机重新修正点火正时，以阻止继续爆震。

爆震传感器有很多种，其中应用最早的当属磁致伸缩式爆震传感器。它主要由磁芯、永久磁铁和感应线圈等组成。当机体振动时，磁芯受振偏移，使感应线圈内的磁通量发生变化，而在感应线圈内产生感应电动势。其他种类如压电陶瓷式爆震传感器，当发动机有抖动时里面的陶瓷受到挤压产生一个电信号，因为这个电信号很弱，所以一般的爆震传感器的连接线上都用屏蔽线包裹。

压电式共振型传感器应用最多，它一般安装在发动机机体上部，利用压电效应把爆震时产生的机械振动转变为信号电压。当产生爆震时的振动频率（约 6000Hz）与压电效应传感器自身的固有频率一致时，即产生共振现象。这时传感器会输出一个很高的爆震信号电压送至 ECU，ECU 及时修正点火正时，避免爆震的产生。

低牌号燃油、点火过早等原因引起的发动机爆震会造成发动机损坏。爆震传感器的作用是将发动机爆震以电信号的形式传递给 ECU，作为 ECU 调整点火正时以阻止进一步爆震的重要依据。爆震传感器如图 4-64 所示。

图 4-63 排气温度传感器　　　　图 4-64 爆震传感器

## 四、ECU

汽车的 ECU 是指由集成电路组成的用于实现对数据的分析处理、发送等一系列功能的控制装置。ECU 在汽车上得到了广泛应用，并且集成度越来越高。

汽车发动机的 ECU 主要由输入电路、A/D（模/数）转换器、微型计算机和输出电路 4 部分组成。

### 1. 输入电路

输入电路的主要功能是对传感器输入信号进行预处理，使输入信号变成微处理器可以接收的信号。因为输入信号有两类：模拟信号和数字信号，所以它们分别由相应的输入电路进行处理。

### 2. A/D 转换器

A/D 转换器的功能是将模拟信号转变为数字信号，如空气流量传感器、冷却液温度传感器、进气温度传感器、线性输出型节气门位置传感器等向 ECU 输出的是模拟信号（连续变化的信号）。这种信号经输入电路处理后，都已变成具有一定幅值的模拟电压信号，但微型计算机不能直接处理这种信号，还需要用 A/D 转换器转换成数字信号。

### 3. 微型计算机

微型计算机包括 CPU、存储器、输入/输出接口（I/O 接口）、总线等。信号通过输入接口进入 CPU，经过数据处理后，把运算结果送至输出接口，使执行器工作。

### 4. 输出电路

输出电路是微型计算机与执行器之间建立联系的一个装置。它的功能是将微型计算机发出的指令信号转换成控制信号，以驱动执行器工作。

发动机启动时，ECU 进入工作状态，某些运行程序或操作指令从 ROM 中调入中央处理器（CPU）。这些程序可以控制燃油喷射、点火时刻、怠速转速等。在 CPU 的控制下，一条条指令按照预先编制的程序有条不紊地进行循环。在程序运行过程中所需要的发动机工况信息由各种传感器提供。

图 4-65 ECU

当曲轴位置传感器检测的发动机转速与转角信号（脉冲信号）、进气歧管绝对压力传感器检测的负荷信号（模拟信号）和冷却液温度传感器检测的温度信号（模拟信号）等输入 ECU 后，首先通过输入回路进行信号处理。如果是数字信号，则根据 CPU 的安排经缓冲器和 I/O 接口电路直接进入 CPU。如果是模拟信号，则首先经过 A/D 转换器转换成数字信号，以便数字式单片机处理，然后经 I/O 接口电路输入 CPU。大多数信息暂时存储在 RAM 中，根据控制指令从 RAM 传送到 CPU。

下一步是将预先存储在 ROM 中的最佳试验数据引入 CPU，将传感器输入的信息与其进行比较。CPU 将来自传感器的各种信息依次取样，与最佳试验数据进行逻辑运算，通过比较给出判定结果并发出指令信号，经 I/O 接口电路、输出回路控制执行器动作。如果是喷油器驱动信号，则控制喷油开始时刻、喷油持续时间，完成控制喷油功能；如

果是点火器驱动信号,则控制点火导通角和点火时刻,完成控制点火功能;如果执行器需要线性电流驱动,则单片机通过控制占空比来控制输出回路的导通与截止,使流过执行器电磁线圈的平均电流线性增大或减小。

## 五、执行器

执行器是电子控制系统中必不可少的一个组成部分。它的作用是接收控制器送来的控制信号,改变被控介质的大小,从而将被控变量维持在所要求的数值上或一定的范围内。

汽油机燃油供给系统常用的执行器有汽油泵和喷油器,前面已经介绍,不再赘述。

## 六、电子控制系统的检修

(1) 因为在电控燃油喷射式发动机上,漏气不经空气流量传感器计量,对空燃比的影响很大。因此,遇到发动机工作不良时,应注意检查空气流量传感器、节气门体、辅助空气阀、怠速稳定阀及 EGR 阀等有无松动,空气软管及其接头有无破损、漏气。

(2) 发动机熄火后,输油管中还存有一定压力的燃油,所以拆卸油管时应防止燃油喷出而造成危险。

(3) 输油管中的密封垫圈是一次性的,装配时应重新更换,切勿重复使用。

(4) 安装喷油器时,注意不要损坏新更换的 O 形圈,以免影响喷油器密封性。安装时,应用燃油先润滑 O 形圈,切勿采用机油和齿轮油等润滑。

(5) 在检查喷油器喷油性能时,一定要清楚喷油器是高阻喷油器,还是低阻喷油器。高阻喷油器电磁线圈的阻值一般为 12~14Ω,可以直接连接蓄电池进行喷油器喷油性能试验。但低阻喷油器电磁线圈的阻值一般只有 2~3Ω,直接连接蓄电池会因电流过大而烧坏喷油器,必须采用专用连接器与蓄电池连接。若采用普通导线,则需要串联一个 8~10Ω 的电阻。

(6) 空气流量传感器为精密部件,对发动机工作性能的影响很大。在拆下空气流量传感器时要稳拿轻放,不要解体空气流量传感器,以免损坏或影响其检测精度。清洁空气流量传感器时,切勿用水或清洗液冲洗。

(7) 空气流量传感器上的调整螺钉用于调整怠速时 CO 的含量。一般情况下不应去动它,调整不当将会引起发动机的动力下降,油耗增加。

(8) 冷却液温度传感器长期使用后,性能会发生变化,使温度信号发生错误,这会对燃油喷射、点火时间及汽油泵的工作等造成不良影响。而冷却液温度传感器的这种性能参数的改变(并非短路或断路)往往不被自诊断系统识别。因此,当发动机工作不正常(如不能启动、怠速不稳、油耗增加等),而故障自诊断系统又未指示冷却液温度传感器故障代码时,不要忽略对冷却液温度传感器的检查。

(9) 检修排气温度传感器时,应注意不要让排气温度传感器跌落碰撞其他物体。更换时,一定要用专用的防黏胶刷涂螺纹,以免下次拆卸困难。

**课程思政**:电子控制装置技术的不断发展,有助于创新思维的培养。

汽车电子展馆汇聚自动驾驶、智能网联、测试技术、连接技术、车身电子、汽车材料等领域极具影响力的供应商,集中展示汽车电子新技术。

未来十大汽车新技术如下。
(1) 外车身安全气囊。
(2) 激光大灯。
(3) 信息共享和交换。
(4) 监视驾驶者动向。
(5) 大数据车载计算机。
(6) 氢燃料电池汽车。
(7) 车内娱乐系统。
(8) 无人驾驶系统。
(9) 太阳能充电。
(10) 智能手机自动泊车。

## 任务 4.5　理论测试

### 一、填空题

1. 空气供给系统主要由_____、空气流量传感器、进气歧管绝对压力传感器、_____、_____等组成。
2. 温度传感器有_____、_____、_____三种。
3. 燃油供给系统的作用是_____。
4. 喷油器的作用是_____。

### 二、判断题

1. 当进气管较长时，压力波传播距离越长，发动机高速性能越好。（　　）
2. 装用三元催化转换器的发动机使用含铅汽油将使催化剂"中毒"。（　　）
3. 电控汽车可以在应急备用状态下长时间行驶。（　　）
4. EGR 系统会对发动机性能造成一定的影响。（　　）

### 三、选择题

1. 采用三元催化转换器必须（　　）。
   A. 安装前氧传感器　　　　　B. 安装后氧传感器
   C. 安装前、后氧传感器　　　D. 不需要安装氧传感器
2. 为减少废气中的 $NO_x$ 含量，电控发动机常采用（　　）。
   A. 二次空气供给装置　　　　B. EGR 装置
   C. 燃油蒸发控制装置　　　　D. 废气涡轮增压装置
3. 下列（　　）是能够提供反馈信号的传感器。
   A. 节气门位置传感器　　　　B. 氧传感器
   C. 冷却液温度传感器　　　　D. 空气流量传感器

### 四、问答题

1. 汽油机燃料供给系统有什么作用？
2. 发动机各工况对混合气浓度有哪些要求？

## 任务4.6　汽油机燃料供给系统拆装与调整实训

### 一、实训目的与要求

1. 了解汽油机燃料供给系统的基本组成与工作原理。
2. 学会燃油供给系统的拆装与调整方法。
3. 学会空气供给和废气排出系统的拆装与调整方法。

### 二、实训内容

1. 燃油供给系统的拆装与调整。
2. 空气供给和废气排出系统的拆装与调整。

# 模块 5

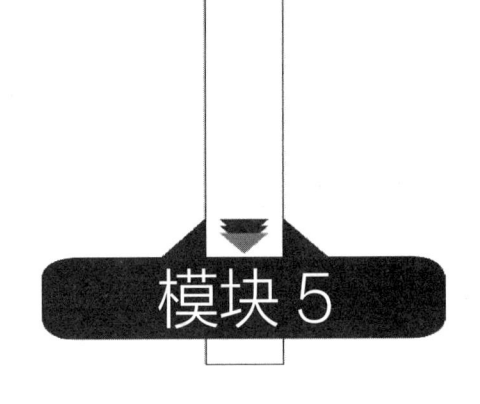

# 柴油机燃料供给系统拆装与调整

## 任务 5.1　柴油机燃料供给系统认知

### 任务目标

通过本任务的学习，掌握柴油机燃料供给系统的作用，熟悉柴油机燃料供给系统的组成。

### 任务描述

**任务内容**

一辆皇冠五十铃柴油车热车启动正常，冷车启动困难，尤其是在寒冷的冬季早晨，需反复用热水或其他方法对气缸体进行预热，需要进行进一步检查。

**实施条件**

1. 四套常用维修工具。
2. 皇冠五十铃柴油车。
3. 皇冠五十铃柴油车维修手册。

### 相关知识

柴油机是通过燃烧柴油来获取能量释放的发动机。其中被压缩至足够高温的空气，将喷射至气缸内的燃料点燃，燃料在气缸中燃烧同时膨胀推动活塞。柴油机将储存在燃料中的化学能转换成机械能，可用作货车、牵引机、机车和船舶的动力。

### 一、柴油机的特点

#### 1. 进气行程

柴油机进入气缸中的是纯空气，汽油机进入气缸中的是空气和汽油的混合气。

#### 2. 压缩行程

柴油机压缩的是纯空气，汽油机压缩的是空气和汽油的混合气。

### 3. 点火方式

汽油机在压缩行程末,由火花塞点火,点燃混合气;柴油机在压缩行程末,由于气缸温度达到柴油自燃点的温度,柴油自燃。所以,汽油机是点燃式的,柴油机是压燃式的。

### 4. 混合气的形成和燃烧

混合气的形成和燃烧过程是同时、连续重叠进行的,即边喷射、边混合、边燃烧。

## 二、柴油

### 1. 提取方法

柴油是在533～623K的温度范围内,从石油中提炼出的碳氢化合物,含碳87%、氢12.6%、氧0.4%。

柴油可以使用蒸馏法和催化裂化法从石油中获得,现在多使用催化裂化法。

### 2. 类型

柴油按其所含重馏分多少,分为重柴油和轻柴油。重柴油多用于1000r/min以下的中、低速柴油机;轻柴油多用于1000r/min以上的高速柴油机。汽车用柴油机都是高速的,必须用轻柴油。

### 3. 使用性能指标

1)发火性

发火性是指柴油的自燃能力,用十六烷值表示。十六烷值越高,发火性越好,越容易自燃。国家标准规定轻柴油的十六烷值不小于45。

2)蒸发性

蒸发性是指柴油蒸发汽化的能力,用柴油馏出某一百分比的温度范围(馏程和闪点)表示。某一百分比的馏出温度越低,柴油的蒸发性越好。闪点越低,蒸发性越好。

3)黏度

黏度决定柴油的流动性。黏度越小,流动性越好;但过小会引起柴油机高压供油系统中偶件副之间的漏失量增加,影响建立高压油,也会造成偶件副磨损加剧。

4)凝点

凝点是指柴油失去流动性开始凝固时的温度。柴油的凝点应比最低工作温度低3～5℃,否则将造成油路的堵塞。柴油的牌号根据柴油的凝点编定,如10号、0号、-35号轻柴油的凝点分别是10℃、0℃、-35℃。

## 三、柴油机燃料供给系统的作用

(1)使柴油从低压变为高压,并适时、定量地按一定的喷量要求喷入柴油机气缸中,与气缸内空气混合成为可燃混合气。

(2)在每个工作循环内,各气缸均喷油一次,喷油顺序与气缸工作顺序一致。

(3)根据柴油机负荷的变化自动调节循环供油量,以保证柴油机稳定运转,尤其要稳定怠速,限制超速。

(4)储存、过滤、输送一定数量的柴油,保证汽车的最大续驶里程。

传统柴油机燃料供给系统作用与组成微课二维码

（5）燃烧后的废气从气缸排出并排入大气中。

## 四、柴油机燃料供给系统的组成

柴油机燃料供给系统由燃油供给系统、空气供给系统、可燃混合气形成系统及废气排出系统4部分组成。

### 1. 燃油供给系统

燃油供给系统用于储存、输送和滤清柴油，包括喷油泵、喷油器和调速器等主要部件，以及柴油箱、输油泵、油水分离器、柴油滤清器、喷油提前器和高、低压油管等辅助装置，如图5-1所示。

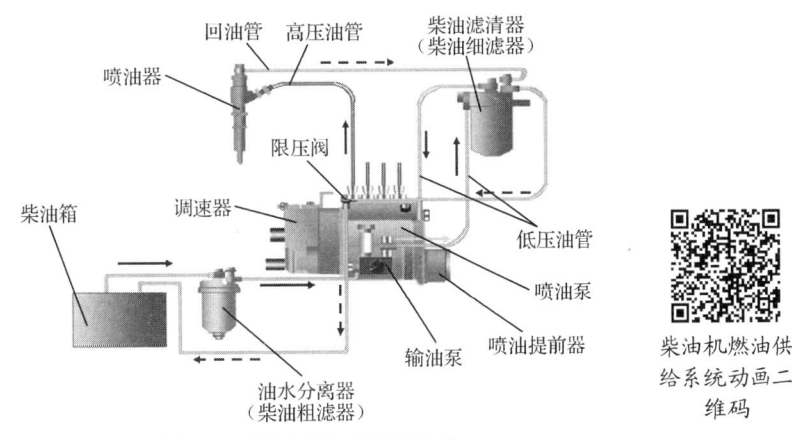

图 5-1 燃油供给系统的组成

### 2. 空气供给系统

空气供给系统由空气滤清器、进气管和气缸盖上的进气道组成，有的还装有增压器。

### 3. 可燃混合气形成系统

可燃混合气形成系统主要是燃烧室。

### 4. 废气排出系统

废气排出系统由气缸盖上的排气道、排气管和排气消声器等组成。

## 五、柴油机供油路线

### 1. 低压油路

低压油路用于储存、输送、滤清柴油。供油路线为柴油箱→输油泵→喷油泵。油压由输油泵建立，为150kPa～300kPa。

### 2. 高压油路

高压油路用于将柴油增压后供给喷油器。供油路线为喷油泵→高压油路喷油器。油压由喷油泵建立，在10MPa以上。

## 3. 回油油路

回油油路用于将多余柴油流回输油泵入口或柴油箱。供油路线为喷油泵→喷油器→输油泵→回油管→柴油箱。输油泵供油量=3~4倍喷油泵供油量。

柴油机供油路线如图5-2所示。

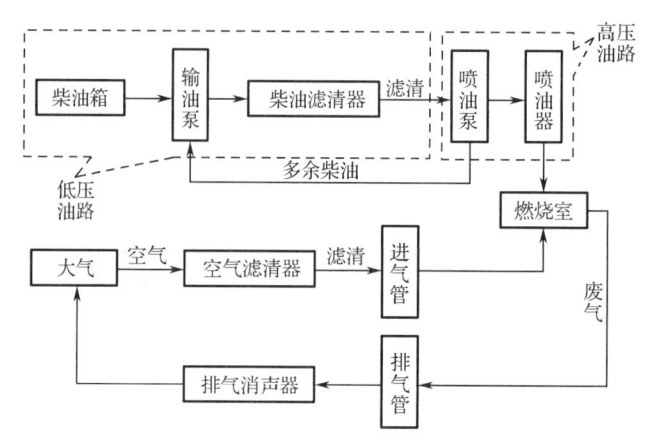

图 5-2  柴油机供油路线

## 六、柴油机燃料供给系统的工作过程

柴油从柴油箱被吸入输油泵并泵出，经柴油滤清器滤去杂质后，进入喷油泵；自喷油泵输出的高压柴油经高压油管和喷油器喷入燃烧室。由于输油泵供油量比喷油泵供油量大得多，过量的柴油便经回油管回流到输油泵或柴油箱。

柴油发动机整体工作原理动画二维码

## 七、可燃混合气的形成

### 1. 可燃混合气的混合方式

可燃混合气的混合方式从原理上分为空间雾化混合和油膜蒸发混合。柴油实际喷射时，两种混合方式兼而有之，只是多少、主次不同。

1）空间雾化混合

空间雾化混合是指将柴油喷向燃烧室空间，形成雾状，雾状油滴从高温空气中吸热蒸发并扩散，与空气形成混合气。

2）油膜蒸发混合

油膜蒸发混合是指将柴油喷向燃烧室的壁面上，柴油的大部分（95%）形成油膜。

### 2. 混合均匀的措施

1）进气涡流

进气涡流是指在进气行程中，使进入气缸的空气形成绕气缸中心高速旋转的气流。它一直持续到燃烧膨胀过程。产生进气涡流的方法一般是将进气道设计成螺旋气道或切向气道。切向气道在气门座前强烈收缩，引导气流以单边切线方向进入气缸，造成进气涡流。螺旋气道在气门座上方的气门腔中制成螺旋形，气流在螺旋气道内会形成一定强度的旋转，造成较强的进气涡流，涡流速度可以达到曲轴转速的6～10倍。

2）挤压涡流

挤压涡流是指利用活塞顶部的特殊形状，在压缩行程中和膨胀行程开始时，使空气在燃烧室中产生强烈的旋转运动。它存在于上止点附近，持续时间较短。

3）燃烧涡湍流

燃烧涡湍流是指利用柴油燃烧的能量，冲击未燃烧的混合气，造成混合气涡流或湍流。

## 八、柴油机燃烧室的特点

### 1. 统一式燃烧室

采用统一式燃烧室时，喷油器直接向燃烧室内喷射柴油，借助油束形状的合理匹配，以及空气的涡流运动，迅速形成可燃混合气，因此这种燃烧室也称为直接喷射式燃烧室。统一式燃烧室如图5-3所示。

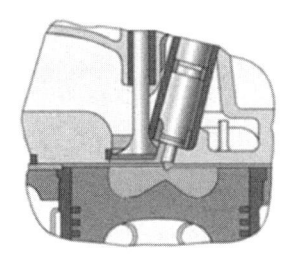

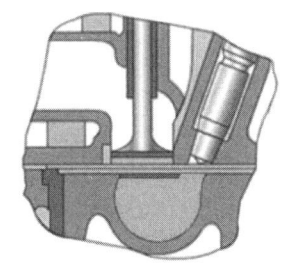

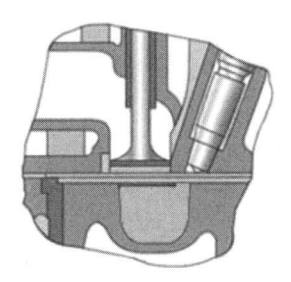

（a）ω形燃烧室　　　　　（b）球形燃烧室　　　　　（c）U形燃烧室

图5-3　统一式燃烧室

1）ω形燃烧室

ω形燃烧室主要依靠多孔喷雾，利用油束和燃烧室的吻合，在空间形成可燃混合气。通常采用切向气道或螺旋气道促进可燃混合气的形成和改善燃烧状况（形成中等强度进气涡流）。

2）球形燃烧室

在球形燃烧室中，与喷油器相对应的位置开有缺口与球面相切，柴油顺气流方向喷射到燃烧室壁面上形成油膜。为改善可燃混合气的形成和燃烧情况，宜采用强涡流螺旋气道和喷油压力较高的孔式喷油器。

3）U形燃烧室

U形燃烧室底部仍是ω形的，燃烧室上部逐渐过渡为长方形，喷射时4个喷孔对着燃烧室的4个角喷油。U形燃烧室可抑制涡流的增强，减少$NO_x$生成量。

### 2. 分隔式燃烧室

1）涡流室式燃烧室

涡流室式燃烧室分成两部分：球形涡流室在气缸盖内，涡流室容积占总燃烧室容积的50%～80%；活塞上方为主燃烧室。

2）预燃室式燃烧室

预燃室式燃烧室分成两部分：预燃室用耐热钢单独制成，装入气缸盖，不和冷却液直接接触，以保持较高的工作温度；主燃烧室的空气量为进气量的60%以上，大部分燃料是在主燃烧室中混合燃烧的。

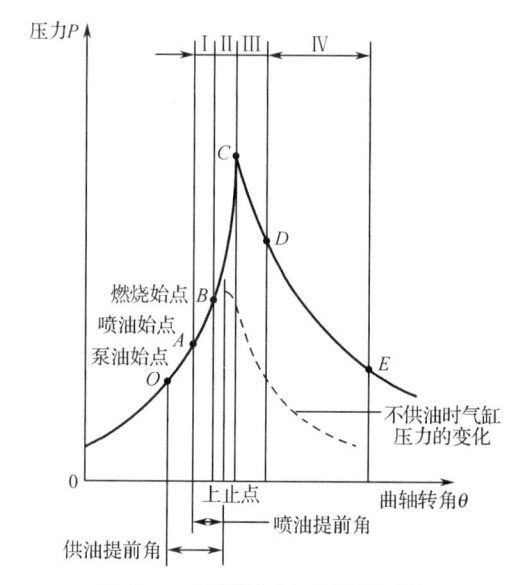

## 九、可燃混合气的燃烧过程

可燃混合气的燃烧过程大体分为备燃期（Ⅰ）、速燃期（Ⅱ）、缓燃期（Ⅲ）、后燃期（Ⅳ）4个时期，如图5-4所示。

图5-4 可燃混合气的燃烧过程

1）备燃期（滞燃期）

备燃期从喷油开始到开始着火燃烧为止。

气缸中的气体温度虽然已高于柴油的自燃点，但柴油的温度不能马上升高到自燃点，要经过一段物理和化学的准备过程，为燃烧做好准备。这一时期很短，一般仅为0.0007~0.003s。

2）速燃期

速燃期从燃烧开始到气缸内出现$P_{max}$时为止。火源中心已经形成，已准备好了的可燃混合气迅速燃烧。气缸内的压力$P$迅速增加，温度升高很快。

3）缓燃期

缓燃期从出现$P_{max}$开始到出现$T_{max}$为止。喷油器继续喷油，由于燃烧室内的温度和压力都高，柴油的物理准备和化学准备时间很短，几乎是边喷射边燃烧。气缸中氧气减少，废气增多，燃烧速度逐渐减慢，气缸容积增大。

4）后燃期

后燃期虽然不喷油，但仍有一少部分柴油没有燃烧完，随着活塞下行继续燃烧。放出的很大一部分热量通过气缸壁散至冷却液或随废气排出，使发动机过热，排气温度升高，造成发动机动力性和经济性下降。因此，要尽可能地缩短后燃期。

## 任务 5.2　柴油机燃料供给系统主要零部件拆装与调整

### 任务目标

通过本任务的学习，了解柴油机燃料供给系统主要零部件的作用，熟悉柴油机燃料供给系统主要零部件的组成，掌握柴油机燃料供给系统主要零部件的拆装与检测。

### 任务描述

**任务内容**

大众帕萨特车型的 2.0TDL 柴油机的 TDL 涡轮增压器今年坏了两次，需要进行进一步检查。

**实施条件**

1. 四套常用维修工具。
2. 大众帕萨特车（2.0TDL 柴油机）。
3. 大众帕萨特车维修手册。

### 相关知识

## 一、柴油机燃料供给系统常用零部件

### 1. 输油泵

1）作用

输油泵的作用是保证低压油路中柴油的正常流动，克服柴油滤清器和管路中的阻力，并以一定的压力向喷油泵输送足够量的柴油。输油泵供油量约为柴油机全负荷最大耗油量的 3~4 倍。

2）类型

输油泵分为活塞式输油泵、转子式输油泵、滑片式输油泵、膜片式输油泵、齿轮式输油泵等。

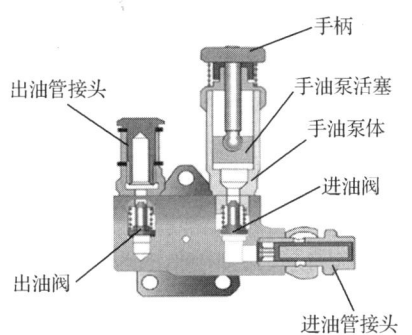

3）活塞式输油泵的结构

活塞式输油泵安装在柱塞式喷油泵的侧面，并由喷油泵凸轮轴上的偏心轮驱动。活塞式输油泵如图 5-5 所示。

图 5-5　活塞式输油泵

发动机拆装与调整

4）活塞式输油泵的工作原理

活塞式输油泵的工作原理如图 5-6 所示。

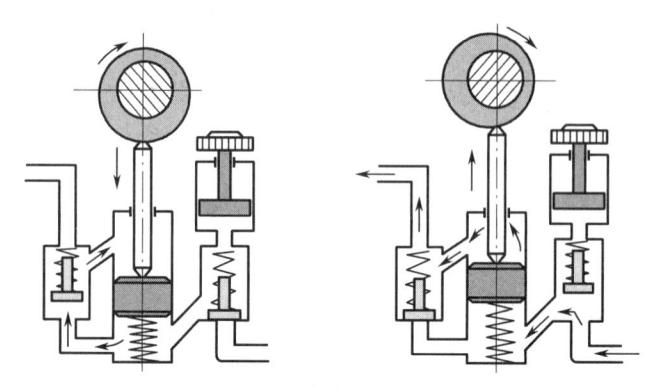

图 5-6 活塞式输油泵的工作原理

（1）吸油和压油行程。

偏心轮转过，活塞上行，下泵腔容积增大，产生真空，进油阀开启，柴油经进油口进入下泵腔。同时，上泵腔容积减小，压力增大，出油阀关闭，上泵腔中的柴油经出油口压出。

（2）准备压油行程。

偏心轮推动滚轮、挺杆和活塞向下运动，下泵腔油压增大，进油阀关闭，出油阀开启，柴油从下泵腔流入上泵腔。

（3）输油泵供油量的自动调节。

输油泵供油量大于喷油泵需要量时，上泵腔油压增大，与活塞弹簧弹力相平衡时，活塞便停止泵油。

（4）手油泵工作。

通过手油泵上下运动来泵油，清除燃油系统内的空气。柴油机的手油泵有两个单向阀，向下压手柄时，输油泵内腔压力增大，出油单向阀打开，进油单向阀关闭，柴油被压入喷油泵内；松开手柄时则相反，输油泵内腔压力减小，小于柴油箱内压力，柴油被从柴油箱吸进来。

2. 喷油泵

1）作用

喷油泵按照发动机的工作顺序和负荷大小，定时、定量、定压地向喷油器输送高压柴油。

喷油泵的结构及工作原理微课二维码

喷油泵是汽车柴油机上的一个重要组成部分。喷油泵总成通常是由喷油泵、调速器等部件安装在一起组成的一个整体。其中，调速器是保障柴油机的低速运转和对最高转速的限制，确保喷射量与转速之间保持一定关系的部件。

2）常见类型

喷油泵主要可分为柱塞式喷油泵、泵喷嘴系统和转子分配式喷油泵三种。其中，柱塞式喷油泵历史最久且应用最广泛，具有较高的可靠性；泵喷嘴系统将喷油泵和喷油器融合为一体，直接安装在发动机气缸盖上，可以消除高压油管带来的不利影响（要求发

152

动机上另加驱动机构）；转子分配式喷油泵只有一对柱塞，主要依靠转子的转动来实现柴油的增压和分配，具有体积小、质量小、使用方便、成本低等特点。

在我国，喷油泵以柱塞行程、泵缸中心距和结构形式为基础，分别配以不同尺寸的柱塞，组成若干种在一个工作循环内供油量不等的喷油泵，形成Ⅰ、Ⅱ、Ⅲ、A、B、P、Z等系列，以满足各种柴油机的需要。柱塞式喷油泵的外形如图5-7所示。

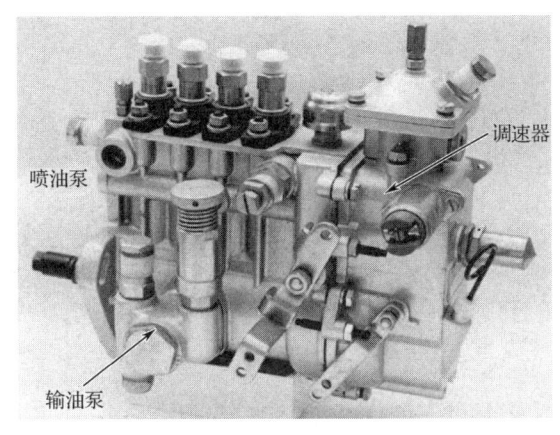

图 5-7 柱塞式喷油泵的外形

3）柱塞式喷油泵

（1）柱塞式喷油泵的组成。

柱塞式喷油泵主要由泵油机构、供油量调节机构、驱动机构、喷油泵体四大部分构成。其中，泵油机构包括柱塞偶件、出油阀偶件等；供油量调节机构指齿条式供油量调节机构或拨叉式供油量调节机构；驱动机构包括凸轮轴、挺柱组件等；喷油泵体是以上三者的安装基体，要求其具有足够的强度、刚度和密封性，并便于拆装、调整和维修。

（2）柱塞式喷油泵的工作原理。

① 吸油过程。

柱塞由凸轮轴的凸轮驱动，当凸轮的凸起部分离开柱塞时，柱塞在柱塞弹簧的作用下下移，油腔容积增大，压力减小；当柱塞套上的径向油孔露出时，低压油腔中的柴油便顺着进油孔流入泵腔。

② 泵油过程。

当凸轮的凸起部分将柱塞顶起时，油腔容积减小，压力增大，柴油顺着柱塞套上的径向油孔流回低压油腔；当柱塞上行到将柱塞套上的径向油孔完全堵上时，泵腔上的压力迅速增大；当此压力克服出油阀弹簧的预紧力时，出油阀上移；当出油阀上的减压环带离开出油阀座时，高压柴油便被泵到高压油管中，经喷油器喷入气缸中。

③ 回油过程。

随着柱塞的继续上移，当柱塞上的倾斜槽与柱塞套上的径向油孔相通时，泵腔中的柴油便通过柱塞上的轴向油道、斜油道及柱塞套上的径向油孔流回到低压油腔，泵油停止。

柱塞与柱塞套是加工十分精密的配套件。柱塞上有一个倾斜槽，柱塞套上的小孔称为吸入口，这个吸入口充满柴油，当柱塞倾斜槽对着吸入口时，柴油进入柱塞套内；当柱塞被凸轮轴顶至一定高度时，柱塞倾斜槽与吸入口错开，吸入口被封闭，使柴油既不能被吸入也不能被压出；当柱塞继续上升，柴油的压力增大到一定程度时就会顶开单向

阀进入喷油器，再从喷油器进入气缸燃烧室。单个柱塞的结构如图 5-8 所示。

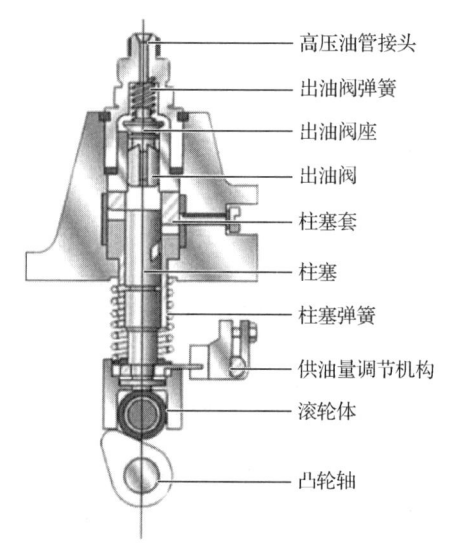

图 5-8 单个柱塞的结构

4）转子分配式喷油泵

轿车及轻型汽车柴油机上的喷油泵一般是分配式的，具有体积小、质量小、零件少、构造简单的优点。它用两组柱塞系统（或者一组柱塞系统）加压，将柴油分别送入各喷油器。转子分配式喷油泵有径向压缩式分配泵和轴向压缩式分配泵（VE 泵）两种。

（1）径向压缩式分配泵。

① 组成。

四缸柴油机径向压缩式分配泵的基本部分为高压泵头，它由柱塞、转子、衬套、定子、配油轴等组成，如图 5-9 所示。

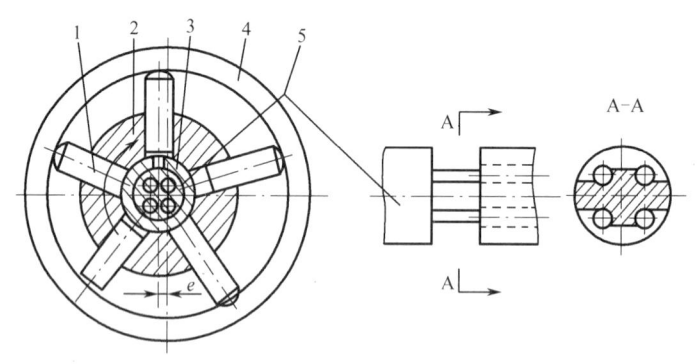

1—柱塞；2—转子；3—衬套；4—定子；5—配油轴

图 5-9 径向压缩式分配泵

② 工作原理。

从滤清器来的清洁柴油被输油泵泵入分配泵的高压泵头。柴油经分配套筒的轴向油道流到分配转子的环槽。在此油流分为两支：其一流往供油提前角自动调节机构；其二进入油量控制阀。从油量控制阀出来的柴油经壳体、分配套筒和分配转子的径向油道，进入分配转子的轴向中心油道，再流到两个柱塞之间的空腔内。以上这段油路为低压油路。

柴油受到柱塞的压缩后产生高压，高压柴油沿分配转子的轴向中心油道和分配孔直到喷油器。这段油路为高压油路。

进油过程：在分配转子的一个端面上均匀分布 4 个进油孔，只有当任意一个进油孔与分配套筒上的进油道对上时，柴油才能流入分配转子的轴向中心油道。可见转子每转 1 周进油 4 次。

配油过程：在分配转子的另一个端面上有一个分配孔，而分配套筒在该端面上均匀分布 4 个出油孔。只有当分配孔与分配套筒上某一个出油孔对上时，高压柴油才能输入喷油器。同样，分配转子每转 1 周出油 4 次。当进油道与进油孔对上时，分配孔与出油孔却是错开的；反之，当后二者对上时，前二者却是错开的。从轴向看，进油孔与出油孔的交角为 45°。

泵油过程：分配转子转动时，推动滚柱座、滚柱和柱塞绕其轴线转动。

由于固定的内凸轮凸起的作用，对置的柱塞被推向转子中心，柴油产生高压，此时分配孔正好与分配套筒上相应的出油孔对上，高压柴油被送到喷油器。当滚柱越过内凸轮凸起后，在离心力作用下两个柱塞迅速被甩向两端，使两个柱塞阀的空腔内产生真空度。当分配转子上相应的进油孔与分配套筒的进油道对上时，柴油就在二级输油泵压力作用下进入柱塞间的空腔。

（2）轴向压缩式分配泵。

轴向压缩式分配泵是德国波许公司于 20 世纪 80 年代初期研制的一种分配泵。我国南京汽车制造厂引进的意大利依维柯汽车柴油机装用了此种泵。此种泵与径向压缩式分配泵的主要区别在于分配转子的运动状态和调速机构不同。

此种泵主要由驱动机构、滑片式输油泵、高压泵头、供油提前角自动调节机构和滚轮架等组成，如图 5-10 所示。

图 5-10　轴向压缩式分配泵

驱动机构动力的输入是由分配泵驱动轴、调速器驱动齿轮及安装在驱动轴右端的联轴器（主动叉）完成的。

滑片式输油泵的转子用键与驱动轴连接。

高压泵头由凸轮盘（端面齿轮）、滚动机构、凸轮盘回位机构、联轴器（从动叉）、分配转子、分配套筒和泵头壳体等零部件组合而成，起到进油、泵油和配油的作用。凸轮盘左端面上的凸峰的数目，与发动机气缸的数目相对应。

供油提前角自动调节机构安装在泵体下部，由油缸和滚轮机构联合作用完成调节功

能，在滚轮架上装有滚轮，其数目与发动机气缸的数目相同。

滚轮架通过传力销、连接销与油缸活塞连接。活塞移动时，拨动滚轮架绕其轴线转动（滚轮架不受驱动轴转动影响）。油缸右腔经孔道与泵腔相通，油缸左腔经孔道与精滤器相通。

轴向压缩式分配泵的特点：分配转子的右端均匀分布4个转子轴向槽，在与出油阀通道相对应的分配转子端面上，均匀分布4个转子分配孔，当泵体进油槽与转子轴向槽相通时，转子分配孔与出油阀通道相隔绝，即从分配转子轴向看，转子轴向道与分配孔相错45°（四缸发动机）。油量控制套在调速器启动杠杆的作用下，可在分配转子上滑动。

分配泵驱动轴转动时，经联轴器带动凸轮盘和分配转子同步转动。在转动过程中，当凸轮盘面上的凸峰与滚轮相抵靠时，凸轮盘和分配转子因受推力而向右移至极限位置；当凸峰转过时，在回位机构的作用下凸轮盘左移，直至端面凸轮凹部与滚轮相抵靠为止。如此，分配转子既连续转动，又不断左右移动，分配转子每转1周，其各向左右移动4次（四缸发动机）。

5）泵喷嘴系统

泵喷嘴系统在ECU的控制下，用合适的压力和精确的时刻将准确数量的柴油喷入气缸内，在发动机整个运行范围内和整个生命周期内都需要保证上述控制精度。泵喷嘴系统取消了传统供油系统中的高压油管，对改善喷油系统的特性非常有益。

泵喷嘴系统的主要组成包括：

（1）高压系统。泵喷嘴系统的高压系统包含泵体总成、摇臂和随动弹簧。

（2）高压电磁阀。高压电磁阀控制喷射的开始时刻和喷射持续期，其主要元件有电磁线圈、电磁线圈针阀、电枢、磁芯和电磁阀弹簧。

（3）喷嘴总成。喷嘴将精确计量的柴油雾化并分配到燃烧室中。喷嘴控制喷射率曲线。喷嘴通过螺母固定在气缸盖上。

UI泵总成以一个泵的形式进行工作。它具有一个延长臂，高压电磁阀就装在其中，泵体内部的通道将高压室和电磁阀或者低压室联系在一起，泵喷嘴系统通过特殊的夹具安装在气缸盖上。

电控泵喷嘴系统省去了高压油管，把泵油的柱塞及泵体与喷油器部件连在一起，在泵体的侧面装有电磁阀，如图5-11所示。泵体上有起柱塞套作用的圆孔，与柱塞形成精密偶件，柱塞下的高压腔中的信道通过电磁阀与低压腔连通。

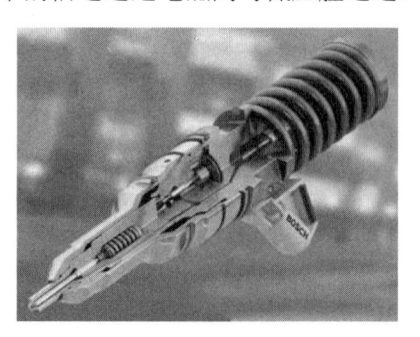

图5-11 柴油机电控泵喷嘴系统

当凸轮推动摇臂使柱塞下行时，如果电磁阀通电未关闭，则被推送的油通过此信道及电磁阀泄回低压腔,不会产生高压。如果电磁阀通电关闭,则被推送的油将产生高压,这个高压直接传到喷嘴,当压力超过针阀开启压力时,即开始喷油。在电磁阀关闭期间,泵喷嘴系统将持续喷油。

当电磁阀断电时,电磁阀回位弹簧使电磁阀打开,高压腔的油泄回低压腔,喷嘴针阀关闭,停止喷油。所以喷油正时和喷油量是由电磁阀的通电正时和通电时间的长短决定的。此外,电控系统是由一组传感器、计算机和执行组件组成的。传感器把柴油机工作的环境条件、工况及驾驶员的意图传给计算机。计算机根据这些信息及在开发柴油机时存入的匹配数据计算出正确的通电正时和通电时间,控制执行组件的工作。

电控泵喷嘴系统由于取消了高压油管,所以容易产生高喷油压力。博世公司生产的柴油轿车电控泵喷嘴系统的喷油压力已高达 2050bar。并且由于采用电控系统,系统控制灵活,通过电磁阀的两次动作可实现可控预喷射,大大减小了噪声和振动,并改善了排放情况。此外,由于电控泵喷嘴系统及驱动装置都安装在气缸盖上,发动机结构紧凑,外形尺寸小,可将低压的进、回油道都设置在气缸盖内。

### 3. 调速器

柴油机调速器的功用是根据柴油机负荷大小,自动调节喷油泵的循环供油量,稳定柴油机转速,并能维持柴油机最低稳定转速和限制最高转速,防止柴油机熄火和飞车。

喷油器及调速器的结构及工作原理微课二维码

调速器的原理就是在保持转速不变的情况下,改变柴油机的负荷。如果保持转速不变,改变柴油的供油量,就可以改变柴油机的负荷;如果保持柴油机的负荷不变,改变柴油的供油量,就可以改变柴油机的转速。调速器是用来保持柴油机的转速稳定的。在柴油机的负载变化的过程中,转速是会发生相应变化的。当转速降低时,如果调速器不调节,柴油机最终将停掉;当转速升高时,如果调速器不调节,柴油机最终将无法承受过大的离心力而损坏。

自动调节供油量使发动机在规定的转速范围内稳定运转的自动控制机构移动供油拉杆,可以改变循环供油量,使发动机的转速基本不变。因此,柴油机要满足使用要求,就必须安装调速器。

调速器根据转速调节的范围,可分为单制式调速器、两极式调速器和全程式调速器三种。

1)单制式调速器

单制式调速器只在一种转速下起作用,一般用于驱动发电机、空气压缩机及离心泵等特殊用途的柴油机上。

2)两极式调速器

两极式调速器的作用是稳定柴油机怠速、限制最高转速,在柴油机怠速和最大、最小转速之间工作时,调速器不起作用,由驾驶员控制柴油机的供油量。

3)全程式调速器

全程式调速器不仅具有两极式调速器的作用,还能在柴油机工作转速范围内的任何转速下自动调节发动机的供油量,使柴油机转速稳定。

两极式及全程式调速器都用于车用柴油机,其中行驶阻力多变的越野汽车及工况变化频繁的城市车辆用柴油机的调速器更宜采用全程式调速器,以降低驾驶员的劳动强度。

电子调速器是一种可以控制发电机转速的装置，同时电子调速器还能够按照接收到的电信号，利用控制器与执行器两个机构改变喷油泵的供油量大小。并且可以根据柴油机的负荷变动，自动执行增减动作使机器的转速得以稳定。说得再直白一些，电子调速器是一种可控硅调压电路的电子控制系统，通过改变可控硅导通角的大小，起到控制输出电压高低的作用。凡是转速感测元件或者执行机构均采用电气方式的调速器。电子调速器如图 5-12 所示。

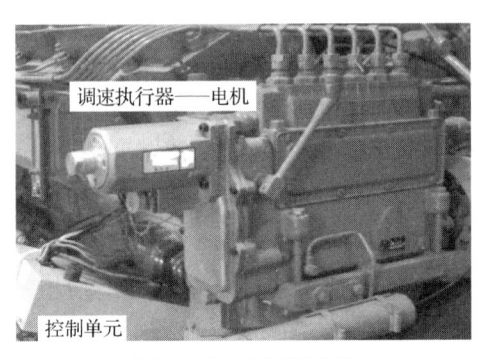

图 5-12 电子调速器

电子调速器工作原理动画二维码

### 4. 共轨系统

共轨系统是指柴油从柴油箱被齿轮泵吸出，经过油水分离器、齿轮泵，到柴油滤清器，最后到高压输油泵、共轨管、喷油器，并与传感器和 ECU 组成的闭环燃油供给系统。共轨系统采用将喷射压力的产生和喷射过程彼此完全分开的供油方式。共轨系统如图 5-13 所示。

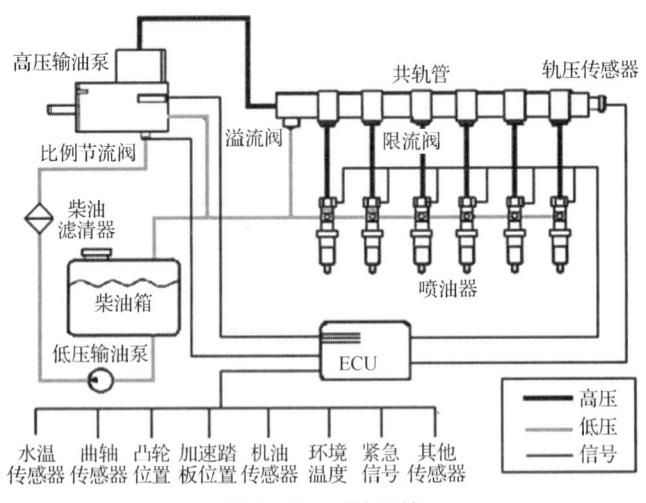

图 5-13 共轨系统

高压共轨系统主要由柴油箱、高压输油泵、共轨管、喷油器和各种电子元件组成。高压输油泵从柴油箱中吸出柴油并将油压提高到约 120MPa 后输入共轨管。高压输油泵的供油量一般几倍于实际喷油量，以保证供油的可靠性，多余的柴油经回油管流回柴油箱。

高压输油泵的出口端装有一个用来调节共轨管中油压的调压阀，ECU 根据柴油机的转速、负荷等控制调压阀的开度，从而增加或减少高压输油泵输送给共轨管的油量，实现对共轨管中油压的控制，以保证供油压力稳定在目标值，使喷油压差保持不变。

此外，ECU还根据燃油压力传感器信号对共轨管中的油压进行闭环控制。柴油机高压共轨系统采用的喷油器均为电控液力控制式喷油器，它主要由高速电磁阀和各种液压伺服机构组成。ECU通过控制高速电磁阀工作对喷油器喷油的开始时刻和喷油时间进行控制。液压伺服机构的工作油液就是共轨管中的高压柴油。

### 5. 柴油滤清器

1）作用

柴油滤清器的作用是滤除燃油系统中的有害杂质和水分，保护发动机的正常工作，减少磨损，避免堵塞，延长发动机寿命。柴油滤清器如图 5-14 所示。

柴油粗滤器通常安装在燃油泵的吸油端，由于吸油的压力较小，所以要求小的阻力。柴油粗滤器一般的额定过滤精度是 10~30μm。

柴油细滤器一般安装在输油泵和燃油泵（或喷油器）之间，它将给后面的燃油泵（或喷油器）全面的保护，具有较高的过滤精度（额定过滤精度是 2~10μm）。

2）类型

柴油滤清器分为柴油粗滤器和柴油细滤器。

3）材质

柴油滤清器的滤芯多采用滤纸，有的滤芯也采用毛毡或高分子材料；汽油滤清器的滤芯多采用滤纸，有的滤芯也采用尼龙布、高分子材料。

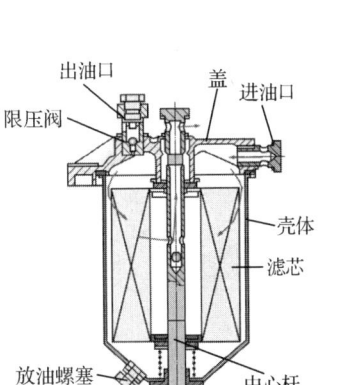

图 5-14 柴油滤清器

### 6. 油水分离器

因为柴油含有水分，油水分离器利用油水比重不同，在柴油经过油水分离器后，把水积存在下方，也会把杂质积存在里面。

来自柴油箱的柴油经进油口进入油水分离器，并经出油口流出。柴油中的水分在油水分离器内从柴油中分离出来并沉积在壳体的底部。浮子随着积水的增多而上浮。当浮子到达规定的放水水位时，液面传感器将电路接通，仪表板上的报警灯发出放水信号，这时驾驶员应及时旋松放水塞放水。手压膜片泵供放水和排气时使用。油水分离器如图 5-15 所示。

图 5-15 油水分离器

### 7. 喷油器

喷油器是一种加工精度非常高的精密器件，要求其动态流量范围大，抗堵塞和抗污染能力强，以及雾化性能好。喷油器接收 ECU 发送的喷油脉冲信号，精确地控制燃油喷射量。

喷油器的喷雾特性包括雾化粒度、油雾分布、油束方向、射程和扩散锥角等。这些特性应符合柴油机燃烧系统的要求，以使混合气形成和燃烧完善，并获得较高的功率和热效率。

电控喷油器是共轨系统中最关键和最复杂的部件，也是设计、工艺难度最大的部件。ECU 通过控制电磁阀的开启和关闭，将高压油轨中的燃油以最佳的喷油正时、喷油量和喷油率喷入燃烧室。为了实现有效的喷油始点和精确的喷油量，共轨系统采用了带有液压伺服系统和电子控制元件（电磁阀）的专用喷油器，如图 5-16 所示。

电控喷油器由孔式喷嘴、液压伺服系统（控制活塞、控制量孔等）、电磁阀等组成。

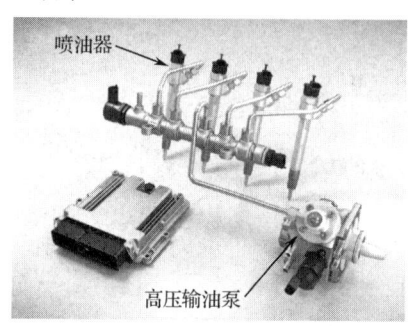

图 5-16 柴油机喷油器

喷油器分为开式喷油器和闭式喷油器两种。开式喷油器结构简单，但雾化不良，很少被采用。闭式喷油器广泛应用在各种柴油机上。柴油机在进气行程中吸入的是纯空气。在压缩行程接近终了时，柴油经喷油泵将油压提高到 100MPa 以上，通过喷油器喷入气缸，在很短的时间内与压缩后的高温空气混合，形成可燃混合气。由于柴油机压缩比高（一般为 16~22），所以压缩行程终了时气缸内空气压力可达 3.5MPa~4.5MPa，同时温度高达 750~1000K（而汽油机在此时的混合气压力为 0.6MPa~1.2MPa，温度达 600~700K），大大超过柴油的自燃温度。因此柴油在喷入气缸后，在很短的时间内与空气混合后便立即自行发火燃烧。气缸内的气压急速上升到6MPa~9MPa，温度也升到 2000~2500K。在高压气体推动下，活塞向下运动并带动曲轴旋转而做功，废气经排气管排入大气中。

普通柴油机是由发动机凸轮轴驱动的，借助于高压输油泵将柴油输送到各气缸的燃烧室。这种供油方式随发动机转速的变化而变化，做不到各种转速下的最佳供油量。

### 8. 真空控制器

真空控制器带有一个燃油旁路系统，依据进气歧管中的空气压力而起作用。它用在增压发动机上，以严格控制发动机的排烟。当将一台发动机从低于正常工作转速加速时，进气歧管中的空气压力不足以保证燃油完全燃烧，此时真空控制器限制流向喷油器的燃油压力。进气歧管中的空气压力随着增压器转速的提高而增大，增压器由发动机的排气能量来驱动，因此当发动机转速和排气功率较低时，进气歧管中的空气压力也小。在发动机加速的过程中，或当发动机负荷突然改变时，增压器速度（进气歧管中的空气压力）的改变总是落后于加速踏板开度所体现的对功率和燃油的需要。这种滞后在燃油系统中并不存在，因此，就会产生过浓或过高燃空比的混合气，通常还伴随排烟现象，直到增压器的速度跟上来时为止。真空控制器的功用就是在燃油系统中造成一个相当于增压器上的滞后间隔，以控制发动机的排烟程度。

### 9. 输油泵的检修

1）输油泵分解、检查与装复

将输油泵夹于垫有铜皮的虎钳上；拆下手油泵和进、出油管接头，并取出进、出油阀和弹簧；拧下螺塞，取出弹簧、活塞及推杆。泵体应无裂纹，活塞、推杆等配合表面不应有腐蚀和划痕；阀门与阀座应密封良好，否则应进行研磨；弹簧弹性良好无锈蚀。

如果膜片式输油泵摇臂或凸轮损坏、膜片损坏，应更换输油泵。装复时，所有零件应清洗干净，更换密封圈，按分解时相反顺序装复。

2）输油泵性能试验

（1）密封性试验。旋紧手油泵，堵住出油口，将输油泵浸入盛有柴油的容器中以300kPa～400kPa 的压缩空气从进油口通入，各部分不得有漏气，若用试管收集漏气量，则应不大于 7ml/min，否则应更换推杆。

（2）吸油能力试验。

膜片式输油泵：将干净的柴油或机油倒入进油口，用手堵住进油口，扳动手泵杠杆。合格的输油泵应感到有吸力，并在手指移去之前一直保持。

活塞式输油泵能在 30 个行程内从低于输油泵的柴油箱中吸油并出油为合格；若用喷油泵带动输油泵吸油，则在转速 150r/min 内供油为合格，若用手油泵泵油，则表示能充低压油路。

（3）供油量和供油压力试验。此项试验一般在专用试验台上进行。供油量试验是在规定的转速、出油压力及吸油高度为 1m 的条件下进行的，最大油压是在回油油路关闭时测得的，其要求应符合规定。

### 10. 喷油泵的检修

在喷油泵的检修中要对喷油泵的主要磨损部位进行检查，以便做出全面拆卸和维修的决定，使喷油泵能够达到原有的技术性能，保证柴油机正常工作。

1）齿条与齿扇面（拉杆）

A 型喷油泵和 B 型喷油泵中齿条与齿扇面配合副是供油量控制机构中的重要零件，其配合比较紧密，且推拉轻松。检查中如果发现齿条弯曲变形或齿扇面磨损，较难用校直方法重修齿扇面，应换装新件。如果发现推拉卡滞且卡滞位置多变，可能在齿扇面上粘有异物或个别齿扇面损坏，应在维修中清洗干净及磨修损坏的齿扇面，并重新装配再试。齿条与齿扇面的推拉间隙（齿扇面间隙）不应大于 0.1mm，且在工作长度上应均匀一致，推拉力不得超过 3N，阻力过大或有卡滞现象时应清洗干净后重新装配，无法修复时，应更换新件。

对于泵油量调节齿条拉杆的检查，主要检查拉杆弯曲度，齿条拉杆因泵体变形或在拉杆内应力作用下弯曲，当弯曲度超过 0.05mm 时，拉杆运动阻力加大，影响喷油泵供油特性曲线的变化，调速器调节功能失效，需冷压校直或更换。

2）柱塞偶件

喷油泵柱塞偶件的功用是提高柴油压力，以满足喷油器喷射压力的要求，控制油量和供油时间。柱塞偶件是喷油泵总成中的重要部件，它不但要有良好的密封性，而且要有良好的滑动性。如果柱塞卡死或卡滞，将使齿条移动困难，甚至不能移动，且调速器失灵。这时会造成发动机不能启动或工作"缺缸"、转速不稳（忽高忽低）、自行熄火或

"飞车"等故障。

柱塞式喷油泵的泵油是靠柱塞在柱塞套内上下往复运动来完成的。柱塞套两侧有两个起回油作用的小孔，与喷油泵体上的低压油腔相通，柱塞偶件上方装有出油阀偶件，用出油阀弹簧将出油阀压在阀座上，与柱塞顶一起形成压油空间。柱塞的下端靠柱塞弹簧紧压在挺杆体总成上，挺杆体通过滚轮压在（凸轮轴上的）凸轮上。当凸轮顶起挺杆使柱塞上行时，压缩柴油迫使出油阀离开阀座，柴油经高压油管压入喷油器，然后喷进气缸内；在柱塞上升行程超过有效行程之后，柱塞上泄油针槽与柱塞套回油孔的下边缘相通，供油便结束。

A型喷油泵柱塞双耳与油量控制套筒双侧面为运动控制面，是易于磨损的部位之一。标准的配合间隙为 0.02～0.04mm，如果磨损或墩宽变形超过 0.20mm，应予以修复。有条件时可用局部镀铬的方法加厚柱塞双耳两个侧面，达到标准配合间隙。修理工也可将耳部用锤击法墩宽并仔细研磨，恢复原来的配合间隙，无法修复时，应更换新件。

3）出油阀

（1）出油阀配合面包括出油阀与出油阀座锥面、出油阀的减压环带与出油阀座柱面，其配合面起密封作用，如果磨损严重，会导致喷油压力减小。出油阀密封不严可用研磨方法处理。将出油阀夹在钻床上，涂上少许氧化铬、机油或磨膏（不要涂在不应磨的地方），手持阀座研磨，磨后应洗净、装复。研磨的表面应无沟痕和弧线，密封严密。

（2）出油阀弹簧如果出现折断、扭曲或弹力减小，会降低喷油泵的泵油压力及出油阀阀芯落座力，应更换新件。

（3）污物造成出油阀封闭不严时，应清洗后装复。

（4）出油阀不能保证高压油管的残余油压，影响发动机的启动和运转性能时，应研磨。

（5）高压封油铜垫圈或低压封油橡胶圈不能保证密封性能或损坏时，应更换新件。装复时，接头旋紧扭矩不应过大或过小。

4）挺柱与挺柱座孔圆柱面

挺柱与挺柱座孔圆柱面起挺柱滑动和导向作用，磨损后将出现松旷或卡滞，影响喷油泵柱塞泵油动作，正常的配合间隙应为 0.02～0.05mm，间隙过大时，应更换新件。内衬套与滚轮之间的综合间隙应为 0.01～0.04mm。

5）凸轮及凸轮轴

凸轮轴上的凸轮磨损过大后，会导致柱塞速度特性曲线改变，使喷油规律变化。所以凸轮磨损严重时，应更换凸轮轴。凸轮轴轴承磨损严重时，应更换轴承，保证凸轮轴正常工作。凸轮及凸轮轴发生损伤的原因如下。

（1）凸轮轴的轴向间隙过大，造成滚轮体对凸轮工作面冲击力加大，从而加剧凸轮表面的早期磨损。

（2）挺杆定位螺钉松动，导致挺柱偏转，滚轮偏离凸轮滚道，挺柱底面棱角与凸轮表面接触，从而使凸轮表面产生严重的划伤和磨损。

（3）喷油泵会因输油泵挺杆与壳体磨损、密封胶圈损坏而造成大量柴油漏入喷油泵体内，致使机油变质。凸轮轴因润滑不良而加剧磨损。

（4）喷油泵体内机油数量不够或机油太脏。

（5）柱塞弹簧的规格不符合要求，弹力太大，易使凸轮轴变形和加快磨损。

（6）凸轮轴本身质量不好或热处理时凸轮表面硬度没有达到要求。

## 二、柴油机燃料供给系统电控系统

柴油机燃料供给系统电控系统以柴油机转速和负荷作为反映柴油机实际工况的基本信号，首先参照由试验得出的柴油机各工况相对应的喷油量和喷油正时 MAP 来确定基本的喷油量和喷油正时，然后根据各种因素（如水温、油温、大气压力等）对其进行各种补偿，从而得到最佳的喷油量和喷油正时，最后通过执行器进行控制输出。柴油机燃料供给系统电控系统有位置控制式、时间控制式、共轨式等类型。

### 1. 类型

1）位置控制式

位置控制式系统保留传统喷射系统的基本结构，只是将原有的机械控制机构用电控元件取代，在原机械控制循环喷油量和喷油正时的基础上，改进更新机构功能，使用直线比例式和旋转式电磁执行机构控制油量调节齿杆（或拉杆）位移和提前器运动装置的位移，实现对循环喷油量和喷油正时的控制，使控制精度和响应速度较机械式控制方式得以提高。

2）时间控制式

时间控制式系统有许多比纯机械式或第一代系统优越的地方，但其燃油喷射压力仍然与发动机转速有关，喷射后残余压力不恒定。另外，电磁阀的响应直接影响喷射特性，特别是在转速较高或瞬态转速变化很大的情况下尤为严重，而且电磁阀必须承受高压，因此对电磁阀提出了很高的要求。

3）共轨式

共轨控制式电控燃油喷射系统不再采用传统的柱塞泵脉动供油原理。共轨控制式电控燃油喷射系统具有公共控制油道（共轨管），高压输油泵向公共油道供油以保持所需的共轨压力，通过连续调节共轨压力来控制喷射压力，采用压力时间式燃油计量原理，用电磁阀控制喷射过程。

该系统根据柴油机运行工况的不同，不仅可以适时地控制喷油量和喷油正时，使其达到与工况相适应的最优数值，而且还使得对喷油压力和喷油速率的控制成为可能，系统的控制自由度及精度得到了大幅度提高。

### 2. 控制策略

1）喷油量控制策略

喷油量主要由加速踏板行程和柴油机转速来确定，除此之外，还要根据环境条件和柴油机工作条件进行修正。

（1）全负荷油量控制。

（2）部分负荷油量控制。

（3）油量修正（冷却液温度、进气压力等）。

（4）断油控制。

（5）其他控制（怠速控制等）。

根据传感器的信号，首先通过查取喷油正时 MAP 获得基准喷油正时，然后进行冷却液温度等的修正，最后计算出所需的喷油正时，并输出到驱动电路，电磁阀根据控制

器发出的控制信号，控制燃油的喷射。为了实现柴油机的最佳燃烧，应根据运行状态和环境条件等因素来控制最佳的喷射时刻。

2）喷油压力控制策略

喷油压力控制主要通过调节高压输油泵供油时刻，来使轨中的压力达到设定值并稳定。

喷油压力控制策略采用 PID 算法，根据工况得到的目标轨压和共轨压力传感器反馈的实际压力比较计算出最终的供油时刻。

最佳喷油压力（目标喷油压力）是柴油机转速和扭矩的二元函数，应进行进气压力、进气温度和冷却水温度补偿。

3）喷油率控制策略

喷油率是柴油机燃烧过程控制的重要参数之一。理想的喷油率曲线形状是与理想的燃烧过程相适应的，据此喷油可以形成最佳的混合气，实现理想的燃烧过程。

共轨喷射式供油系统由高压输油泵、公共供油管、喷油器、ECU 和一些管道压力传感器组成，系统中的每个喷油器通过各自的高压油管与公共供油管相连，公共供油管对喷油器起到液力蓄压作用。工作时，高压输油泵以高压将燃油输送到公共供油管，高压输油泵、压力传感器和 ECU 组成闭环并工作，对公共供油管内的油压实现精确控制，彻底改变了供油压力随发动机转速变化的现象。

### 三、故障诊断

故障诊断是柴油机 ECU 的一个重要功能，是柴油机的电控系统投入产品化的可靠性与安全性的重要保障。各种柴油机的电控系统均具有故障诊断系统。

故障诊断通常由控制软件完成，一般在仪表板上设故障指示灯，并可以输出故障代码。电控系统一般在故障诊断的同时提供支撑功能。

故障诊断系统监测柴油机运行状况，采集其运行参数以确定电控系统是否发生故障，如果发生故障，则利用故障处理策略使发动机能继续运行下去。

如果没有故障诊断系统，电控系统一旦发生故障而又无法诊断出故障并加以相应的处理，则此时柴油机的运行必偏离正常运行状况，造成排放恶化，经济性、动力性下降，甚至根本不能运行。

故障诊断系统具有以下功能。

（1）实时监测输入信号，包括传感器信号、操作人员控制开关信号等，根据工作状态判断信号是否有效。

（2）实时监测输出信号及执行器的工作状态。

（3）记录故障信号的故障代码，以及故障发生前后信号随时间变化的特征采样值。

（4）使控制软件在故障发生时执行安全保护模式下的控制子程序。

（5）能够向故障诊断仪发送故障信号及系统信息，并能在故障指示灯上显示故障代码。

当 ECU 中的微处理器出现故障时，接通备用集成电路，用固定信号控制发动机进入强制运转状态。

注意：备用系统只能维持基本功能，而不能保证正常的运行性能。

**课程思政：严格要求实训过程的时间，有助于工作时效性的培养。**

专业课教学改革的目标在于提高学生学习效率，让学生快乐地学习，强化学生适应社会竞争所需要的各种能力。实训课是专业技能强化的核心环节，实训效率的提高是实训教学的重中之重。提高实训效率的方法如下。

（1）完善制度。
（2）合理安排实训内容。
（3）节约材料。
（4）实训课时的安排应更趋向科学化。
（5）完善学生学习的激励机制。
（6）理论课、理论实践课应更好地服务于专业基础课。

## 任务5.3 理论测试

### 一、填空题

1．柴油的发火性用_____表示，_____越高，发火性_____。
2．通常汽车用柴油的十六烷值应在_____。
3．柴油的_____越低，其低温流动性_____。
4．柴油机可燃混合气的形成装置是柴油机的_____。
5．柴油机在进气行程中进入气缸的是_____。

### 二、判断题

1．柴油的十六烷值越高，其蒸发性越好，发火性越好。　　　　　　（　　）
2．柴油机所使用的柴油的凝点必须低于柴油机的最低工作温度。　　（　　）
3．汽车用柴油机必须采用重柴油。　　　　　　　　　　　　　　　（　　）
4．柴油机燃料供给系统随发动机负荷的不同，可相应地改变其供油量，以便使各气缸间的供油量不一致。　　　　　　　　　　　　　　　　　　　　　　（　　）
5．柴油机在气缸内形成可燃混合气，而汽油机则在气缸外形成可燃混合气。
　　　　　　　　　　　　　　　　　　　　　　　　　　　　　　（　　）

### 三、选择题

1．喷油器开始喷油时的喷油压力取决于（　　）。
　A．高压油腔中的燃油压力　　　B．调压弹簧的预紧力
　C．喷油器的喷孔数　　　　　　D．喷油器的喷孔大小
2．对多缸柴油机来说，各气缸的高压油管的长度应（　　）。
　A．不同　　　　　　　　　　　B．相同
　C．根据具体情况而定　　　　　D．无所谓
3．孔式喷油器的喷油压力比轴针式喷油器的喷油压力（　　）。
　A．大　　　　B．小　　　　C．不一定　　　　D．相同
4．柴油机喷油泵中的分泵数（　　）发动机的气缸数。
　A．大于　　　B．等于　　　C．小于　　　　　D．不一定

### 四、问答题

1. 简述喷油器的工作原理。
2. 简述共轨控制式电控燃油喷射系统的工作原理。

## 任务 5.4　柴油机燃料供给系统拆装与调整实训

### 一、实训目的与要求

1. 了解柴油机燃料供给系统的基本组成与工作原理。
2. 学会柱塞式喷油泵的拆装与调整方法。
3. 学会转子分配式喷油泵的拆装与调整方法。

### 二、实训内容

1. 柱塞式喷油泵的拆装与调整。
2. 转子分配式喷油泵的拆装与调整。

# 模块 6

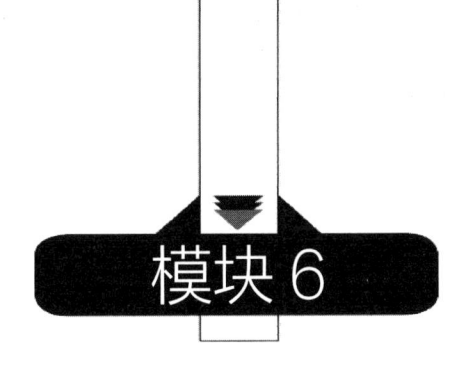

# 润滑系统拆装与调整

## 任务 6.1 润滑系统认知

### 任务目标

通过本任务的学习，掌握润滑系统的作用，熟悉润滑系统的组成。

### 任务描述

**任务内容**

一辆奥迪 Q7 汽车的发动机运转正常，行驶加速时机油压力报警灯闪亮，需要进行进一步检查。

**实施条件**

1. 四套常用维修工具。
2. EA888 型轿车。
3. EA888 型轿车维修手册。

### 相关知识

发动机工作时，各运动零件均以一定的力作用在另一个零件上，很多传动零件都是在很小的间隙下做高速相对运动的，如曲轴主轴颈与主轴承，连杆轴颈与连杆轴承，凸轮轴颈与凸轮轴承，活塞、活塞环与气缸壁面，配气机构各运动副与传动齿轮副等，有了相对运动，零件表面必然产生摩擦，加速磨损，尽管这些零件的工作表面都经过精细加工，但放大来看这些表面却是凹凸不平的。因此，为了减少磨损，减小摩擦阻力，延长使用寿命，发动机上都必须有润滑系统。

### 一、润滑的机理

润滑剂能够牢固地附在机件摩擦副上，形成一层油膜，这种油膜和机件的摩擦表面接合力很强，两个摩擦表面被润滑剂分开，使机件间的摩擦变为润滑剂本身分子间的摩擦，从而起到减少摩擦和磨损的作用。润滑的机理如图 6-1 所示。

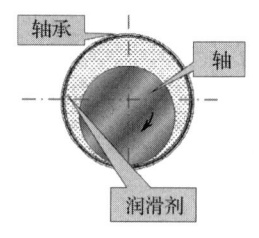

图 6-1 润滑的机理

发动机润滑系统的作用微课二维码

## 二、润滑系统的作用

### 1. 润滑作用

在发动机工作时连续不断地把数量足够、温度适当的洁净机油输送到传动件的摩擦表面，并在摩擦表面之间形成油膜，实现液体摩擦，从而减小摩擦阻力，降低功率消耗，减少机件磨损，以达到提高发动机工作可靠性和耐久性的目的。

### 2. 清洗作用

机油在润滑系统内不断循环，清洗摩擦表面，带走磨屑和异物。

### 3. 冷却作用

机油在润滑系统内不断循环，带走摩擦产生的热量，起冷却作用。

### 4. 密封作用

在运动零件之间、气缸壁上形成的油膜可以提高密封性，防止漏气和漏油。

### 5. 防锈作用

在零件表面形成油膜，对零件表面起保护作用，防止腐蚀生锈。

### 6. 缓冲作用

在运动零件表面形成油膜，吸收冲击，减小振动，起减振缓冲作用。

## 三、润滑剂

润滑剂分为润滑油和润滑脂。汽车上使用的机油就是一种润滑油。

### 1. 机油的使用性能

1）黏度

在一定的温度时，机油的流动性或稠度称为黏度。机油黏度越低，表示机油的油膜越薄，流动性越好，对发动机的运转阻力相对越小，但是在高温高压下的抗剪切性能越弱；反之，机油黏度越高，表示机油的油膜越厚，流动性越差，对发动机的运转阻力相对越大，但是在高温高压下的抗剪切性能越强，在较大压力下能帮助摩擦副抵抗磨损。所以，一些追求经济性的家庭轿车大多使用低黏度的机油，而一些追求动力性的性能车、经常大负荷工作的货车，大多使用高黏度的机油。

2）黏度指数

黏度指数是指机油黏度随温度变化的程度。黏度指数越高，表示机油黏度受温度影响越小，黏度对温度越不敏感，机油的黏度稳定性越好。该值越高越好，较高的黏度指数既能保证良好的低温流动性，又能为发动机提供强劲的高温油膜，保证发动机无论在低温冷启动，还是在高温状态下都能正常工作。

3）凝点

凝点是指在规定的冷却条件下油品停止流动的最高温度。凝点高的机油不能在低温下使用。相反，在气温较高的地区则没有必要使用凝点低的机油。因为机油的凝点越低，其生产成本越高，造成浪费。一般说来，机油的凝点应比使用环境的最低温度低 5~7℃。

4）抗腐蚀性

抗腐蚀性是指机油抵抗腐蚀性物质对金属腐蚀的能力。

5）抗氧化剂

抗氧化剂可以防止机油出现氧化变质现象，还可以延长机油的使用寿命。如果机油出现氧化变质现象，机油的润滑性能会下降，这样会加剧发动机的磨损。

6）清洁剂和分散剂

清洁剂可防止高温沉积物，分散剂可防止低温沉积物。利用本身的亲油、亲水和极性基团应用增溶、分散、洗涤、中和作用把发动机积炭、漆膜、油泥三大沉积物从摩擦表面洗涤下来，保持零件的清洁，保证机油的优良性能。

### 2. 润滑剂的分类

1）机油的分类（ISO 分类方法）

机油等级的划分方法通常有黏度划分法和机油质量划分法两种。

（1）SAE（美国汽车工程师学会）的黏度划分法。按照黏度划分法，人们将机油分成三种类型，它们分别是夏季用的高温型、冬季用的低温型和冬夏通用的全天候型。

夏季用的高温型有 20、30、40、50，该数字越大表明其黏度越高，能够适用的最高气温也越高。冬季用的低温型有 0W、5W、10W、15W、20W、25W，其中数字后面的符号 W 代表冬季，而 W 前的数字越小，表明低温黏度越低，低温流动性越好，适用的最低气温也越低。冬夏通用的全天候型有 5W-20、5W-30、5W-40、5W-50、10W-20、10W-30、10W-40、10W-50 等，其中 W 前面代表冬，W 前面的数字越小，表明该机油适用的最低气温越低，而横杠后的数字越大，表明该机油适用的最高气温越高。

（2）API（美国石油学会）的机油质量划分法。

API 将发动机机油分为两类：一类是 S 开头的机油，这类机油是汽油机适用的机油；另一种是 C 开头的机油，这种机油是汽油机、柴油机都适用的机油。

S 开头的机油（SA、SB、SC、SD、SE、SF、SG、SH、SJ、SL、SM、SN、SP）字母从 A 到 P，后面的字母每改变一个就比其前面的字母高一个级别，例如，SN 的级别就高于 SM 的级别。C 开头的机油（CA、CB、CC、CD、CE、CF）字母的等级也和 S 开头的机油类似，字母越靠后，其机油的等级越高。

2）润滑脂的分类

润滑脂分为钙基润滑脂、钠基润滑脂、钙钠基润滑脂、复合钙基润滑脂、通用锂基润滑脂、石墨钙基润滑脂。

### 3. 机油的选择

机油的黏度随温度变化而变化，温度高则黏度低，温度低则黏度高，因此，要根据季节选用不同牌号的机油。

## 四、润滑方式

### 1. 压力润滑

压力润滑用于负荷大、相对运动速度高的工作表面。利用机油泵，将具有一定压力的润滑油源源不断地送往摩擦表面，如曲轴主轴承、连杆轴承及凸轮轴轴承、摇臂等处形成油膜以保证润滑。压力润滑如图 6-2 所示。

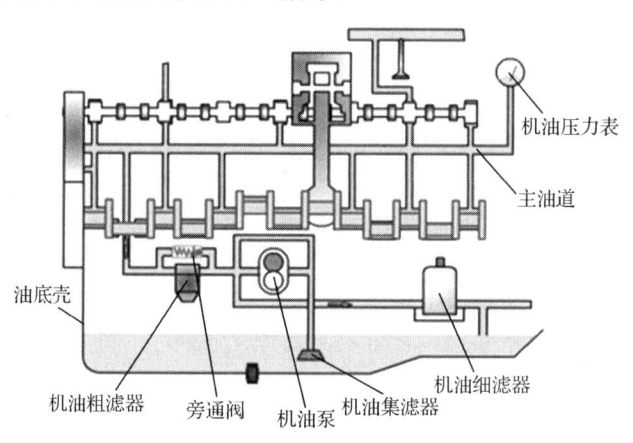

图 6-2 压力润滑

### 2. 飞溅润滑

飞溅润滑用于外露、负荷小、相对运动速度低的工作表面。飞溅润滑是利用发动机工作时运动零件飞溅起来的油滴或油雾来润滑摩擦表面的润滑方式，如润滑气缸壁、活塞销、凸轮表面、挺柱等。

目前多采用压力润滑与飞溅润滑相结合的润滑方式。

### 3. 定期润滑

对负荷较小的发动机辅助装置只需定期、定量加注润滑脂进行润滑，如水泵及发电机轴承等。近年来在发动机上采用含有耐磨润滑材料（如尼龙、二硫化钼等）的轴承来代替加注润滑脂的轴承。

## 五、润滑系统的组成

### 1. 机油供给装置

机油供给装置有油底壳、机油泵、油道、油管、限压阀等，可使机油以一定的压力和流量在循环系统中流动。

### 2. 滤清装置

滤清装置有机油集滤器、机油粗滤器、机油细滤器、旁通阀等，可清除机油中的各种杂质。

### 3. 仪表及信号装置

仪表及信号装置有油压传感器、油压警报器、指示灯及机油压力表等，可使驾驶员随时了解润滑系统的工作情况。

EA888 发动机润滑系统如图 6-3 所示。

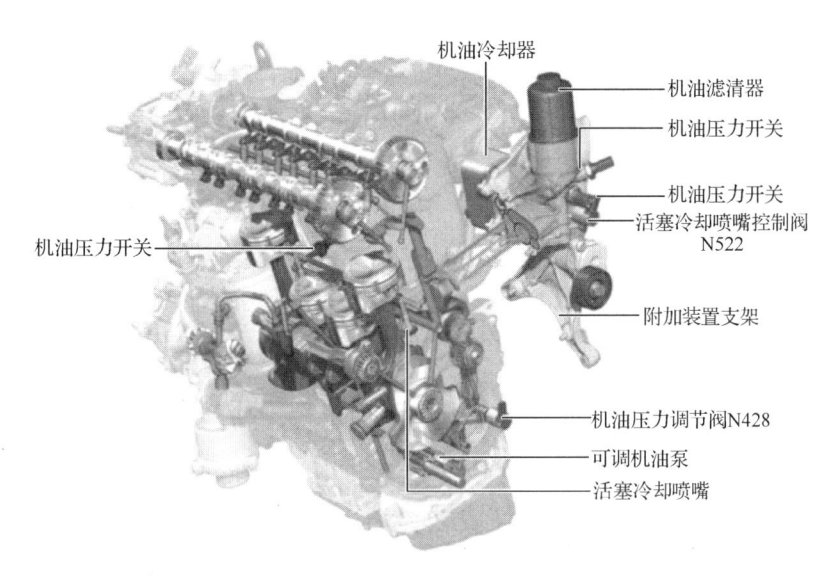

图 6-3  EA888 发动机润滑系统

EA888 发动机润滑系统中，有多处用到"机油滤网"，如曲轴箱内平衡轴承润滑处、气缸盖凸轮轴承润滑处、高压燃油泵四方驱动凸轮处等。

## 六、润滑系统的滤清方式

### 1. 全流式

全流式是机油滤清器与主油道串联的滤清方式。丰田、标致、桑塔纳及奥迪等在发动机上采用了全流式滤清方式。

### 2. 分流式

分流式是仅将油路中的一部分油滤清，即机油滤清器与主油道并联的滤清方式。

### 3. 并用式

并用式将全流式与分流式合起来使用。

## 七、汽油机润滑油路

油路微课二维码

不同的发动机在某些地方会根据发动机要求有不同的设计，但大体油路是相似的。首先油底壳中的机油通过机油集滤器滤清后进入机油泵（机油泵上有机油泵安全阀，当泵中油压过高时，安全阀打开，高压油通过回油管流回油底壳），然后经过机油冷却器，继续流向机油滤清器（机油滤清器上有机油旁通阀，部分机油可不经过机油滤清器，从旁通阀继续向前输送），再流向发动机机体内的油套、凸轮轴、曲轴等一些需润滑的摩擦表面，最后流回油底壳。汽油机润滑油路如图 6-4 所示。

# 发动机拆装与调整

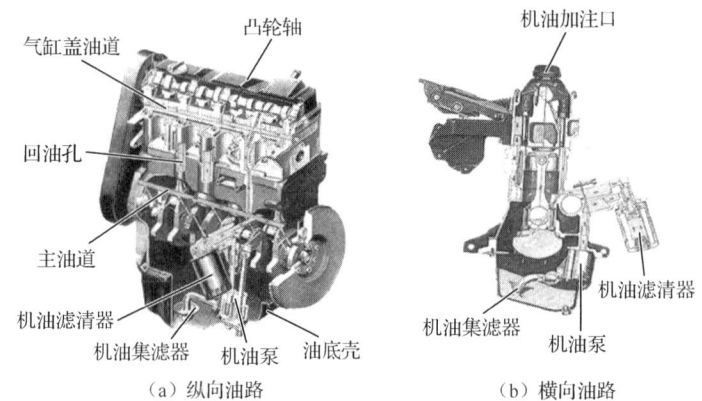

图 6-4 汽油机润滑油路

## 八、柴油机润滑油路

柴油机的机油通过机油泵从油底壳抽取后直接送入机油冷却器和机油滤清器，经过过滤和冷却后进入气缸体主油道并分配给需要被润滑的零部件和喷油泵，以保证柴油机的正常运转。斯太尔 WD 系列柴油机润滑油路如图 6-5 所示。

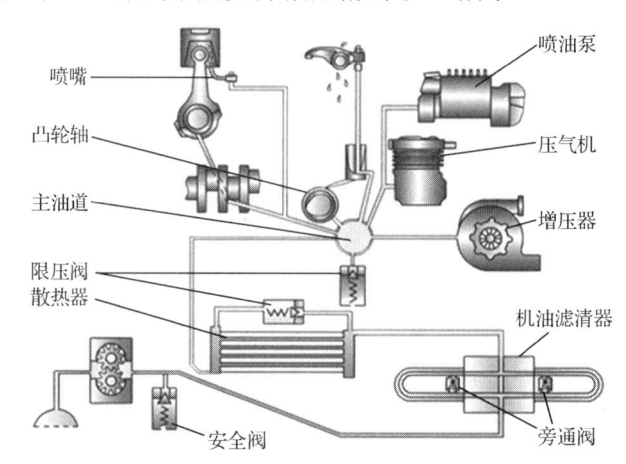

图 6-5 斯太尔 WD 系列柴油机润滑油路

## 任务 6.2　润滑系统主要零部件拆装与调整

### 任务目标

通过本任务的学习，掌握润滑系统主要零部件的作用及结构，熟悉润滑系统的工作原理。

### 任务描述

**任务内容**

一辆奥迪 Q7 汽车在行驶过程中排气管冒蓝烟，需要进行进一步检查。

**实施条件**

1. 四套常用维修工具。
2. EA888 型轿车。
3. EA888 型轿车维修手册。

## 相关知识

机油泵微课二维码　　齿轮式机油泵动画二维码

## 一、机油泵

### 1. 作用

机油泵的作用是将机油提高到一定压力后，强制地压送到发动机各零件的运动表面上。机油泵结构形式可以分为齿轮式机油泵和转子式机油泵两类。齿轮式机油泵又分为内啮合齿轮式机油泵和外啮合齿轮式机油泵。目前发动机润滑系统中广泛采用的是外啮合齿轮式机油泵和转子式机油泵两种。

### 2. 外啮合齿轮式机油泵

1）结构

齿轮式机油泵由主动轴、主动齿轮、从动轴、从动齿轮、壳体等组成。两个齿数相同的齿轮相互啮合，装在壳体内，齿轮与壳体的径向和端面间隙很小。主动轴与主动齿轮连接，从动齿轮空套在从动轴上。

2）工作原理

工作时，主动齿轮带动从动齿轮反向旋转。两个齿轮旋转时，齿槽间的机油沿机油泵壳壁由进油腔被带到出油腔，在进油腔一侧由于齿轮脱开啮合，机油被不断带出而产生真空，使油底壳内的机油在大气压力作用下经机油集滤器进入进油腔；在出油腔一侧由于齿轮进入啮合，机油被不断带入而产生挤压作用，机油以一定的压力被泵出。外啮合齿轮式机油泵如图 6-6 所示。

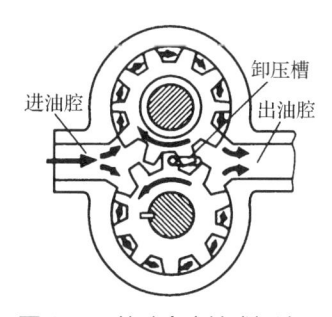

图 6-6　外啮合齿轮式机油泵

外啮合齿轮式机油泵结构简单、加工方便、工作可靠、使用寿命长，如捷达、桑塔纳、奥迪、切诺基等轿车都采用外啮合齿轮式机油泵。

EA888 发动机采用可变排量机油泵，主要通过调节泵齿轮的供油量来实现对机油压力的调节。泵油主要是通过机油泵内部两个泵齿轮相对移动来实现的。两个泵齿轮无位移（正对着）时，供油量最大；两个泵齿轮最大轴向位移（偏移）时，供油量最小。EA888

发动机可调式机油泵如图 6-7 所示。

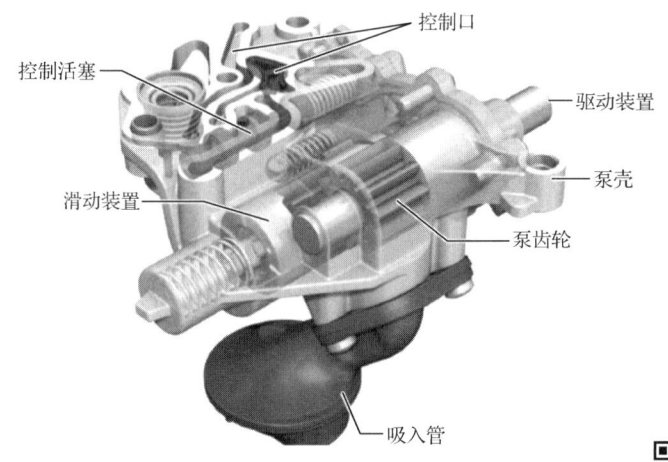

图 6-7　EA888 发动机可调式机油泵

### 3. 转子式机油泵

1）组成

转子式机油泵由壳体、内转子、外转子、转子轴和泵盖等组成。内转子用键或销子固定在转子轴上，由曲轴齿轮直接或间接驱动；内转子和外转子中心的偏心距为 $e$，内转子带动外转子一起沿同一方向转动。内转子有 4 个凸齿，外转子有 5 个凹齿，这样内、外转子可进行同向不同步的旋转。

2）工作原理

内、外转子每个齿的齿形廓线上总能互相成点接触。内、外转子间形成 4 个工作腔，随着转子的转动，这 4 个工作腔的容积是不断变化的。某一工作腔从进油孔转过时，腔内容积增大，产生真空，机油便经进油孔吸入。转子继续旋转，当该工作腔与出油孔相通时，腔内容积减小，油压升高，机油经油孔压出。转子式机油泵如图 6-8 所示。

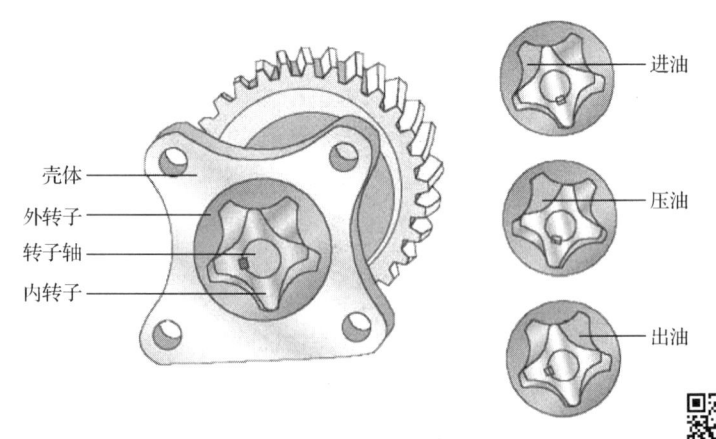

图 6-8　转子式机油泵

## 二、机油滤清器

为减小发动机中相对运动机件之间的摩擦阻力，减少零件的磨损，机油被不断输送到各运动机件的摩擦表面,形成润滑油膜,进行润滑。机油中本身含有一定量的胶质、杂质、水分和添加剂;在发动机工作过程中,金属磨屑的带入、空气中杂物的进入、机油氧化物的产生,使得机油中的杂物逐渐增多。若机油不经过滤清,直接进入润滑油路,就会将机油中含有的杂物带入运动副的摩擦表面,加速零件的磨损,缩短发动机的使用寿命。机油滤清器的作用是滤除机油中的杂物、胶质和水分,向各润滑部位输送清洁的机油。

为提高滤清效率,机油滤清器一般有三级,分别为机油集滤器、机油粗滤器和机油细滤器。

### 1. 机油集滤器

机油集滤器装在机油泵前油底壳中,一般采用金属滤网式,防止较大的机械杂质进入机油泵。机油集滤器分为浮式集滤器和固定式集滤器(见图6-9)。

(1)浮式集滤器由浮子、滤网、底盖片、弯管、活动接头等组成。由于浮子做成铰链活络式连接,故浮式集滤器可随机油平面的变化而浮在油面上,以吸收较清洁的油面机油,并使汽车在上坡(坡度在28°以内)时也能保证吸入机油。

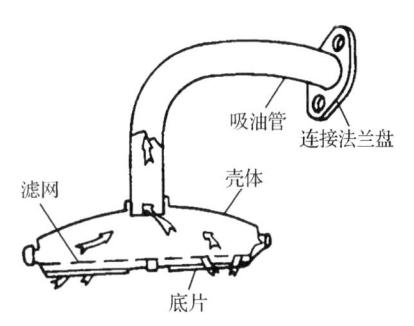

图6-9 固定式集滤器

(2)固定式集滤器装在油面下,吸入的机油清洁程度稍差于浮式集滤器,但可防止泡沫吸入,构造简单,使用也较广泛。

### 2. 机油粗滤器

机油粗滤器用来过滤机油中颗粒较大的杂质。由于它对机油流动阻力较小,所以一般串联在机油泵与主油道之间,属于全流式滤清器。

机油滤清器工作动画二维码

机油粗滤器装在机油泵后面,与主油道串联,主要有金属刮片式、锯末滤芯式、纸质滤芯式几种形式,目前大多采用纸质滤芯式粗滤器。

纸质滤芯式粗滤器由上盖、外壳、纸质滤芯及旁通阀等组成。上盖上有进、出油口,并与固定拉杆、外壳装合在一起,由密封圈密封,拉杆上套有纸质滤芯,滤芯分内、外两层,外滤芯是由波折的微孔纸组成的,内滤芯是用金属丝编的滤网。工作时机油经内、外两层滤芯过滤后进入主油道。滤芯靠弹簧的弹力顶在上盖上,并由密封圈保持滤芯内、外端的密封。在旁通阀的进油口一侧,当滤芯堵塞而阻力过大时(进、出油口的压力超过180kPa),机油顶开球阀直接进入主油道。机油粗滤器如图6-10所示。

### 3. 机油细滤器

机油细滤器的作用是给机油进行细密过滤,可以滤掉直径在0.001mm以上的细小杂质和胶质。由于其阻力较大,所以在油路中常采用分流式并联连接。

图6-10 机油粗滤器

机油细滤器主要有微孔滤纸式细滤器和转子式细滤器

两种。微孔滤纸式细滤器利用纸板或纸浆锯末压制成的滤芯进行一次性缝隙式过滤；转子式细滤器采用离心式滤清，没有滤芯，利用高速旋转的离心力将细小的杂质进行分离、沉积，获得滤清效果，有效地解决了机油的通过性与滤清效率之间的矛盾，可反复使用，但需要定期清洗。转子式细滤器如图6-11所示。

### 4．复合式滤清器

复合式滤清器是具有分流和全流两种功能的高性能滤清器。现代轿车发动机上普遍只设有一个机油集滤器和一个全流式机油滤清器。

机油粗滤器用于滤除机油中粒径为0.05mm以上的杂质，机油细滤器则用于滤除机油中粒径为0.001mm以上的细小杂质。复合式滤清器如图6-12所示。

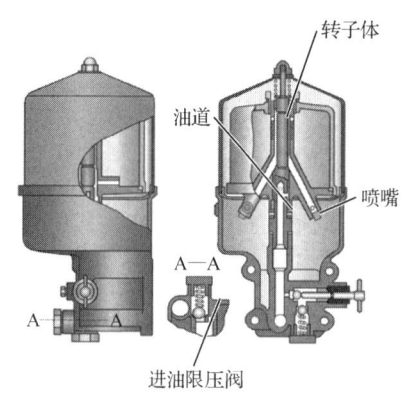

图6-11　转子式细滤器

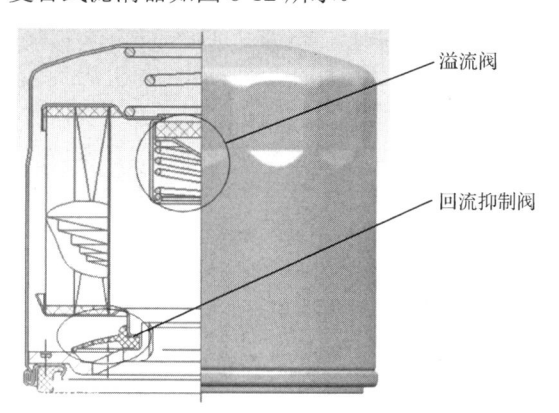

图6-12　复合式滤清器

## 三、机油尺

机油尺用于检查发动机机油量的多少。

为准确起见，在车辆熄火10～30min后，拔出机油尺。用纸巾擦干净后再插回原位，静待片刻后，拔出机油尺检查液面的位置。如果机油液面低于最低刻度标记或高于最高刻度标记，都说明机油需要进行处理。机油尺如图6-13所示。

图6-13　机油尺

### 1．低于下限，机油过少的影响

当机油液面低于最低刻度标记时，其实还是有剩余的机油在油箱里面的，只是为了提醒车主是时候补充机油了。当然，我们还是要尽快到4S店或者自己动手补充机油。

但要注意的是，千万不要激烈驾驶。因为发动机在高速运转的状态下，温度肯定会升高不少。而这时机油量本身就不多，很容易就会引起发动机过热故障，严重的话发动机可能直接报废。

### 2. 高于上限，机油过多的影响

机油过多很容易会让机油进入燃烧室内（内部压力过高）产生胶状积炭。虽然一开始不会发现什么明显的影响，但是随着时间的推移，产生的积炭肯定会越来越严重，不仅会堵塞三元催化孔，造成排气排放物排放超标（油耗增高），严重的话还可能会出现烧机油的现象。

此外，机油过多还会导致曲轴箱气体容积减小，压力升高，导致油封渗油。所以当机油过多时，应尽快到最近的汽修店进行处理，工作人员会用专门的仪器（抽油机）将多出的机油抽出来。

## 四、机油散热器

### 1. 作用

热负荷较大的发动机，为使机油保持在最有利的范围内工作，保持机油具有一定的黏度，装有机油散热器以便对机油进行强制性冷却，使机油保持在最有利的温度范围内工作。

### 2. 类型

机油散热器有风冷式机油散热器和水冷式机油散热器两种。

风冷式机油散热器一般安装在发动机冷却系统散热器的前面，利用冷却风扇的风力使机油冷却。水冷式机油散热器（机油冷却器）安装在发动机冷却水路中，当机油温度较高时靠冷却液降温，而在启动期间机油温度较低时，则从冷却液吸热迅速提高机油温度。EA888发动机机油冷却器如图6-14所示。

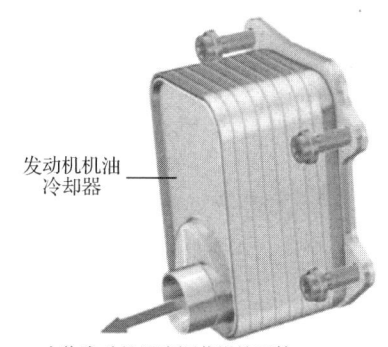

图6-14　EA888发动机机油冷却器

## 五、曲轴箱通风

### 1. 作用

在发动机工作时，燃烧室的高压可燃混合气和已燃气体，或多或少会通过活塞组与气缸之间的间隙漏入曲轴箱内，造成窜气。窜气的成分为未燃的燃油气、水蒸气和废气等，会稀释机油，降低机油的使用性能，加速机油的氧化、变质。水蒸气凝结在机油中，会形成油泥，阻塞油路；废气中的酸性气体混入润滑系统，会导致发动机零件的腐蚀和加速磨损；窜气还会使曲轴箱的压力过高而破坏曲轴箱的密封性，使机油渗漏流失。

为防止曲轴箱压力过高，延长机油使用期限，减少零件磨损和腐蚀，防止发动机漏油，必须实行曲轴箱通风。此外，为满足日益严格的排放要求和提高经济性，在汽车发动机设计过程中也必须进行曲轴箱通风系统设计。

## 2. 类型

曲轴箱通风包括自然通风和强制通风，现代汽油机常采用曲轴箱强制通风（PCV）系统。

1）自然通风

自然通风方式，即在曲轴箱上设置通风管，管上装有空气滤网。当曲轴箱内压力升高时，漏入曲轴箱中的气体经由通风管排出。

2）强制通风

强制通风方式，即将曲轴箱内的混合气通过连接管导向进气管的适当位置，返回气缸重新燃烧，如图6-15所示，这样既可以减少排气污染，又可以提高发动机的经济性。车用汽油机都采用强制通风方式，汽车用柴油机也逐渐采用强制通风方式。强制通风可分为开式和闭式两种形式。

开式曲轴箱强制通风装置在发动机处于全负荷低转速时，产生的窜气量大，但流量控制阀开度却减小，过量的窜缸混合气会通过开式通风盖散入大气，其净化率只有75%左右。

闭式曲轴箱强制通风装置能完全控制曲轴箱的排放，实现曲轴箱完全通风，防止油泥和其他有害物质的积累，减少发动机的故障和磨损。闭式强制曲轴箱通风装置是汽油机满足排放法规规定的必要设计。

EA888发动机曲轴箱通风如图6-16所示。

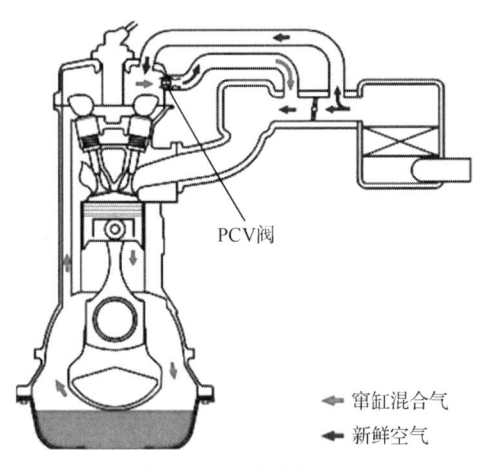

图6-15 强制通风

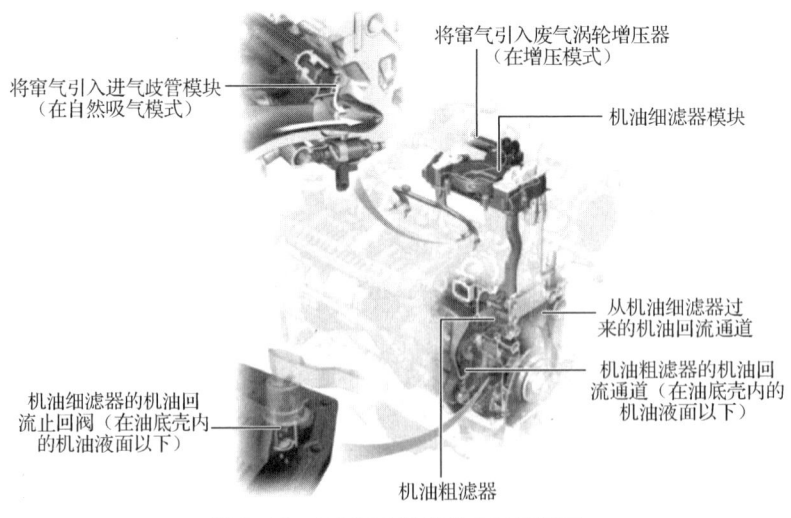

图6-16 EA888发动机曲轴箱通风

## 六、机油泵的拆装与检查

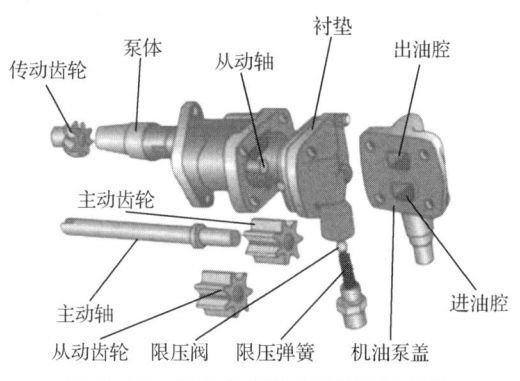

### 1. 外啮合齿轮式机油泵

1）外啮合齿轮式机油泵的分解

（1）将机油泵固定在台虎钳上,从机油集滤器上拆下卡环及滤网。

（2）拆下吸油管和出油管的紧固螺栓,分别卸下吸油管、出油管及密封垫等。

（3）用扁铲铲平传动齿轮前端锁片,松开固定螺母,拉出机油泵传动齿轮,并取出半圆键。

（4）松开机油泵盖的4个紧固螺栓,取下机油泵盖。

（5）取出主动齿轮、从动齿轮、主动轴、从动轴。从动轴与泵体是过盈配合的,如果无损坏,可不必分解。

（6）用扁铲铲平锁片后,用扳手拧下限压阀总成。将限压阀总成固定在台虎钳上,拆下开口销,取出弹簧座、弹簧及钢球。

（7）清洗各零件。外啮合齿轮式机油泵的分解如图6-17所示。

图6-17 外啮合齿轮式机油泵的分解

2）外啮合齿轮式机油泵的检查

（1）机油泵齿轮啮合间隙的检查。

检查时,将机油泵盖拆下,用塞尺在互成120°角三个位置处测量机油泵主、从动齿轮的啮合间隙。新机油泵齿轮啮合间隙为0.05mm,磨损极限值为0.20mm。机油泵齿轮啮合间隙的检查如图6-18所示。

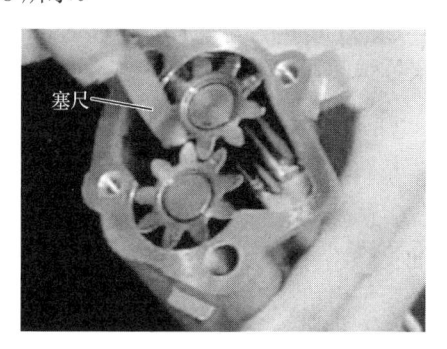

图6-18 机油泵齿轮啮合间隙的检查

（2）主、从动齿轮与机油泵盖接合面的间隙的检查。

检查主、从动齿轮与机油泵盖接合面的间隙，如图 6-19 所示。主、从动齿轮与机油泵盖接合面的间隙正常应为 0.05mm，磨损极限值为 0.15mm。

（3）机油泵主动轴的弯曲度的检查。

将机油泵主动轴支承在 V 形铁上，用百分表检查弯曲度。如果弯曲度超过 0.03mm，则应对其进行校正或更换。

（4）主动轴与机油泵壳配合间隙的检查。

主动轴与机油泵壳配合间隙应为 0.03～0.075mm，磨损极限值为 0.20mm，否则应对轴孔进行修复。主动轴与机油泵壳配合间隙的检查如图 6-20 所示。

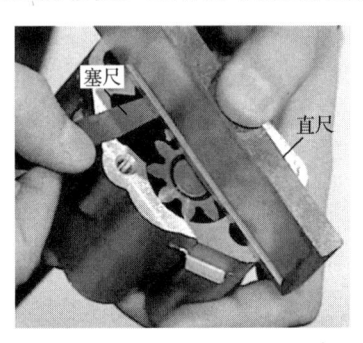

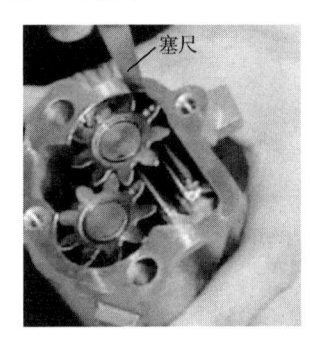

图 6-19　主、从动齿轮与机油泵盖接合面的间隙的检查　　图 6-20　主动轴与机油泵壳配合间隙的检查

（5）机油泵盖的检查。

机油泵盖如果有磨损、翘曲和凹陷超过 0.05mm，应采用研磨等方法进行修复。

（6）限压阀的检查。

检查限压阀弹簧有无损伤、弹力是否减小，必要时更换限压阀弹簧。检查限压阀配合是否良好、油道是否堵塞、滑动表面有无损伤，必要时更换限压阀。

3）外啮合齿轮式机油泵的安装与试验

（1）机油泵的安装与拆卸顺序相反。但安装时应更换垫片，注意各螺栓的拧紧力矩。

（2）检查。

机油泵装复后，用手转动机油泵齿轮，应转动自如，无卡阻现象。将机油灌入机油泵内，用拇指堵住油孔，转动泵轴应有油压出，并能感到有压力。

（3）试验。

机油泵装车后，通过机油压力表观察机油压力。在发动机温度正常的情况下，怠速运转时，机油压力应不低于 19.4kPa；当发动机高速运转时，机油压力应不高于 49.0kPa。如果不符合标准，应调整限压阀，可在限压阀弹簧的一端调整垫圈的厚度，使机油压力达到规定值。

## 2. 转子式机油泵

1）转子式机油泵的分解

（1）拆下出油管和机油集滤器。

（2）拆下卡环，用顶拔器拉出机油泵传动齿轮，取出键。

（3）拆下机油泵盖螺栓，取下机油泵盖和密封垫。

（4）依次取下定位销、内转子、外转子及衬套。

2）转子式机油泵的检查

（1）用塞尺测量内转子齿顶与外转子内廓面间的径向间隙，其标准值应小于0.15mm，极限值为0.25mm。

（2）用塞尺测量外转子与泵体间的径向间隙，其标准值一般为0.10~0.16mm，极限值为0.30mm。

（3）用直尺与塞尺或游标深度尺测量泵体与转子间的轴向间隙，其标准值一般为0.03~0.09mm，极限值为0.20mm。转子式机油泵的检查如图6-21所示。

(a) 测量内转子齿顶与外转子内廓面间的径向间隙
(b) 测量外转子与泵体间的径向间隙
(b) 测量泵体与转子间的轴向间隙

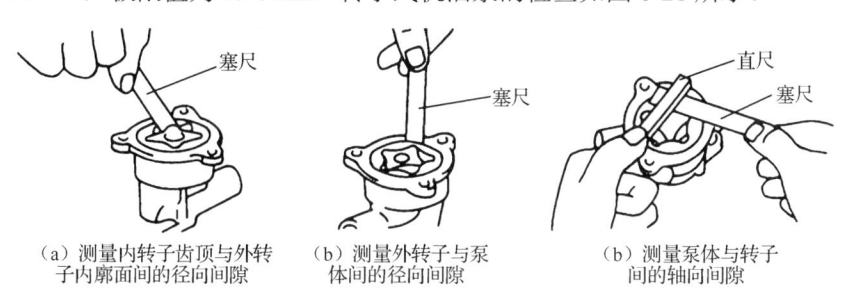

图6-21 转子式机油泵的检查

3）转子式机油泵的装复
（1）将泵体固定在台虎钳上。
（2）先在外转子内装好内转子，再将内转子、外转子及机油泵轴一并装入泵体内。
（3）机油泵轴装配到位后，在轴的前端和后端分别装上衬套。
（4）先在泵体的定位孔中装上定位销，再装上密封垫，并将机油泵盖装到泵体上，交叉拧紧4个机油泵盖螺栓。
（5）先在键槽中装上键，再将传动齿轮压进泵轴，并将卡环装入泵轴的卡环槽中。
（6）装上吸油管及机油集滤器总成，并拧紧两个螺栓。
（7）装上出油管总成及密封垫，并拧紧螺栓。

4）机油压力检查方法

机油压力可以用专用的机油压力表来测量，也可以用普通的油压表（量程为1MPa左右）配上相应的高压软管和接头来测量。测量机油压力的方法如下。

（1）拔下机油压力传感器的线束插头，拆下机油压力传感器。
（2）将机油压力表的软管接头拧入安装机油压力传感器的螺孔内，并拧紧接头。

检测时，首先拆下发动机润滑主油道上的机油压力传感器，装上机油压力表，然后启动发动机使其在规定转速下运转，此时机油压力表上的指示值为润滑系统的机油压力。

（3）将机油压力表放置在不会接触到发动机旋转部件及高温部件的地方。
（4）启动发动机，检查机油压力表接头处有无漏油。如果有漏油，应熄火后重新拧紧接头。
（5）运转发动机使之达到正常的工作温度，分别在怠速和2000r/min时检查机油压力表的读数，并与标准压力值进行比较。汽油机机油压力应为196kPa~392kPa；柴油机机油压力应为294kPa~588kPa。

**课程思政**：通过汽车三滤的更换，培养团队合作精神。

汽车三滤是指空气滤清器、汽油滤清器及机油滤清器。汽车三滤在汽车发动机上对

空气、汽油和机油起过滤作用,从而对发动机起保护作用。

团队合作指的是一群有能力、有信念的人在特定的团队中,为了一个共同的目标相互支持合作奋斗的过程。它可以调动团队成员的所有资源和才智,并且会自动地消除不和谐和不公正现象,同时会给予那些诚心、大公无私的奉献者适当的回报。如果团队合作是出于自觉自愿的,它必将会产生一股强大且持久的力量。

## 任务6.3　理论测试

一、填空题

1. 在发动机润滑系统中,凸轮轴轴颈采用＿＿＿＿。
2. 国产机油是根据在温度＿＿＿＿情况下机油的黏度值进行分类的。
3. 机油的黏度是评价机油品质的主要指标,通常用＿＿＿＿来表示。
4. 汽车发动机润滑系统所用的润滑剂有＿＿＿＿和＿＿＿＿两种。
5. 发动机的曲柄连杆机构采用＿＿＿＿和＿＿＿＿相结合的润滑方式。
6. 机油细滤器有＿＿＿＿和＿＿＿＿两种。

二、判断题

1. 机油细滤器能滤去机油中细小的杂质,所以经机油细滤器滤后的机油直接流向润滑表面。（　　）
2. 润滑油路中的机油压力不能过高,所以润滑油路中用旁通阀来限制油压。（　　）
3. 由于机油粗滤器串联于主油道中,所以一旦机油粗滤器堵塞,主油道中机油压力便会大大下降,甚至降为零。（　　）
4. 转子式细滤器出油无压力。（　　）
5. 固定式集滤器比浮式集滤器应用广泛。（　　）
6. 加注机油时,加入量越多,越有利于发动机的润滑。（　　）
7. 复合式滤清器的纸质滤芯可定期更换。（　　）
8. 柴油机机油分为SC、SD、SE、SF、SG、SH 6个级别。（　　）
9. 转子式细滤器滤清能力强,但对胶质的滤清效果差。（　　）

三、选择题

1. 活塞与气缸壁之间的润滑方式是（　　）。
   A．压力润滑　　　　　　　　B．飞溅润滑
   C．润滑脂润滑　　　　　　　D．压力润滑和飞溅润滑同时进行
2. 发动机润滑系统中机油的正常温度为（　　）。
   A．40～50℃　　　　　　　　B．50～70℃
   C．70～90℃　　　　　　　　D．大于100℃

四、问答题

1. 简述润滑系统的主要作用。
2. 简述机油泵的工作原理。

## 任务 6.4　润滑系统拆装与调整实训

### 一、实训目的与要求

1．了解润滑系统的基本组成与工作原理。
2．学会机油的更换方法。
3．学会机油泵的拆装与调整方法。

### 二、实训内容

1．机油的更换。
2．机油泵的拆装与调整。

# 模块 7

# 冷却系统拆装与调整

## 任务 7.1 冷却系统认知

### 任务目标

通过本任务的学习，掌握冷却系统的作用，熟悉冷却系统的组成。

### 任务描述

**任务内容**

一辆途观汽车冷却液温度警报灯闪烁，冷却液沸腾出现蒸气的现象，需要进行进一步检查。

**实施条件**

1. 四套常用维修工具。
2. EA888 型轿车。
3. EA888 型轿车维修手册。

### 相关知识

### 一、冷却系统的作用

冷却系统功用及分类微课二维码

为了使发动机在所有工况下都保持在适当的温度范围内，冷却系统既要防止发动机过热，又要防止冬季发动机过冷。冷却液在发动机冷启动后迅速升温，尽可能缩短暖机时间。为了保护发动机正常良好运行，冷却液在发动机冷却系统循环，起到防冻、防沸、防锈、防腐蚀等效果。

### 二、冷却液

冷却液由水、防冻剂、添加剂三部分组成。按防冻剂成分不同，冷却液可分为酒精型、甘油型、乙二醇型等类型。

酒精型冷却液用乙醇（俗称酒精）作为防冻剂，价格便宜，流动性好，配制工艺简单，但沸点较低、易蒸发损失、冰点易升高、易燃等，现已逐渐被淘汰。

甘油型冷却液沸点高、挥发性小、不易着火、无毒、腐蚀性小，但降低冰点效果不佳、成本高、价格昂贵，用户难以接受，只有少数北欧国家仍在使用。

乙二醇型冷却液是用乙二醇作为防冻剂，并添加少量抗泡沫、防腐蚀等综合添加剂配制而成的。由于乙二醇易溶于水，可以任意配成各种冰点的冷却液，其最低冰点可达 −68℃，这种冷却液具有沸点高、泡沫倾向低、黏温性能好、防腐和防垢等特点，是一种较为理想的冷却液。目前国内外发动机所使用的和市场上所出售的冷却液几乎都是乙二醇型冷却液。

### 1. 冷却水的选择

冷却水选择软水，即含矿物质较少的水，如雨水、雪水等。

### 2. 冷却液的组成

在冷却水中加入适量乙二醇或丙二醇来降低冷却液的冰点。冷却液的成分及冰点如表 7-1 所示。

表 7-1 冷却液的成分及冰点

| 名称 | 成分 | | | | | 冰点≤ ℃ |
|------|------|------|------|------|------|---------|
| | 乙二醇 | 酒精 | 甘油 | 水 | 成分比的单位 | |
| 乙二醇型冷却液 | 60% | | | 40% | 容积之比 | −55 |
| | 55% | | | 45% | | −40 |
| | 50% | | | 50% | | −32 |
| | 40% | | | 60% | | −22 |
| 酒精甘油冷却液 | | 30% | 10% | 60% | 质量之比 | −18 |
| | | 40% | 15% | 45% | | −26 |
| | | 42% | 15% | 43% | | −32 |

### 3. 冷却液的特点

冷却液有两种长效冷却液，分别为红色冷却液和绿色冷却液。两者都有几乎相同的成分。如果冷却液浓度不合适，则容易凝固。对于每个地区必须使用合适浓度的冷却液。

### 4. 注意事项

使用时应注意，切勿吸入口中，以免中毒。

## 三、冷却系统的分类

冷却系统分为水冷式冷却系统和风冷式冷却系统。

### 1. 水冷式冷却系统

水冷式冷却系统（简称"水冷系统"）以冷却液作为冷却介质，热量先由机件传给冷却液，靠冷却液的流动把热量带走而散入大气。散热后的冷却液再重新流回受热机件处。

EA888 发动机水冷系统如图 7-1 所示。

发动机拆装与调整

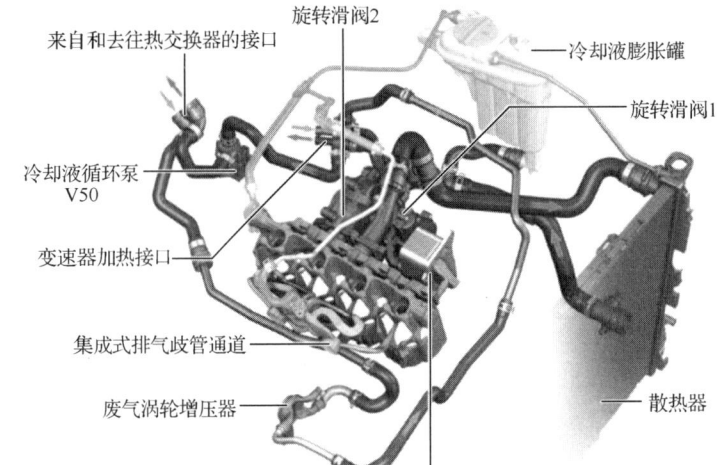

图 7-1　EA888 发动机水冷系统

## 2. 风冷式冷却系统

风冷式冷却系统（简称"风冷系统"）以空气作为冷却介质，具有结构简单、质量小等特点。此种系统的发动机维护使用方便，对气候变化适应性强，启动快，不需要散热器，因而它被摩托车广泛采用。

## 四、水冷系统的结构

水冷系统由水泵、散热器、冷却风扇、节温器、膨胀水箱和气缸盖水套，以及其他附属装置等组成，如图 7-2 所示。

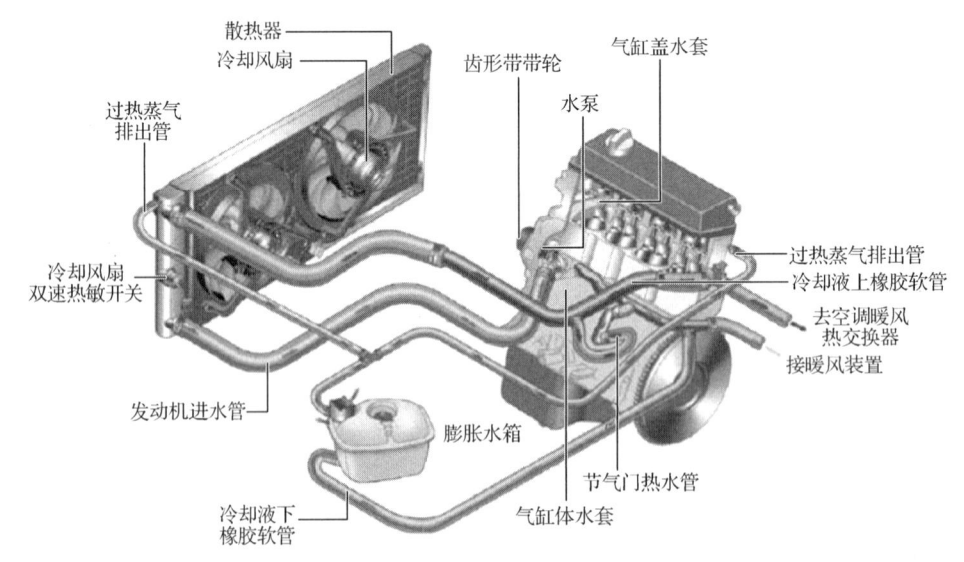

图 7-2　水冷系统的组成

## 1. 水泵

水泵用于对冷却液加压，保证其在冷却系统中循环流动。汽车发动机广泛采用离心式水泵。

## 2. 散热器

散热器由进水室、出水室及散热器芯三部分构成。冷却液在散热器芯内流动，空气在散热器芯外通过。热的冷却液由于向空气散热而变冷，冷空气则因为吸收冷却液散出的热量而升温，所以散热器是一个热交换器。

## 3. 冷却风扇

当风扇旋转时吸进空气，使其通过散热器，以增强散热器的散热能力，加速冷却液的冷却。

## 4. 节温器

节温器是控制冷却液流动路径的阀门。它根据冷却液温度的高低，打开或者关闭冷却液通向散热器的通道。

## 5. 膨胀水箱

当冷却液受热膨胀时，部分冷却液流入膨胀水箱；而当冷却液降温时，部分冷却液又被吸回散热器，所以冷却液不会溢失。

## 五、水冷系统的工作原理

散热器底部的冷却液经水泵加压，经过分水管进入气缸体水套；吸热后向上流入气缸盖水套，再次吸热后经节温器主阀门通过出水软管进入散热器；对着散热器的冷却风扇加速流经散热器芯的空气，促使热水加速冷却，然后经进水软管被水泵有一定真空度的进水口吸入。水套直接布置在气缸的周围，利用冷却液吸收水套周围的热量，冷却液再流到散热器内，将热量散到空气中，然后冷却液再回流，如此不断循环进行散热。

### 1. 正常冷却时的发动机温度

水冷系统气缸盖内冷却液温度为353～363K（80～180℃）。风冷系统气缸盖的允许温度为423～453K（150～180℃），气缸壁的允许温度为433～473K（160～200℃）。

### 2. 不正常冷却对发动机的影响

1）过冷

过冷时，热量散失过多，增加燃油消耗，冷凝在气缸壁上的燃油流到曲轴箱中稀释机油，加剧磨损。

2）过热

过热时，运动机件将因高温膨胀卡死；充气量减少，燃烧不正常，发动机功率下降，润滑不良，加剧磨损。

## 六、水冷系统的大小循环

大循环是指水箱中的冷却液和发动机中的冷却液一起循环，其循环路径为水泵→分水管→气缸体水套→气缸盖水套→节温器→散热器进水软管→散热器→散热器出水软管→水泵。

# 发动机拆装与调整

小循环是指发动机中的冷却液通过水泵循环，而水箱中的冷却液不循环，其循环路径为水泵→分水管→气缸体水管→气缸盖水管→节温器→旁通管→水泵。

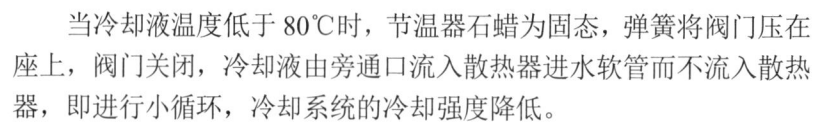

当冷却液温度低于80℃时，节温器石蜡为固态，弹簧将阀门压在座上，阀门关闭，冷却液由旁通口流入散热器进水软管而不流入散热器，即进行小循环，冷却系统的冷却强度降低。

当冷却液温度高于80℃时，节温器石蜡熔化成液态，其体积膨胀，迫使橡胶套收缩，推杆上端因固定而不能上移，橡胶套推动外壳克服弹簧的弹力而向下移动，打开阀门，大部分冷却液即可沿散热器进水软管进入散热器进行大循环，小部分冷却液仍进行小循环，冷却系统的冷却强度升高。

在冷却液循环系统中，EA888采用了电机主动控制，通过两个旋转滑阀对冷却液循环流向进行调节，相对于以前的热敏传感器的控制方式，电机可以进行更为精准的控制，满足发动机在各工况下对温度的需求。而利用排气歧管水套的热量，可以更快提升发动机暖机速度，降低发动机油耗，还可以减少冷启动造成内部构件的摩擦，最终使得发动机每公里二氧化碳的排放量降低约2.5g。EA888发动机冷却液循环系统如图7-3所示。

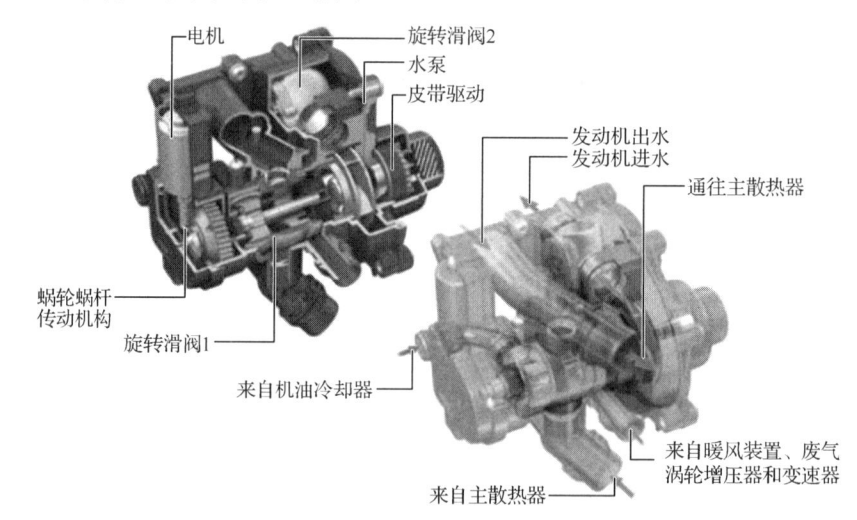

冷却系统大循环动画二维码

冷却系统小循环动画二维码

冷却循环三模式动画二维码

图7-3　EA888发动机冷却液循环系统

## 任务7.2　冷却系统主要零部件拆装与调整

**任务目标**

通过本任务的学习，掌握冷却系统主要零部件的作用，熟悉冷却系统主要零部件的组成。

## 任务描述

**任务内容**

一辆途观汽车的行驶里程已达 20 多万千米，最近车辆在行驶过程中，发动机有冷却液温度过高甚至"开锅"的故障。由于驾驶员的疏忽，车辆在发动机高温的情况下还继续行驶，最终导致车辆熄火且无法继续行驶，需要进行进一步检查。

**实施条件**

1. 四套常用维修工具。
2. EA888 型轿车。
3. EA888 型轿车维修手册。

## 相关知识

### 一、散热器

#### 1. 散热器的作用

散热器又称为水箱，安装在发动机前的车架横梁上。其作用是将冷却液在水套中所吸收的热量散发至外界大气，使冷却液温度下降。

#### 2. 散热器的结构

进水室顶部有加水口、进水软管与气缸盖连接；散热器芯由冷却管、散热带组成；出水室的出水软管与水泵进水管连接。散热器的结构如图 7-4 所示。

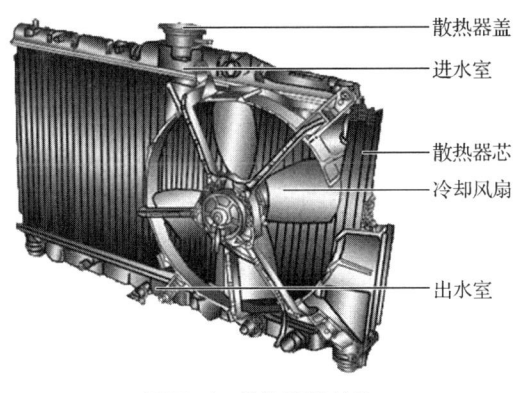

图 7-4 散热器的结构

#### 3. 散热器的类型

散热器分为纵流式散热器和横流式散热器。

纵流式散热器芯竖直布置，上接进水室，下连出水室，冷却液由进水室自上而下地流过散热器芯进入出水室。横流式散热器芯横向布置，左右两端分别为进、出水室，冷却液自进水室经散热器芯到出水室横向流过散热器。大多数新型轿车均采用横流式散热器，这可以使发动机罩的外廓较低，有利于改善车身前端的空气动力性。

#### 4. 散热器盖

散热器盖的作用是：将水冷系统密封住，以防冷却液溅出；使密封加压的水冷系统压力稳定。

当真空度低于 20kPa 时，空气阀打开；当压力达到 126kPa～137kPa 时，蒸气阀开启。散热器盖如图 7-5 所示。

图 7-5　散热器盖

#### 5. 常用散热器芯的结构形式

1）管片式散热器芯

管片式散热器芯由若干扁形或圆形冷却管组成。空气吹过扁形冷却管和散热片，使管内流动的冷却液得到冷却。管片式散热器芯因结构刚度较高而被汽车发动机广泛使用。

2）管带式散热器芯

管带式散热器芯由若干扁平冷却管组成。水管与散热器相间排列，在散热器带上常开有形似百叶窗的孔，以破坏气流在散热器表面上的附面层，提高散热能力。散热器芯的结构形式如图 7-6 所示。

（a）管片式散热器芯　　（b）管带式散热器芯

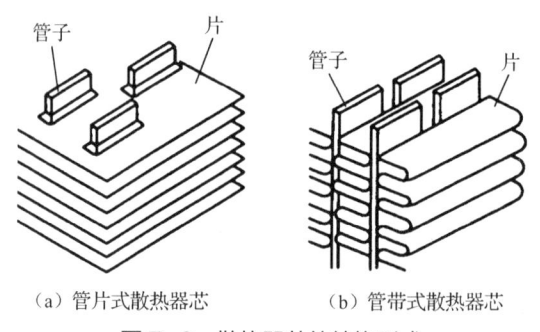

图 7-6　散热器芯的结构形式

## 二、膨胀水箱

### 1. 作用

膨胀水箱的作用是封闭冷却系统，减少冷却液损失；避免空气进入，减少氧化、穴蚀；增大出水量；使冷却系统内水、汽分离，保持压力稳定。膨胀水箱的连接方式如图 7-7 所示。

### 2. 结构

膨胀水箱多用半透明材料（如塑料）制成。底部通过水管与水泵的进水侧相连接；

通常位置略高于散热器。膨胀水箱的结构如图 7-8 所示。

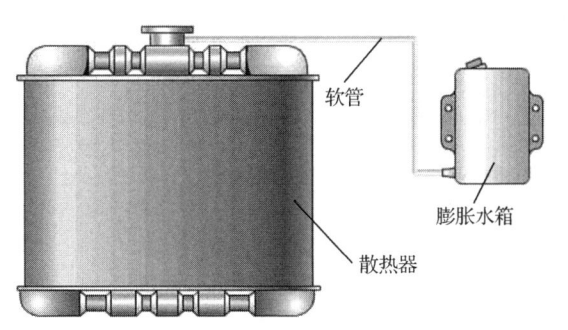

图 7-7　膨胀水箱的连接方式　　　　　图 7-8　膨胀水箱的结构

### 3. 特点

1）减少蒸气泡

冷却液的流动是靠水泵的压力来实现的。水泵吸水的一侧压力低，易产生蒸气泡。由于膨胀水箱和水泵进水口之间存在补充水管，水泵进水口处保持较高的水压，从而减少蒸气泡的产生。

2）水、汽彻底分离

散热器中的蒸气泡和水套中的蒸气泡通过蒸气导管进入膨胀水箱，从而使水、汽彻底分离。

3）保持压力稳定

由于膨胀水箱温度较低，进入的蒸气得到冷凝，一部分变成液体，重新进入水泵。而积存在膨胀水箱液面上的气体起缓冲作用，使冷却系统内压力保持稳定状态。

4）补充冷却液

膨胀水箱上有两条刻线，冷却液应加到上刻线（FULL），当液面下降到下刻线（LOW）时，应及时补充。

## 三、水泵

### 1. 水泵的作用

水泵的作用是对冷却液加压，使之在冷却系统中循环流动。冷却水泵是汽车发动机闭式循环冷却系统中输送冷却液的主要部件，其性能好坏，不仅影响汽车的动力性、经济性，而且影响整机的寿命长短。

### 2. 水泵的特点

汽车上广泛使用离心式水泵。它具有结构紧凑、泵水量大，以及因故障而停止工作时，不妨碍冷却液在冷却系统内部自然循环等优点。

### 3. 水泵的结构

水泵主要由叶轮、壳体、泵轴、密封垫圈等组成，如图 7-9 所示。

# 发动机拆装与调整

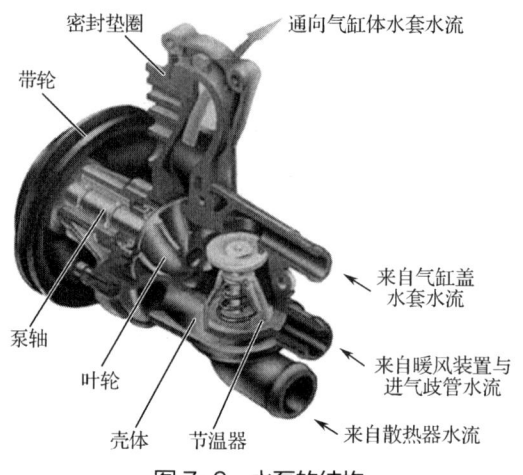

图 7-9 水泵的结构

### 4. 离心式水泵的工作原理

1）压水

当叶轮旋转时，水泵中的水被叶轮带动一起旋转，在离心力作用下，水被甩向叶轮边缘，并经外壳上与叶轮成切线方向的出水管压送到发动机水套内。

2）吸水

与压水同时，叶轮中心处的压力降低，散热器中的水便经进水管被吸进叶轮中心部分。

EA888 发动机电子调节水泵与以往水泵最大的不同是节温器由原来的机械式改成了电子调节式，能够更加精准地根据发动机工况对冷却液进行精细化调节。EA888 发动机电子调节水泵如图 7-10 所示。

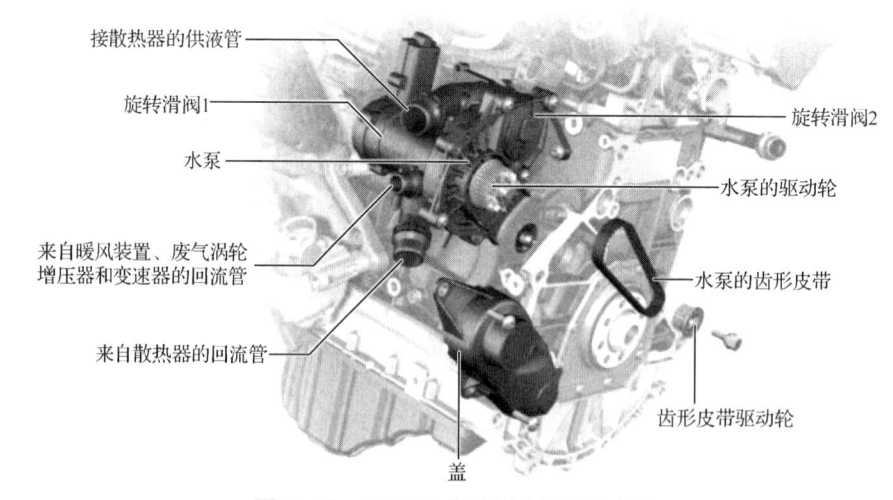

图 7-10　EA888 发动机电子调节水泵

## 四、冷却水套

冷却水套的作用是将发动机燃烧室和气缸体内壁的温度通过热传导将热能转移到

冷却液，由于液体是可流动的，经过水泵循环到散热器，由散热器通过外界空气的流动给冷却液散热，再由冷却液循环到发动机冷却水套接收发动机工作时产生的热量，如此循环。

水冷发动机的气缸体和气缸盖中都加工有冷却水套。气缸体水套与气缸盖水套相通，冷却液在水套内不断循环，带走部分热量，对气缸体和气缸盖起冷却作用。冷却水套如图 7-11 所示。

图 7-11　冷却水套

## 五、冷却风扇

冷却风扇置于散热器芯的正后方，由曲轴通过传动带驱动或由电机驱动，能吸引空气加速流过散热器芯以加速冷却液散热。

比如轿车，目前采用的都是电子风扇冷却系统；而大部分商用客车，采用的都是皮带式发动机冷却系统，由发动机通过曲轴及皮带驱动冷却风扇转动。

电子风扇在发动机进出水口都安装温度传感器，冷却系统会自动检测温度，当温度达到预先设置的值时，风扇控制器会自动驱动风扇运转散热，风扇的转速与散热器散热需求量成正比。电子风扇最大好处是可以实现无级变速，保证发动机冷却系统始终处于最佳工作温度范围。

## 六、节温器

### 1. 节温器的作用

节温器动画二维码

节温器根据冷却液温度的高低自动调节进入散热器的冷却液量，改变冷却液的循环范围，以调节冷却系统的散热能力，保证发动机在合适的温度范围内工作。节温器必须保持良好的技术状态，否则会严重影响发动机的正常工作。如果节温器主阀门开启过迟，就会引起发动机过热；如果节温器主阀门开启过早，就会使发动机预热时间延长，使发动机温度过低。

### 2. 蜡式节温器的组成

在橡胶管和感应体之间的空间中装有石蜡，为提高导热性，石蜡中常掺有铜粉或铝粉。常温时，石蜡呈固态，阀门压在阀座上。上、下支架与阀座连为一体，推杆上端固定在上支架中心处，另一端插入橡胶管中心孔中，橡胶管与节温器外壳之间的空腔装有

精制的石蜡。蜡式节温器的结构如图 7-12 所示。

节温器大多数布置在气缸盖出水管路中，优点是结构简单，容易排出冷却系统中的蒸气泡；缺点是节温器在工作时经常开闭，产生振荡现象。

### 3. 蜡式节温器的工作过程

（1）当发动机冷却液温度低时，阀门压在阀座上。这时阀门关闭了通往散热器的水路，来自发动机气缸盖出水口的冷却液经水泵又流回气缸体水套中，进行小循环。

（2）当发动机冷却液温度升高时，石蜡逐渐变成液态，体积随之增大，迫使橡胶管收缩，从而对推杆上端头产生向下的推力。由于推杆下端固定，故推杆对橡胶管、感应体产生向上的反推力，阀门开启。

（3）当发动机冷却液温度达到 80℃以上时，阀门全开，来自气缸盖出水口的冷却液流向散热器，进行大循环。蜡式节温器的工作原理如图 7-13 所示。

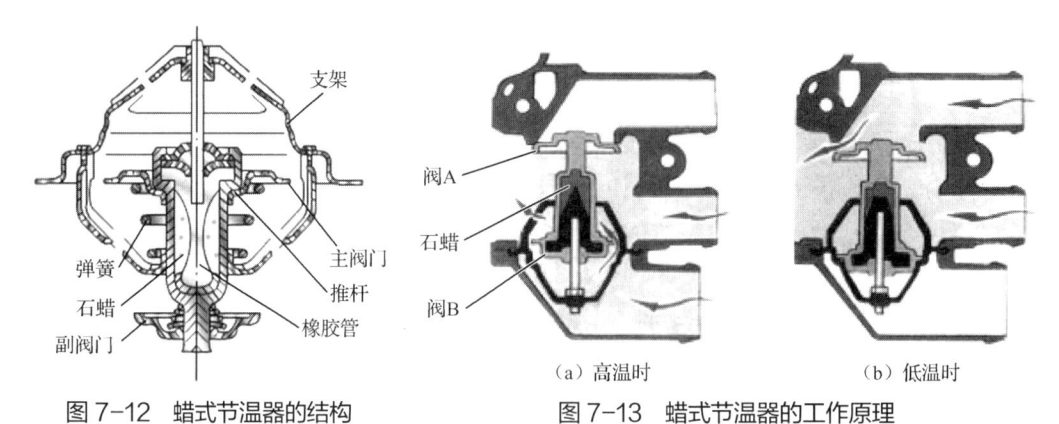

图 7-12 蜡式节温器的结构

图 7-13 蜡式节温器的工作原理

EA888 发动机水泵节温器总成如图 7-14 所示。

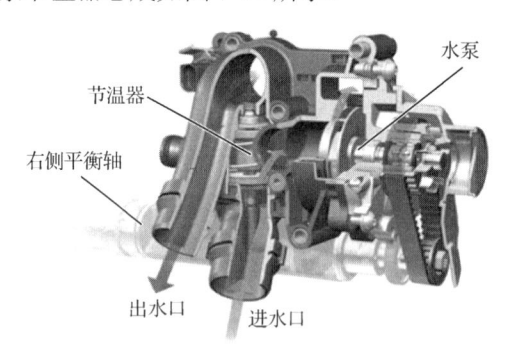

图 7-14 EA888 发动机水泵节温器总成

冷却系统检测示范
微课二维码

## 七、冷却强度调节

### 1. 冷却强度调节的目的

强制式水冷系统的冷却强度一般受汽车的行驶速度，曲轴、水泵和风扇的转速，以及外界气温的影响。

当行驶条件变化时，如外界气温高，发动机在低速大负荷情况下工作，要求冷却强度高，否则发动机容易过热。而当外界气温低，发动机负荷又不大时，其冷却强度应低些，否则发动机容易过冷。

### 2．冷却强度调节方法

可以通过改变流经散热器的空气流量和流速、改变冷却液的流量和循环路线的方法调节冷却强度。

改变流经散热器的空气流量和流速的装置主要有百叶窗、风扇、风扇离合器。改变冷却液的流量的装置主要有节温器。

百叶窗通过调节流经散热器的空气流量来调节冷却系统的冷却强度，使发动机在适宜的温度下工作。通常利用百叶窗来改变流经散热器的空气流量。百叶窗调节空气流量并防止冬季冻坏散热器，多用人工调节，有的百叶窗也采用自动调节装置。

## 八、水泵的拆装与检修

（1）检查泵体及皮带轮有无磨损及损伤，必要时应更换；检查水泵轴有无弯曲、轴颈磨损程度、轴端螺纹有无损坏；检查叶轮上的叶片有无破碎、轴孔磨损是否严重；检查水封和胶木垫圈的磨损程度，如果超过使用限度，应更换新件；检查轴承的磨损情况，可用百分表测量轴承的间隙，如果超过 0.10mm，应更换新的轴承。水泵的拆卸如图 7-15 所示。

图 7-15　水泵的拆卸

（2）水泵取出后，可按顺序进行分解。分解后应先将零件进行清洗，再逐一检查，看其是否有裂纹、损坏及磨损等缺陷，如果有严重缺陷，应予以更换。

（3）水封及水封座的修理。

水封如果磨损起槽，可用砂布磨平，如果磨损过甚，应予以更换；水封座如果有毛糙刮痕，可用平面铰刀或在车床上修理。在大修时，应更换新的水封组件。

（4）在泵体上具有下列损伤时允许焊修：长度在 30mm 以内，不伸展到轴承座孔的裂纹；与气缸盖接合的突缘有破缺部分；油封座孔有损伤。

水泵轴的弯曲度不得超过 0.05mm，否则，应予以更换。叶轮叶片破损时，应予以更换。水泵轴孔径磨损严重时，应予以更换或镶套修复。

（5）检查水泵轴承是否转动灵活或有异常响声，如果有，说明轴承有问题，应予以更换。

（6）水泵装配好后，用手转动一下，泵轴应无卡滞、叶轮与泵壳应无碰擦。检查水泵排水量，如果有问题，应检查原因并排除。如果水泵出现故障，冷却液会无法到达相应的地方，其性能就得不到有效的发挥，最终影响发动机的工作情况。因此，必须加强对水泵的检查工作。

## 九、节温器检查

### 1. 节温器的就车检查方法

1）发动机启动后的检查

打开散热器加水口盖，若散热器内冷却液平静，则表明节温器工作正常，否则，表明节温器工作失常。当冷却液温度计指示 70℃以下时，散热器进水软管处若有冷却液流动，冷却液温热，则表明节温器主阀门关闭不严，使冷却液过早进行大循环。

2）冷却液温度升高后的检查

发动机工作初期，冷却液温度上升很快；当冷却液温度计指示 80℃以上时，升温速度减慢，表明节温器工作正常。

当冷却液温度计指示 70～80℃时，打开散热器盖和散热器防水开关，用手感受冷却液温度，若烫手，则表明节温器工作正常；若散热器加水口处冷却液温度低，且散热器进水软管处无冷却液流出或流出甚微，则表明节温器主阀门无法打开。

### 2. 节温器拆下后的检查方法

首先将节温器放在盛于热水的器皿中，然后加热升温以检查测定开始开启温度、完全开启温度、全开时阀门升程，确定节温器是否完好。节温器的检查如图 7-16 所示。

**课程思政**：通过发动机冷却系统的维修过程，培养认真负责的工匠精神。

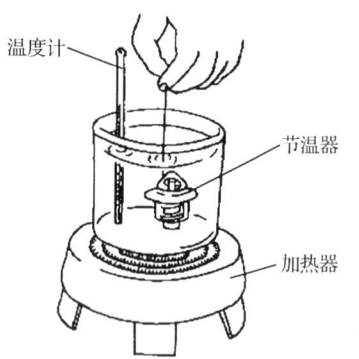

图 7-16 节温器的检查

## 任务 7.3 理论测试

### 一、填空题

1. 冷却系统的主要部件有_____、_____、_____、_____、散热器等。
2. 汽车发动机采用较多的是_____节温器，其形式有单阀门和双阀门两种。
3. 汽车上广泛使用的是_____水泵，其优点是尺寸小、出水量大、结构简单、维修方便。

### 二、判断题

1. 放水时，只有将散热器盖打开，才能把发动机和散热器中的水放尽。（    ）
2. 为了减缓冷却液的损失和提高散热器的冷却液沸点，冷却系统一般采用闭式水冷系统。（    ）
3. 在离心式水泵因故障停止工作时，就不能进行自然循环。（    ）

4. 冷却风扇在工作时,风是向散热器方向吹的,以利于散热。　　　　(  )
5. 为了保证冷却风扇、水泵的转速,要求风扇带越紧越好。　　　　(  )

### 三、选择题

1. 发动机冷却系统的主要作用是(　　)。
   A. 降低其温度　　　　　　　　　　B. 保持其温度
   C. 提高其温度　　　　　　　　　　D. 使其冷却
2. 水冷发动机散热靠发动机的(　　)。
   A. 水套　　　　B. 水泵　　　　C. 节温器　　　　D. 分水管
3. 水冷系统中,冷却液的大小循环路线由(　　)控制。
   A. 冷却风扇　　B. 百叶窗　　　C. 节温器　　　　D. 分水管
4. 在发动机上拆除原有节温器,则发动机工作时冷却液(　　)。
   A. 只有大循环　　　　　　　　　　B. 只有小循环
   C. 大小循环同时存在　　　　　　　D. 将不循环

### 四、问答题

1. 冷却系统的工作原理是什么?
2. 发动机冷却系统的冷却强度调节方式有哪些?

## 任务 7.4　冷却系统拆装与调整实训

### 一、实训目的与要求

1. 了解冷却系统的基本组成与工作原理。
2. 学会水泵的拆装与调整方法。

### 二、实训内容

1. 掌握冷却系统的构造。
2. 学会水泵的拆装与调整方法。